साहित्य का पारिस्थितिक दर्शन

साहित्य का पारिस्थितिक दर्शन

के. वनजा

वाणी प्रकाशन

वाणी प्रकाशन

4695, 21-ए, दरियागंज, नयी दिल्ली 110 002

फ़ोन : +91 11 23273167 **फ़ैक्स** : +91 11 23275710

शाखाएँ

अशोक राजपथ, पटना 800 004, बिहार

री हाउस कैम्पस, महात्मा गांधी मार्ग, इलाहाबाद 211 001, उत्तर प्रदेश

त्मा गांधी अन्तरराष्ट्रीय हिन्दी विश्वविद्यालय, वर्धा 442 001, महाराष्ट्र

सुल्तानिया रोड, मोतिया पार्क, भोपाल 462 001, मध्य प्रदेश

www.vaniprakashan.com
marketing@vaniprakashan.in
sales@vaniprakashan.in

SAHITYA KA PARISTHITIK DARSHAN
by K. Vanaja

ISBN : 978-93-5000-862-1
Eco-Philosophy

प्रथम संस्करण 2011
आवृत्ति 2020

मूल्य : ₹ 495

सिटी प्रेस, दिल्ली-110 095 में मुद्रित

वाणी प्रकाशन का लोगो मक़बूल फ़िदा हुसेन की कूची से

अपनी ओर से...

प्रकृति हमेशा मेरे लिए आकर्षण एवं जिज्ञासा की वस्तु है। मेरा जन्म एक पहाड़ी इलाके में हुआ और बचपन भी वहीं बीता। इसलिए बचपन से ही मेरे रग-रग में प्रकृति का सान्निध्य बना रहा है। ओणम के दिनों आँगन को फूलों से सजाने के लिए पहाड़ों में जाकर मैं फूल एकत्र करती थी। वैसे ही गाय-बकरियों को पहाड़ों में चराना भी मेरे लिए बहुत पसन्द का कार्य था। थोड़ी-थोड़ी किसानी में भी मेरी रुचि थी। देहाती वातावरण में प्रकृति से मिलजुलकर रहना और प्राकृतिक सौन्दर्य का यथासम्भव आस्वादन करना मेरे लिए अनिर्वचनीय अनुभव के क्षण ही थे। वैसे अनजाने ही प्रकृति एवं ग्राम की मासूमियत मुझमें पनप गयी। पर उच्च शिक्षा के लिए जब मैं शहर आयी तो मेरी मासूमियत ने मुझे धोखा दिया। धीरे-धीरे मुझे मालूम हुआ कि शहरी संस्कार नकली है। सब दिखावा मात्र है। स्वार्थ के लिए किसी को भी मसलकर फेंकने में कोई हिचकता नहीं। यह मानसिकता मानवीय शोषण तक सीमित नहीं बल्कि प्रकृति के दोहन में भी तीव्रतर है। यह वृत्ति मेरे मन को हमेशा कचोटती रही है। किसी भी अन्याय का साथ देना इसलिए मेरे वश की बात नहीं है। मैं समझती हूँ कि यह गुण मेरे देहाती जीवन से प्राप्त पुण्य होगा। आज शहरी जीवन के कोलाहल में भी मैं अपने घर एवं मन में ग्रामीण जीवन की गन्ध एवं प्यार को बनाए रखने में हमेशा सतर्क रहती हूँ।

साहित्य के अध्ययन एवं अध्यापन के सिलसिले में मुझे विभिन्न साहित्यिक दर्शनों एवं वादों से गुजरने का अवसर मिला है। पर सबसे बड़ा आकर्षण प्रकृति पर केन्द्रित पारिस्थितिक दर्शन की ओर ही था। यह नवीन साहित्यिक दर्शन सचमुच आधुनिकता की अगली प्रवृत्ति ही है। इस दर्शन के अन्तर्गत सूर्य के नीचे जो कुछ है वे सब आ जाते हैं। क्योंकि मनुष्य के अस्तित्व के लिए सब की सन्तुलित स्थिति की अनिवार्यता है। इसलिए यह दर्शन सामाजिक, आर्थिक, राजनैतिक, धार्मिक एवं सांस्कृतिक सिद्धान्तों एवं गतिविधियों का प्रकृति केन्द्रित निचोड़ है, जिसका लक्ष्य प्रकृति एवं मनुष्य की स्वस्थ एवं सुदृढ़ पारस्परिकता है।

लगभग पाँच साल पहले मैंने पारिस्थितिक सौन्दर्यशास्त्र सम्बन्धी दर्शनों एवं रचनाओं को पढ़ना शुरू किया था। इस अध्ययन के दौरान मुझे महसूस हुआ कि

एक सशक्त साहित्यिक प्रवृत्ति के रूप में इसके उभर आने की सम्भावना अवश्यम्भावी है। मलयालम साहित्य में इस दर्शन को लेकर जितना विचार-विमर्श हुआ उतना मेरी जानकारी में हिन्दी साहित्य में अभी तक नहीं हुआ है। इसलिए इस नयी साहित्यिक प्रवृत्ति को मन में रखते हुए हिन्दी साहित्य पर केन्द्रित जो विनम्र अध्ययन मैंने किया है उसका परिणाम है यह पुस्तक।

इस पुस्तक की तैयारी में मेरे पति डॉ. एन. रामन नायर मुझे मानसिक प्रोत्साहन देते रहे। मेरे प्रिय मित्र, सहयोगी तथा कोच्चिन विज्ञान एवं प्रौद्योगिकी विश्वविद्यालय के हिन्दी विभाग के अध्यक्ष एवं प्रोफेसर डॉ. एन. मोहनन ने अपने अनेक सुझावों से मेरी चिन्तनाओं को तेज़ करने तथा मेरी भाषा को स्वच्छ एवं सुदृढ़ बनाने की ईमानदार कोशिश की है। मेरी शोध-परियोजना की फेलो कुमारी षीना. एम. ए. के सहयोग को भी मैं कृतज्ञता से स्मरण करती हूँ।

—के. वनजा

भूमिका

पिछले कुछ दशकों में दक्षिणात्य हिन्दी विद्वानों ने हिन्दी लोकवृत्त में एक नया स्पन्दन पैदा किया है। राग-द्वेष के गणित से दूर, सिर्फ पुस्तकों के आधार पर समकालीन हिन्दी रचनाकारों का मूल्यांकन वस्तुनिष्ठता का मानक है।

डॉ. के. वनजा की यह पुस्तक उससे आगे की कड़ी है। अपने समय के एक प्रश्न (पर्यावरण-संकट) के आलोक में हिन्दी और मलयालम के कुछ प्रमुख लेखकों की कृतियों का प्रकृति-पक्ष रेखांकित करती हुई यह पारिस्थितिक दर्शन के चारों आयामों (गहन पारिस्थितिवाद, सामाजिक पारिस्थितिवाद, पारिस्थितिक मार्क्सवाद और पारिस्थितिक स्त्रीवाद) की सजग समीक्षा करती है। इस दर्शन की जो बुनियादी संकल्पनाएँ हैं– भौम सदाचार, साकल्यता और हरित आध्यात्मिकता, उन पर उन्होंने ऐसा झीना-झीना प्रकाश डाला है कि जो भी पढ़े, उसके सामने स्पष्ट हो जाए कि नीतिशास्त्र और सौन्दर्यशास्त्र जुड़वाँ बहनें हैं। इनकी कोख एक है और चेहरा-मोहरा भी एक। सरोकार तो एक है ही–अतिरेकों का निषेध और सामरस्य की स्थापना।

वनजा विदुषी हैं। पाश्चात्य दर्शन इन्होंने ध्यान से पढ़ा-गुना है और अपनी संस्कृति के आधारप्रमेय भी इनके समझे हुए हैं। दोनों के बीच एक पुल-सा बनाती यह पुस्तक एक नयी, खुलती-खिलती हुई-सी, हरी-भरी भाषा में साहित्य-समीक्षा के समानान्तर सभ्यता-समीक्षा भी करती चलती है।

पूरी पुस्तक हरे प्रकाश से नहाई हुई है। पारिस्थितिक शास्त्र पर एक प्रामाणिक पुस्तक लिखकर वनजा ने वनदेवियों वाला तेज दिखाया है और अपना नाम सार्थक किया है।

–अनामिका

अनुक्रम

पारिस्थितिक सौन्दर्यशास्त्र

पर्यावरण का नाश उपभोग संस्कृति की खतरनाक परिणति है। इसके कारण सामाजिक, सांस्कृतिक, संवेदनात्मक, एवं आध्यात्मिक विचलन उत्पन्न होते हैं। ऐसी दुखद स्थिति और शेष वन्य प्रकृति का रुदन दोनों सर्जनात्मकता से मिलकर उच्च साहित्यिक रचनाओं में परिणत होते हैं। चेतन के समान अचेतन भी मनुष्य की ज़िन्दगी की गतिविगति को नियन्त्रित करता है। दर्शनों एवं आशयों के समान या उससे ज़्यादा सहज वासनाएँ एवं आदिरूप मनुष्य के मन पर असर डालते हैं। कला मनुष्य के अचेतन पर प्रभाव डालती है। यह अचेतन चेतन को प्रज्वलित करता है। इसलिए पर्यावरण के संरक्षण हेतु जो भौतिक प्रयत्न हो रहे हैं, उसके समान मुख्य है साहित्य के द्वारा प्रतिबिम्बित पारिस्थितिक संवेदनाएँ एवं अध्ययन। ये मनुष्य मन की पुनर्सृष्टि के लिए बहुत सहायक सिद्ध होते हैं।

आधुनिकता औद्योगिक संस्कृति का सौन्दर्यशास्त्र है। वह प्रकृति से मनुष्य का अलगाव है। आधुनिकता में विश्व की सहज अन्विति को मिथ्या कहने का अहंकार है। अलगाववाद के प्रति अनन्य भक्ति, सीमातीत अहंबोध, सभी प्रकार की आध्यात्मिकता से परिहास, साहित्य को भाषा का वीडियो गेम मात्र बनाना, ये सब आधुनिकतावाद के आधारभूत भाव हैं। आधुनिकता ने साहित्य से ज़िन्दगी की समग्रता को अलग कर दिया। ज़िन्दगी और प्रकृति से साहित्य को अलग करने की इस प्रक्रिया को डिसिंचान्टमेंट (Disenchantment) कहते हैं।

आधुनिक अलगावबोध को 'डिसिंचान्टमेंट' शब्द से सबसे पहले माक्स वेबर नामक समाजशास्त्री ने परिभाषित किया। यह प्रवृत्ति सबसे पहले पाश्चात्य देशों में प्रकट हुई। उनके उपनिवेशकाल में पश्चिमी नवोत्थान, वैज्ञानिक एवं तकनीकी विद्याएँ एवं आर्थिक नीतियाँ पूरब में आ गयीं। इनमें से कइयों से पूरब के देश लाभान्वित हुए हैं तो इनसे कई प्रकार की हानियाँ भी हुईं। उन हानियों में सबसे प्रमुख है प्रकृति से हमारा अलगाव। औद्योगिक उपजों की निर्मिति के लिए मनुष्य प्रकृति का शोषण करने लगा। अनुष्ठान, मिथक, चित्रकला, मूर्तिकला, दृश्यकला, लोककथा, लोकगीत, मूल्यसंहिता आदि से संश्लिष्ट संस्कृति प्रकृतिजन्य है।

आधुनिक औद्योगिक संस्कार, प्रकृति-माँ को तहस-नहस करते हुए विकास प्राप्त करने लगा। उस प्रकार प्रकृति और संस्कृति एक द्वैतावस्था में आ गयीं। आधुनिक काल में संस्कृतियों की विविधता एवं अपनापन नष्ट हो गये। इसके बदले में विश्व भर में एक ही वैज्ञानिक-प्रौद्योगिक-आर्थिक संस्कृति पनपने लगी। क्योंकि मनुष्य और प्रकृति के बीच का सम्बन्ध अटूट है। सचमुच मनुष्य प्रकृति ही है। इस वास्तविकता को भूलनेवाले शहरी मनुष्य के लिए प्रकृति मनोरंजन का उपकरण मात्र है। दृश्यानुभवों से प्रकृति का आस्वादन करनेवाले स्पर्श-गन्धों से उस से संवाद करने को भूल गये। उनके मन से प्रकृति दूर हो गई। पीढ़ियों से हमारे बीच में प्रचलित मिथक, जादू की कथाएँ, पारम्परिक ज्ञान, लोकज्ञान सब विस्मृति में चले गये। उपभोग संस्कृति का मुख्य स्वभाव 'फेंक देना' और विस्मृत हो जाना है। उसकी सृष्टि है आधुनिक पारिस्थितिक संकट।

आधुनिक युग में भूमि में मनुष्य की उपस्थिति का रूपक है बुलडोज़र। वह भूमि को ज़हरीला एवं बंज़र बना देता है। सुन्दर भूमि आसन्न मृत्यु की प्रतीक्षा में है। विकास के नाम पर अतिलाभेच्छा एवं उपभोग संस्कार से ग्रस्त मनुष्य ने प्रकृति पर आक्रमण कर उसे इस दशा तक पहुँचाया। 1962 में रेचल कारसन द्वारा रचित 'मौन वसन्त' (Silent Spring) ने पाश्चात्य जगत में पारिस्थितिक चर्चा की शुरुआत की। भारत में गाँधीजी और उनके शिष्य जे. सी. कुमरप्पा दोनों ने पाश्चात्य ढंग के विकास मार्ग का विरोध किया। गाँधीजी ने 'हिन्द स्वराज' में इस पर बड़े पैमाने पर प्रकाश भी डाला है। 1970 का सैलेंटवैली संरक्षण-कानून और उत्तर भारत का चिपको आन्दोलन दोनों भारत में प्रत्यक्ष पारिस्थितिक चर्चा के कारण बन गये। अस्सी के शुरू में भोपाल में जो दुर्घटना हुई वह इस चर्चा की चालक शक्ति बन गयी।

1980 के आरम्भ में ही भारत में आर्थिक उदारीकरण और भूमंडलीकरण शुरू हुए। 1990 में भूमंडलीकरण बहुत तेजी से प्रकट हुआ, वह एक नये उपनिवेश का आरम्भ था। उसने नगर केन्द्रित उच्च मध्यवर्गीय लोगों और ग्रामीण उच्चवर्गों को उपभोग संस्कृति की ओर प्रेरित किया। भूमंडलीकरण की रफ्तार के अनुपात में पर्यावरण के नाश की मात्रा भी बढ़ती गयी। नदी सूख गयी, जल विषलिप्त हो गया, पीने का पानी दूभर हो गया, मिट्टी की उर्वरता नष्ट हो गयी, सूखा पड़ गया, खेती का नाश हुआ, नये-नये रोगों का उदय हुआ, वायु का प्रदूषण हुआ। इस प्रकार प्राकृतिक विनाश कई प्रकार से प्रकट होने लगे। विकास ठीक मार्ग पर नहीं चल रहा है। इस सच्चाई को समझे बिना प्रकृति के नाश के ज़रिये जो विकास करते आ रहे हैं वे ही प्रकृति की रक्षा का मार्ग मानकर आगे बढ़ रहे हैं अधिकांश लोग। ये वास्तव में इको-आतंकवादी हैं।

पारिस्थितिक दर्शन

इको-फिलॉसफी (Eco-Philosophy) का आरम्भ एवं विकास 1970 के बाद हुआ। इसकी मुख्य शाखाएँ चार हैं–(1) गहन पारिस्थितिवाद (Deep Ecology) (2) सामाजिक पारिस्थितिवाद (Social Ecology), (3) पारिस्थितिक मार्क्सवाद (Eco-Marxism), (4) पारिस्थितिक स्त्रीवाद (Eco-Feminism)। इन चार शाखाओं के ज़रिए पारिस्थितिक दर्शन विकास प्राप्त कर रहा है। इन शाखाओं को प्रभावित करने वाली कुछ और बुनियादी संकल्पनाएँ हैं–वे हैं, भौम सदाचार (Earth Ethics or Environmental Ethics), साकल्यता (Holism), हरित आध्यात्मिकता (Green Spirituality)।

भौम सदाचार पारिस्थितिक चिंतन की आधारशिला है। भूमि का यथार्थ अधिकारी कौन है, क्या यह भूमि मनुष्य मात्र के लिए है, भूमि के जैव एवं अजैव सत्ता को भी यहाँ अधिकार है या नहीं, इन सभी पर केन्द्रित है भौम सदाचार। मनुष्य ही भूमि की दया पर निर्भर है, पारिस्थितिक सदाचार का स्रोत इसे पहचानने में है।

प्रसवर्थये भूतनाम धर्म प्रवचनम् कृतां
यत्सत् प्रसवम् संयुक्तम सा धर्म इति निश्चयाः

यह है भारतीय दृष्टि में धर्म की परिभाषा। धर्म सभी जीव जन्तुओं की भलाई के लिए है। 'धर्म' की संकल्पना में कर्तव्य एवं मूल्यों के साथ प्रत्येक की सत्ता भी निहित है। अग्नि का धर्म जलना है वैसे ही मनुष्य को अपने धर्मबोध के तहत काम करना चाहिए।

न तत् परस्य संदध्यात् प्रतिकूलम यदात्मनः
संग्रहेणैव धर्मः स्यात् कामादन्यः प्रवर्तते

उपर्युक्त विदुर वाक्य में बताया गया है कि हमें खुद जो स्वीकार्य नहीं है उसे दूसरों पर थोपना मत। यह धर्म की सत्ता है। महायान बौद्ध धर्म में यह धर्मबोध सार्वलौकिक करुणा तक पहुँच गया है। इस प्रकार भारतीय चिन्तनों के विश्लेषण से एक मजबूत भौम सदाचार का रूप प्रकट होता है। चाहे विलम्ब से क्यों न हो पाश्चात्य चिन्तनों में भी भौम सदाचार का रूपायन हुआ है। थोरो के बाद के पारिस्थितिक चिन्तकों में प्रमुख हैं अलदो लियपोलद। उन्होंने सबसे पहले भौम सदाचार (Land Ethics) की संकल्पना को हमारे सामने रखा। 1981 में रोड्रिक फ्रेसियर नैश की 'Rights of Nature' नामक पुस्तक प्रकाशित हुई। उन्होंने इस पुस्तक में भौम सदाचार का अच्छा खासा विश्लेषण प्रस्तुत किया है। वे प्रकृति संरक्षण के लिए हिंसात्मक वृत्ति को भी अपनाने के पक्ष में हैं। इसके लिए नश ने

'ग्रीनपीस' अन्तर्राष्ट्रीय पारिस्थितिक संरक्षण संघ के 'इन्द्रधनुष के योद्धा' नामक जहाज के कप्तान पॉल वाट्सन को उदाहरण के रूप में लिया। वाट्सन ने प्रकृति की रक्षा के लिए हिंसा को अपनाया था। उनके अनुसार हिंसा गलत है, लेकिन अहिंसा से हमेशा गुणात्मक परिवर्तन सम्भव नहीं होगा। थोरो के समान वाट्सन ने भी राष्ट्रीय कानूनों (National Laws) से ज़्यादा महत्त्व प्राकृतिक नियमों (Natural Laws) को दिया। नेश ने अपनी कृति में मनुष्य तक सीमित सदाचार संकल्पना को प्रकृति और मनुष्य के बीच के सम्बन्धों तक बढ़ाया। विकासशील देशों में मनुष्य के और प्रकृति के अधिकार समान हैं। नर्मदा, सैलेंट वैली, बालियापाल, प्लाच्चिमड़ा, लात्तूर जैसी जगहों पर जो प्रतिरोधी स्वर प्रकट हुए वे इसके लिए पर्याप्त उदाहरण हैं।

प्रौद्योगिकी के अतिप्रसरण से साकल्यता नष्ट हो गयी। सब समय केन्द्रित हो गये। समय केन्द्रित मनुष्य अपनी शक्ति पर अहंकार करता है। उन्होंने राजनीति को सदाचार मुक्त कर दिया। प्रौद्योगिकी को विज्ञान से काटकर अलग कर रखा। पर विकास और इकोलॉजी को अलग करने में वे असमर्थ निकले। करोडों मनुष्य जल जलकर मर रहे हैं तब भी विकास के नाम पर प्रशोभित हज़ारों सूरजों को देखकर वे अचम्भित होते जा रहे हैं। कई दुर्घटनाओं में हजारों की ज़िन्दगी नष्ट हो गयी तब भी लाशों को ऊपर उठानेवाले यन्त्रों की क्षमता को देखकर वे रोमांचित हो उठते हैं। प्रौद्योगिकी के भस्म–प्रकाश में आज के लोगों की बुद्धि, संवेग एवं आध्यात्मिकता का भ्रंश हो गया है।

पारिस्थितिक दर्शन की संकल्पना के केन्द्र में आध्यात्मिकता है। किसी के लिए वह धार्मिक आध्यात्मिकता है। लेकिन उस आध्यात्मिकता को फासिज़्म में परिणत हो जाने की सम्भावना है। यहाँ धर्मनिरपेक्ष हरित आध्यात्मिकता (Green Spirituality) की ओर इशारा है। आज की ज़रूरत यह हरित आध्यात्मिकता है। प्रपंच सत्ता में जो अचेतन है, हम समझते हैं, उनमें ही जीवन के बुनियादी तत्व निहित हैं। चेतन और अचेतन के बीच का अन्तर बहुत कम है। जेम्स लौलोक नामक वैज्ञानिक ने भूमि को एक जीव के रूप में सिद्ध किया है। इस पारिस्थितिवाद की मुख्य शाखाओं जैसे गहन पारिस्थतिवाद, सामाजिक पारिस्थतिवाद, इको-मार्क्सिज़्म, इको–फेमिनिज़्म पर प्रकाश डाला जाएगा।

गहन पारिस्थितिवाद

आधुनिक पारिस्थितिवाद की प्रारम्भिक दशा में इसे एक परिष्करणवाद माना जाता था। इन परिष्करणवादियों का विश्वास था कि वर्तमान संस्कृति में वांछित परिवर्तन

लाने पर पारिस्थितिक संकट को हल किया जा सकता है। नोर्वे के चिन्तक आर्ननेस ने इस विचार को सतही परिस्थितिवाद (Shallow Ecology) कहा। 1973 में उन्होंने गहन पारिस्थितिवाद (Deep Ecology) नाम से एक नयी दर्शन शाखा को जन्म दिया। इसके ज़रिये पारिस्थितिक परिवर्तन एवं सुरक्षा के लिए उन्होंने काम किया। गहन पारिस्थितिवाद के आधारभूत तत्व दो हैं। प्रथम तो यह है कि मनुष्य के समान इस प्रकृति की सभी सत्ताओं का अपना मूल्य है और उन्हें अपने अस्तित्त्व को खुद ढूँढने का अधिकार है। प्रत्येक सत्ता का मूल्य इस पर केन्द्रित नहीं है कि वह मनुष्य के लिए उपयोगी है या नहीं। इसलिए प्रकृति से मनुष्य को अपनी बुनियादी ज़रूरतों से ज़्यादा संसाधनों को एकत्रित करने का अधिकार नहीं है। दूसरा यह है कि दर्शन को मनुष्य केन्द्रित तत्त्व से जैव केन्द्रित बनाना है। तब भूमि में प्रत्येक सत्ता को अपना अस्तित्व प्राप्त हो जाएगा। मनुष्य का आर्थिक जीवन स्तर लगातार बढ़ता जा रहा है। उसके लिए प्रकृति का अनुचित शोषण करना सही रास्ता नहीं है। उस दौर में मनुष्य की नीति, अर्थशास्त्र, कर्मप्रणाली आदि में भी परिवर्तन लाना चाहिए। इसके लिए अहिंसात्मक मार्ग को अपनाना चाहिए। भारतीय दर्शनों में बौद्ध–सेन दर्शन गहन पारिस्थितिवाद को बढ़ावा देने वाले हैं। गहन परिस्थितिवादियों में कुछ लोग हिंसात्मक मार्ग से भी प्रकृति को बचाने के पक्ष में हैं।

गहन पारिस्थितिवाद का मुख्य भाव है शमन (Healing)। यह शमन मन, शरीर और भूमि का है। अज्ञान से संतुलन नष्ट होकर मन रोगग्रस्त बन जाता है। रोगी मन की वृत्ति से मिट्टी विषलिप्त बन जाती है। उस मिट्टी से शरीर में विष प्रवेशकर वह भी रोगग्रस्त बन जाता है। पारिस्थितिक विनाश का मूल कारण विश्वसंरचना में मनुष्य के स्थान सम्बन्धी गलत धारणाएँ हैं। सहअस्तित्व और करुणा पर केन्द्रित नये भौम सदाचार से नाशोन्मुख मन, शरीर, प्रकृति और भूमि को हम पुनः गढ़ सकते हैं। शमन को मुख्य स्थान देने के कारण आगे की कारवाई में अवश्य शीघ्रता आ जाएगी। विश्वसाहित्य में यह भाव बड़े पैमाने पर प्रयुक्त हो रहा है।

सामाजिक पारिस्थितिवाद (Social Ecology)

मार्क्सवादी दर्शन वर्गभेद पर ध्यान देता है। वर्गभेद के परे होकर मनुष्य को वंशभेद, लिंगभेद, वर्णभेद, धर्मभेद, सांस्कृतिक भिन्नता, आवासीय व्यवस्था के वैविध्य एवं सीमाओं का भी सामना करना पड़ता है। पारिस्थितिक समस्याओं को मात्र वर्ग भेद तक सीमित रखकर विश्लेषित करना नामुमकिन है। एक कारखाने

से विष अगर सर्वत्र फैल जाता है तो जनता उस कारखाने के खिलाफ आन्दोलन अवश्य चलाएगी। उस वक्त मजदूर संगठन फैक्टरी मालिक के साथ ही रहेगा। मिसाल के तौर पर, जब सैलेंट वैली आन्दोलन ज़ोरों पर रहा, तब मज़दूरों ने उस परियोजना का समर्थन इसलिए किया कि उसके लिए मजदूरी मुख्य थी। लेकिन प्रबुद्ध जनों के निरन्तर प्रयत्न के कारण ही वह परियोजना किसी न किसी प्रकार बन्द सी हो गयी। गोया कि सामाजिक पारिस्थितिवाद के सन्दर्भ में मार्क्सवादी दृष्टिकोण के पुनर्मूल्यांकन की ज़रूरत है।

पूँजीवाद ने प्रकृति और सामाजिक संरचना में समान रूप से आघात पहुँचाया। पूँजीवाद के ज़रिये जो प्राकृतिक विनाश हो रहा है उसके सम्बन्ध में उन्नीसवीं शताब्दी के अन्त से मार्क्सवादी दृष्टिकोण से पीटर क्रोपोटकीन, चार्ल्स फेरियर, विलियम मॉरीस जैसे विद्वानों ने लिखना शुरू किया था। बीसवीं शताब्दी के अन्तिम तीन दशकों तक आते-आते पारिस्थितिक दर्शन और मार्क्सवाद परस्पर मिल गए। तब पारिस्थितिक दर्शन को नया प्राण मिलने लगा। यह अरुण हरित संगम मुख्यतः दो धाराओं से आगे बढ़ाः Social Ecology और Ecological Socialism या Eco Marxism। इन दोनों की मुख्य समानता यह है कि गहन पारिस्थितिवाद से अलग होकर ये पारिस्थितिक संकट के सामाजिक—सांस्कृतिक एवं आर्थिक कारणों पर ध्यान देते हैं। संकट के जैवरूप को दोनों पहचानते हैं। लेकिन इनका मानना है कि इस संकट का हल जैव, आध्यात्मिक एवं सदाचार के मार्गों से सम्भव नहीं है।

1962 में रेचल कर्सन ने मौन वसन्त (Silent Spring) लिखा। उसी वर्ष में मुरे बुक्कच्चिन नामक एक अमेरिकी दार्शनिक ने कृत्रिम पारिस्थिति नामक एक रचना की। इस रचना के ज़रिये सामाजिक पारिस्थितिवाद को एक सुस्पष्ट परिभाषा एवं दार्शनिक आधार प्राप्त हुआ। बाद में इस पर केन्द्रित कई रचनाएँ उन्होंने की। रचनाएँ इस दर्शन को और व्यापक बनाने में सहायक सिद्ध हुईं। बुक्कच्चिन के अनुसार गहन पारिस्थितिवादियों ने सारा दोष मनुष्य केन्द्रित प्रवृत्ति में देखा। उनहोंने रोगलक्षणों को देखा, लेकिन उनके सामाजिक कारणों को अनदेखा कर दिया। बुक्कच्चिन ने कहा कि शुरू में मनुष्य ने अन्य मनुष्यों के ऊपर अधिकार जमाने का कार्य किया था। अधीनस्थ बनाना इसकी सहज एवं स्वाभाविक वृत्ति ही है। मनुष्य जब गोत्र बन कर रहने लगा तब वह प्रकृति का अनुसरण करके ही जी रहा था। पर धीरे-धीरे गोत्र में पुरुष का अधिकार बढ़ने लगा। इसे सुदृढ़ रखने के लिए कई अधिकार सम्बन्धी संरचनाएँ की गयीं। परिणामतः पुरुषसत्तात्मक व्यवस्था में स्त्रियों को अधीन कर दिया गया। इस सामाजिक प्रभुत्व का स्वाभाविक परिणाम है प्रकृति पर अधिकार जमाने की प्रणाली। इस प्रभुत्व को समाज से दूर करने का प्रयत्न है बुक्कच्चिन का सामाजिक पारिस्थितिवाद।

इकोलॉजिकल सोशलिज़्म/इको–मार्क्सिज़्म (पारिस्थितिक समाजवाद/इको मार्क्सवाद)

ज़र्मन हरित संगठन के संस्थापकों में एक है रुडोल्फ बाहरोय। उनकी प्रसिद्ध रचना है From Red to Green (लाल से हरित की ओर)। डेविड पेप्पर, पीटर डीकनस जैसे कई चिन्तकों ने पारिस्थितिक समाजवाद की स्पष्ट व्याख्या करने की कोशिश की। हरित मार्क्सवाद के समकालीन प्रचारकों में मुख्य हैं जेम्स. ओ. कोणोर। बुक्कच्चिन के सामाजिक पारिस्थितिवाद से भिन्न होकर इको–मार्क्सवाद राजनैतिक अर्थशास्त्र का विश्लेषण है। इसके अनुसार प्रयत्न, शोषण, उत्पादन, मुनाफे का दर, पूँजी का बँटवारा और केन्द्रीकरण जैसे मुख्य मुद्दों के अध्ययन से ही पूँजीवाद के अधीन उत्पन्न होने वाले प्राकृतिक नाश पर विचार कर सकते हैं। पूँजीवादी व्यवस्था के आमूल परिवर्तन से ही पारिस्थितिक संकट का हल सम्भव होगा। गहन पारिस्थितिवादियों और सामाजिक परिस्थितिवादियों के समान ये भी प्रकृति की सत्ता और जैव वैविध्य को मानने के साथ ही साथ इसको इक्कीसवीं शती में मनुष्य के अस्तित्त्व के अधारभूत विज्ञान के रूप में मान्यता देते हैं। केरल के शास्त्र साहित्य परिषद् का काम इको–मार्क्सवाद के लिए उदाहरण के रूप में देखा जा सकता है।

इको-फेमिनिज़्म

फ्रायड ने स्त्री की शारीरिक संरचना को उसकी नियति मान ली। यह विचार पुरुषसत्तात्मक व्यवस्था के लिए उत्तेजक बन गया। सचमुच फ्रायड का सिद्धान्त, पाश्चात्य उच्चवर्ग के मनोरोग से उपजा था। इस वर्ग की स्त्रियों ने सबसे पहले फेमिनिस्ट आन्दोलन चलाया था। पर उपभोग संस्कृति में स्त्री को लेकर जो बुनियादी मनोभाव बना हुआ था उस पर सवाल करने में ये आन्दोलन असफल ही निकले। आखिर वे उपभोग संस्कृति की गुलाम बन गयी। इसलिए मौरीन दौद जैसी विदुषि ने उन्हें बिंबो–फेमिनिस्ट कहा। पाश्चात्य प्रारम्भिक फेमिनिस्टों में सबसे उल्लेखनीय नाम है 'The Female Eunuch' की लेखिका जर्मेयन ग्रीयर। उन्होंने अपनी रचना 'The Whole Woman' में उपभोग संस्कृति की गिरफ्त में पड़ जानेवाली फेमिनिज़्म पर करारा व्यंग्य छोड़ा है।

आधुनिक फेमिनिस्टों में सबसे पहले सीमोन द बुआ ने स्त्री और प्रकृति को साथ रखकर विचार प्रस्तुत किया। पुरुषसत्तात्मक समाज ने स्त्री और प्रकृति की समानता पहचानकर दोनों का वस्तूकरण कर दिया। इसलिए पुरुष ने स्त्री और प्रकृति को अपनी शक्ति के अधीन बनाकर नयी संस्कृतियों का निर्माण करना शुरू किया। जिस प्रकार पुरुष माँ से अलग होकर उसके ही शोषण के लिए तैयार

हो जाता है वैसे ही प्रकृति रूपी माँ की गोदी में लाड़-प्यार से बड़े होने के बाद उसका शोषण कर लेता है। स्त्री और प्रकृति से भी बढ़कर श्रेष्ठ की सृष्टि करने की व्यग्रता में पुरुष प्रकृति को खाकर औद्योगिक संस्कृति के निर्माण में लग जाता है। बुआ के अनुसार पुरुष द्वारा निर्मित औद्योगिक संस्कृति में आर्थिक पहलू ही नहीं मनोवैज्ञानिक पहलू भी हैं। विकास का यह पागलपन पुरुष के लिए विस्मृति है, स्त्री और पुरुष को भूलने और दूर जाने का मार्ग भी है। संस्कृति के लिए प्रकृति के समान है पुरुष के लिए स्त्री? (Is Female to Male as nature is to culture) यह सवाल शेरी आटनर नामक अमेरिकी फेमिनिस्ट ने 1971 में उठाया। इसका तात्पर्य यह है कि बुआ के चिन्तन एवं शेरी के सवाल में पारिस्थितिक स्त्रीवाद नामक दर्शन का बीजरूप विद्यमान है।

नारीवादी आन्दोलन को नवजीवन प्रदान करते हुए बीसवीं शताब्दी के सातवें दशक में पारिस्थितिक स्त्रीवाद अथवा इको–फेमिनिज़्म विकसित हुआ। यह पारिस्थितिक दर्शन की अन्य शाखाओं से विकास प्राप्त करने लगा। इको–फेमिनिज़्म नामक संकल्पना की दार्शनिक व्याख्या सबसे पहले फ्रेंच फेमिनिस्ट फ्रान्स्वा द यूबोण ने प्रस्तुत की। उनके पहले शुलमिथ फयरस्टेन ने फेमिनिज़म में निहित पारिस्थितिकी पर विचार किया था लेकिन नये दर्शन का रूप फ्रान्स्वा ने दिया। 1974 में उनके द्वारा फ्रेंच भाषा में रचित 'फेमिनिज़्म अथवा मृत्यु' नामक रचना में 'इको-फेमिनिज़्म का काल' (The Time for Eco Feminism) शीर्षक अध्याय में पारिस्थितिक स्त्रीवाद का प्रारम्भ किया।

फ्रान्स्वा के अनुसार भूमि के नाश का दायित्व पुरुषों पर है। उनके आक्रमणों से भूमि को मनुष्य की भलाई के लिए बचाने में स्त्री समर्थ है। पाँच हज़ार वर्ष से पूर्व खेती स्त्रियों के नियन्त्रण में थी। इसे पुरुष ने अपने अधीन कर लिया। मिट्टी की उत्पादन क्षमता के साथ स्त्री की उर्वरता को भी अपने अधीन कर पुरुष ने अपनी सत्ता को आगे बढ़ाया। मिट्टी और स्त्री में बीज बोने का अधिकार पुरुष ने ले लिया। आज की मुख्य दो समस्याएँ हैं—सीमारहित जनसंख्या वृद्धि और प्राकृतिक संसाधनों का नाश। पुरुष द्वारा पुरुष के लिए निर्मित समाज के भौम नियम स्त्री के ऊपर पुरुष के अधिकार जमाने में बहुत सहायक सिद्ध हुए। आज का पारिस्थितिक संकट पुरुष लिंगाधिपत्य की सृष्टि है। पूँजीवाद और समाजवाद दोनों समान रूप से इस पारिस्थितिक नाश के कारण हैं। यदि पूँजीवाद मुनाफे के नाम पर काम करता है तो समाजवाद प्रगति के नाम पर।

फ्रान्स्वा ने इको–फेमिनिज़्म को मानवीयता के रूप में देखा। इसका लक्ष्य पुरुष के बदले में स्त्री को प्रतिष्ठित करना नहीं है। इको–फेमिनिज़्म का मकसद अधिकार और उसकी संरचना को शिथिल करना है। स्त्री-पुरुष भेद के बिना मनुष्य को मनुष्य के रूप में देखने, समझने और मानने वाले एक संसार के सृजन

में इको–फेमिनिज़्म काम करता आ रहा है। स्त्री को इस पारिस्थितिक आन्दोलन के नेतृत्त्व में आना चाहिए। मार्क्स ने मजदूर को जो दायित्व दिया वही स्त्री को यहाँ दिया गया है। फ्रान्स्वा ने लिखा कि स्त्रीत्व पर आधारित भूमि सबको सुरक्षा प्रदान करेगी (And the planet placed in the feminine will flourish for all)

बीसवीं शती के सातवें दशक में अमेरिका में भी इको–फेमिनिज़्म शुरू हुआ। कहा जाता है कि 'इको–फेमिनिज़्म शब्द का अंग्रेजी में प्रथम प्रयोग सामाजिक इकोलॉजी के प्रवर्तक मुरे बुक्कच्य के जन्मस्थान वेंरमेंड में स्थापित 'Institute of Social Ecology' ने किया है। उस संस्था ने 1976 में इको–फेमिनिज़्म का पाठ्यक्रम चलाया। इसे चलाने का दायित्व पारिस्थितिक स्त्रीवाद के मुख्य दार्शनिक मेडम नेस्त्रा किंग (Ynestra king) का था। 1981 में इन्होंने फेमिनिज़्म और प्रकृति की कला नामक प्रामाणिक पुस्तक प्रकाशित की। इसके बीच 1978 में मेरी डाली का 'गैन इकोलॉजी' और सूसन ग्रीफ की 'स्त्री और प्रकृति' नामक रचनाएँ भी प्रकाशित हुई। 1980 में प्रकाशित करोलिन मरचेंट का 'प्रकृति की मृत्यु' नामक ग्रन्थ भी इको–फेमिनिज़्म के प्रचार में बहुत सहायक निकला। इको–फेमिनिज़्म फेमिनिस्ट सिद्धान्त और पारिस्थितिक दर्शन दोनों को आधार बनाकर आगे बढ़ा। इसकी मुख्य चार धाराएँ हैं आध्यात्मिक पारिस्थितिक नारीवाद (Spiritual Eco-Feminism), सांस्कृतिक पारिस्थितिक नारीवाद (Cultural Eco-Feminism), सामाजिक पारिस्थितिक नारीवाद (Social Eco-Feminism) और समाजवादी पारिस्थितिक नारीवाद (Socialist Eco-Feminism)।

इको–फेमिनिज़्म का मकसद प्रकृति और स्त्री के ऊपर पुरुषसत्तात्मक समाज के शोषण को समाप्त करना है। यह प्रतिरोध सैद्धान्तिक होने के साथ राजनैतिक भी है। इसके लिए नारीवाद और पारिस्थितिकी के लोगों को एकत्र होना चाहिए।

साहित्य में पारिस्थितिक दर्शन

साहित्य में औद्योगिक संस्कृति की उपज बनकर सबसे पहले रोमांटिसिज़्म का आविर्भाव हुआ। इसके पूर्व ही सोलहवीं शती में मारलोव के 'डॉक्टर फोस्टस' नामक काव्यनाटक में आत्मा को शैतान को बेचकर शक्ति अर्जित करने वाले नवोत्थान मनुष्य की कथा है। उन्नीसवीं सदी में गेथे की फौस्टियन गाथा में पारिस्थितिक भावों का पुनराविष्कार हुआ। पारिस्थितिक कलाकारों के पूर्वजों के रूप में रस्किन, विलियम मॉरीस, जॉन स्टैनबक, डी. एच. लोरेन्स जैसे कई नाम कहे जाते हैं। पारिस्थितिक कला रोमान्टिसिज़्म का पुनराविष्कार नहीं है। रोमान्टिसिज़्म आत्यन्तिक रूप से मनुष्य केन्द्रित थी। उसमें प्रकृति मनुष्य को रमने और

आस्वादन करने के लिए है। आज का समाज उस समय का नहीं है। विज्ञान के सीमातीत विकास के कारण अतिभयानक आणवशिविर की सम्भावना एक ओर है तो दूसरी ओर भूमि का आवरण ओजोन लेयर के नष्ट हो जाने की आशंका है। जंगलों एवं वृक्षों के नाश से भूमि की जैव सन्तुलित स्थिति नष्ट हो रही है। उपभोग संस्कृति का गुलाम बननेवाला मानव समाज, इंटरनेट से ग्लोबल ग्राम में सिमटनेवाली भूमि, बायोटेक्नोलॉजी की राक्षसीय सम्भावनाएँ, साईबोर्ग (Cyborgs) बननेवाला मनुष्य, इन सबसे परे होकर विकास के वास्ते उपस्थित होनेवाली असुरक्षित स्थितियाँ इन सबसे निर्मित समकालीन समाज में प्रतिभा सम्पन्न रचनाकार रोमान्टिसिज़्म, रियलिज़्म, आधुनिकता आदि से आगे बढ़कर पारिस्थितिक दर्शन की कलात्मक अभिव्यक्ति में अपने आप **को संलग्न** करते जा रहे हैं।

अमेरिका के पारिस्थितिक कर्मियों के लिए गुरु **समान थे** वहाँ के उपन्यासकार एडवेर्ड एबी। वैसे ही मिलेन कुन्दरा का Slowness **डोन** डलीलो का White Noise जैसी एक लम्बी सूची इस परम्परा में है। उपन्यास **के** हरित परिणाम में पीटर माटहीसन, वालस स्टेनर, जॉन निकोल्स, फ्यून्टस, मरियो वेगस योस, बोहुमील ह्राबल, केनसबूरा ओयो, मसूरी इबूसे, बुसाकु एंडो जैसे विश्वविद्यालय के बड़े-बड़े हस्ताक्षरों ने भाग लिया है। इको फेमिनिज़्म में उसकी प्रतिष्ठापक मेरी ऑस्टिन, एनी दिल्लार्द, विल्ल कात्तर आदि से लेकर नयी पीढ़ी की रेड इडियन लेखिका लेस्ली मारेमण सीलको तक की एक सशक्त परम्परा और है। कविता में वेडल बरी, गेरी स्नीडर, शीमस हीनि से लूसी ताप होडेसो तक की रेड इंडियन कवयित्रियाँ हैं। कहानी, नाटक, मूर्तिकला, चित्रकला, नृत्य आदि सभी कलाओं में इस हरित संवेदना का प्रभाव है। आज भारतीय भाषा साहित्य में पारिस्थितिक सजगता आ गयी है। हिन्दी की कविता और उपन्यास में यह सशक्त रूप में प्रकट है। इसलिए हिन्दी में इस दर्शन पर विचार-विमर्श करने की सख्त ज़रूरत है।

यह नवीन कला आधुनिकता के मूल्य संकट से मुक्ति की है। इस का आधार हमारे नाशोन्मुख संसार, समाज, ज़िन्दगी को पुनः अर्जित कराने के लिए प्रयत्न रत भौम सदाचार आदि है। रोगग्रस्त मन के अन्धकार में घुसनेवाली कला मन को भ्रष्ट किये बिना उसको पुनः बाहरी संसार की ओर बढ़ा देती है। मन जब प्रकृति की ओर बढ़ता है तब ही प्रकृति मन की ओर बढ़ेगी। तब दोनों तक नैरंतर्य की कड़ियाँ बन जाएँगे। मिथ, फॉकलोर, लोक–जानकारी, प्रपंच के अद्भुत, प्रकृति की नाना प्रकार के जैव–अजैव सत्ता, सामाजिक बोध, सहअस्तित्व और इतिहास कला में वापस आएँगे। मनुष्य चेतना पुनः मिथकीय (Remythologizing of conciousness) बन जाएगी। उस प्रकार पुनः एनचांटमेंट सम्भव हो जाएगा। यह पीछे की ओर गमन या अन्धविश्वासों की पुनःस्थापना नहीं है। कला के देकार्थियन स्वत्व को पुनः ले आकर एक नये पारिस्थितिक स्वत्व की सृष्टि है।

नयी कला प्रतिरोध की जड़ों की सृष्टि करती है। गौरवपूर्ण सभी कलाएँ एक प्रकार से विस्मृति के खिलाफ स्मृति का प्रतिरोध ही हैं।

सहायक ग्रंथ

1. महाभारत
2. Silent Spring — Raichal Carson
3. The Second Sex — Simon de Boeuvoir
4. Environmental Issues for the 21st Century — S.P. Das Gupta
5. The Rights of Nature — Roderick Frazier Nash
6. Kathyum Paristhithiyum — G. Madhusudanan
7. Jaivamanushyan — Anand

साहित्य के पारिस्थितिक अध्ययन के प्रतिमान

'इको-क्रिटिसिज्म' (पारिस्थितिक सौन्दर्यशास्त्र) शब्द का सर्वप्रथम प्रयोग विलियम रुकेर्ट ने 1978 में प्रकाशित अपने निबन्ध 'Literature and Ecology: An Experiment (साहित्य और पारिस्थितिशास्त्रः एक प्रयोग) में किया। साहित्यिक अध्ययन में पारिस्थितिशास्त्र और पारिस्थितिक तत्त्वों के प्रयोग पर विचार करना उस निबन्ध का लक्ष्य था। उन्होंने बताया कि आज की सबसे बड़ी ज्वलन्त समस्या है इकोलॉजी की। यद्यपि विलियम रुकेर्ट ने इस शब्द का प्रयोग किया तो भी प्रथम साहित्यिक समीक्षात्मक ग्रन्थ 1974 में जोसफ मीकर द्वारा लिखित "The Comedy of Survival : Studies in Literary Ecology' (अस्तित्व की कामदी : साहित्यिक पारिस्थितिशास्त्र के अध्ययन में) है। साहित्यिक पारिस्थितिशास्त्र को मीकर ने साहित्यिक कृतियों में अभिव्यक्त जीवशास्त्रपरक विषय के रूप में देखा। इसके साथ Human Ecology में साहित्य की हिस्सेदारी पर विचार करने की कोशिश भी उसमें की गयी है। साहित्यिक कृतियों में उनके अनुसार प्रकृति की प्रक्रियाओं में मनुष्य का विश्वास एवं आधुनिक पर्यावरण संकट के कारणीभूत सांस्कृतिक दर्शन भी प्रकट होते हैं। उन्होंने इस पर बल दिया कि मनुष्य के अस्तित्त्व एवं जिन्दगी पर साहित्य के प्रभाव के अध्ययन करने में साहित्यिक परिस्थितिशास्त्र का समर्थ होना ज़रूरी है।

1990 के साथ ही पारिस्थितिक दर्शन एक नयी समीक्षा शाखा के रूप में संसार भर में उभर कर आने लगा। 1996 में अंग्रेज़ी में 'The Eco-Criticism Reader' शीर्षक आलोचनात्मक ग्रन्थ प्रकाशित हुआ। इसकी मुख्य सम्पादिका है शेरिल ग्लोफेलटिया। इस ग्रन्थ की भूमिका में शेरिल ग्लोफेलटिया ने इस नयी आलोचना पद्धति की परिभाषा यों दी है–"मानव संस्कृति की प्रकृति के साथ अटूट सम्बन्ध है। वे परस्पर प्रभावित हैं। यह आलोचना प्रकृति और संस्कृति के बीच के सम्बन्ध को ढूँढती है। एक आलोचनात्मक पद्धति के रूप में इसका एक पैर साहित्य में और दूसरा भूमि में है। एक दर्शन के रूप में यह एक साथ मनुष्य और मनुष्येतर सत्ताओं के साथ जुड़ा हुआ है।" उनके अनुसार आधुनिक साहित्य में 'संसार' मनुष्य के सामाजिक संसार में सिमट रहा है। लेकिन इको-क्रिटिसिज़्म

में 'संसार' व्यापक बनकर मनुष्य की पूरी आवास व्यवस्था को धारण करता है। यही तो उनके अनुसार इको-क्रिटिसिज्म को अन्य आलोचना पद्धतियों से अलगाता है। अथवा यह एक भौम केन्द्रित साहित्यिक अध्ययन है।

प्रसिद्ध पारिस्थितिक चिन्तक लोरेस बुवेल के अनुसार "हम कथापात्र, विषय, कथावस्तु से परिचित हैं। थल सम्बन्धी बोध की उपेक्षा एवं अपमान किया जा रहा है। इस अवस्था में परिवर्तन लाना पारिस्थितिक आलोचकों का लक्ष्य है। विविध प्रकार से इस अध्ययन के क्षेत्र में प्रवेश करनेवाले आलोचक हैं। साहित्यिक अध्ययन में प्रयुक्त होनेवाले वर्ग, वर्ण, लिंग आदि प्रतिमानों के साथ 'थल' को भी जोड़ने के पक्ष में अनेक नव आलोचक हैं। स्वेन बिरकेट्र्स नामक आलोचक का मानना है कि पारिस्थितिक चिन्तन के केन्द्र में बाह्य संसार या थल नहीं बल्कि मनुष्य ही है। वे इको-क्रिटिसिज़्म को 'अहंबोध समीक्षा' (Ego-Criticism) नाम से अभिहित करना चाहते हैं। क्योंकि इसमें मनुष्य की प्रकृति, उसकी लालच, अधिकार के प्रति अतिमोह आदि की खोज आवश्यक है। आज की शोचनीय स्थिति के कारण मनुष्य की जो आन्तरिक प्रेरणा है उसे ढूँढना ही चाहिए।

पाश्चात्य पारिस्थितिक चिन्तकों में ज़्यादातर लोग इतिहास के बदले प्रकृति को स्थान देनेवाले हैं। पर पारिस्थितिक दर्शन इतिहास से मुक्त नहीं है। प्रकृति के संरक्षण का मतलब प्राचीनता का संरक्षण नहीं है। इतिहास की उपेक्षा से काल की गति रुक जाएगी। इसके फलस्वरूप पारिस्थितिक दर्शन किसी प्रागैतिहासिक युग की ओर वापसी और भूतकाल की पुनरावृत्ति बनकर सीमित हो जाएगा। वाल्टर बंचमिन और लूयी मंफोड के यंत्रविरुद्ध दर्शन, रैमेंड विलियम्स के समाजवाद, इकोलॉजी और ग्राम-नगर के द्वैत सम्बन्धी चिन्तन, अडोणो, हेरबर्ट मर्क्यूस जैसे फ्रांकफर्ट-स्कूल चिन्तकों की कृतियाँ एवं एंगल्स के 'डयलटिक्स ऑफ नेचर' के पुनर्पाठ नये पारिस्थितिक मार्क्सवाद के लिए दार्शनिक पृष्ठभूमि प्रदान करते हैं। पारिस्थितिक चिन्तक जॉन एल्डर के अनुसार इको-क्रिटिसिसम की सबसे बड़ी अहमियत इसका अविश्वसनीय वैविध्य है।

समकालीन हिन्दी साहित्य में कई साहित्यिक रचनाएँ पर्यावरण संकट पर विचार करती हैं। लेकिन इन कृतियों के विचार-मंथन के लिए नवीन आलोचनात्मक पद्धति इको-क्रिटिसिसम का सहारा लेना उचित होगा। आज भारत इस पर्यावरण संकट से बहुत अधिक जूझ रहा है। इस सन्दर्भ में इस नये दर्शन के प्रतिमानों पर विचार करने में देरी करना सही नहीं लगता।

दर्शनों एवं आन्दोलनों के जन्म लेने के पूर्व मनुष्य की जीवनचर्या से पारिस्थिति को अलग करना बहुत कठिन कार्य था। तब जीवन इतना संकीर्ण नहीं था। संस्कृति की यात्रा की रफ्तार बहुत धीमी थी। मनुष्य की संख्या भूमि के लिए बोझ नहीं थी। सूरक्षा और सुख की वृद्धि के साथ मनुष्य की आबादी भी बढ़ गयी।

आज भूमि पर जितने आदमी हैं उन्हें अपनी बुनियादी ज़रूरतें–भूमि, जल और वायु–देकर उनकी रक्षा करने में भूमि सशक्त नहीं है। उन्हें आवश्यक खाना और ऊर्जा प्रदान करना भी सबसे बड़ी चुनौती है। बिना किसी नियन्त्रण के बढ़ती आबादी भूमि के सन्तुलन को ही नष्ट करके दूसरे जीवजन्तुओं के लिए बहुत बड़ी धमकी बन गयी है। जनसंख्या वृद्धि के फलस्वरूप कई विकास योजनाओं की ज़रूरत आ पड़ी है। पर आज ज़रूरत से ज़्यादा विकास योजनाएँ सामने आ गयी हैं। औद्योगीकरण ने पूँजीवाद की कोख से जन्म लिया। वह अर्थ को बढ़ाने और नौकरी दिलाने में सहायक तो हुआ अवश्य। पर समकालीन दौर तक आते-आते भूमंडलीकरण का जो उदय हुआ उसने नवउपनिवेशी पूँजीवाद का सबसे भयानक रूप धारण कर लिया। इस प्रक्रिया में उच्च वर्ग के साथ मिलकर मध्यवर्ग भी सुख के लालची बनकर पारिस्थितिक सन्तुलन को बिगाड़ने वाली कई विकास योजनाओं के समर्थक बन गये। वे तात्कालिक प्रयोजन में अन्धे हो गये, भविष्य द्रष्टा नहीं रहे।

विकास योजनाओं के आयोजन से मुख्यतः दो प्रकार के पारिस्थितिक संकट पैदा होते हैं। उनमें एक है जैवपारिस्थिति और दूसरा है सामाजिक पारिस्थिति। अन्य सभी प्रकार के संकटों को इन दोनों के अंतर्गत रखा जा सकता है। इनमें जैव पारिस्थिति पर सबसे पहले विचार किया जाएगा।

जैववैविध्य का पारिस्थितिक संकट

संसार के कई देशों में 1630 से लेकर सस्यों के रहस्य जानने की वैज्ञानिक खोज शुरू हुई थी। इसके साथ संसार भर में कृषि की वृद्धि के लिए भी अन्वेषण आरम्भ हुआ। 1906 में बिहार में 'पूसा' नामक स्थान में भारत का प्रथम 'कृषि अनुसंधान केन्द्र' की स्थापना हुई। इसके पहले ही भारत में कृषि उत्पादन को बढ़ाने के प्रयत्न में कहीं-कहीं सफलता तो मिली थी। लेकिन ग्रामीण किसानों को इससे कोई फायदा नहीं मिला था। दूसरे विश्वयुद्ध के दौरान संसार के कई देशों की सम्पत्ति एवं ध्यान केवल युद्धक्षेत्र के लिए सीमित हो गया था। तब कृषि के क्षेत्र में मन्दी आ गयी। संसार के कई देशों में अकाल पड़ गया। लाखों लोग मरने लगे। 1942-43 में बंगाल में अकाल से 40 लाख से ज़्यादा लोग मर गये। तब से खाद्य क्षेत्र में वृद्धि लाने की कोशिश संसार भर में प्रारम्भ हो गयी। 1943 में रॉकफीलर फाउंडेशन एवं मेक्सिकन सरकार ने मिलकर मैक्सिको में एक सस्यप्रजनन केन्द्र शुरू किया। यहाँ जापान का नोरिन-10 नामक गेहूँ का विशेष बीज मैक्सिको और कोलम्बिया के गेहूँ के बीजों से मिलाकर एक नवीन संकर बीज का निर्माण किया गया। यह एक नयी शुरुआत थी। जब भारत स्वतन्त्र हुआ तब प्रधानमन्त्री जवाहरलाल नेहरू ने कृषि को सबसे ज्यादा महत्त्व दिया था। 1966 में धान्यों के

स्थान पर यहाँ गेहूँ का संकर बीज आ गया। यह भारत के गेहूँ के क्षेत्रों में विशेषकर पंजाब में कृषि में प्रयुक्त किया गया। गेहूँ का उत्पादन बढ़ गया और यह संकर बीज दरिद्र देशों से गरीबी से होनेवाली मृत्यु को दूर करने में सहायक सिद्ध हुआ। 1968 में इस प्रक्रिया को 'हरित क्रान्ति' (Green Revolution) नाम से अभिहित किया गया। इस नामकरण का श्रेय अंतर्राष्ट्रीय विकास के लिए प्रवृत्त अमेरिकन एजेंसी (U.S.A.I.D) के अध्यक्ष विलियम गॉड का था।

भारत में इस क्रान्ति से भूख से मृत्यु कम हो गयी, लेकिन अन्य उत्पादन में कमी आ गयी। चावल, दालवर्ग और तेल के बीजों के उत्पादन बहुत घट गए। भारतीय परम्परागत कृषि रीति नष्ट हो गयी। वह प्रकृतिहित की रीति थी। मिट्टी, मनुष्य, अन्य विविध उत्पादन, घरेलू जानवर आदि से मिलकर एक सन्तुलित स्थिति पहले कायम थी, वह खतम हो गयी। ग्रामीण किसानों का स्थिर आर्थिक आय भी बरबाद हो गया। ट्रैक्टर, पॉवर टिलर, रोटवेटर, कोणोवीडर कंबैन वाखेस्टर जैसे यन्त्रोपकरणों के अधीन कृषि आ गयी। ज़्यादा सुख, ज़्यादा मुनाफा, ज्यादा पूँजी का उपयोग हरितक्रान्ति का रहस्यमन्त्र था। मनुष्य और खेती के बीच के सम्बन्ध की प्राकृतिक कड़ियाँ—जानवर एवं पक्षी-पतंगे—इस क्रान्ति के माध्यम से टूटने लगीं। भूमि के अतिदीर्घ इतिहास में जैववैविध्यों की संख्या बढ़ती आ रही थी। यह करीब दस करोड़ था। नयी पारिस्थितियों से मिल न पाने की वजह से इनमें से 98% जैवजातियाँ गयाब हो गयीं। आज धरती में केवल 20-30 लाख जैवजातियाँ शेष हैं। सस्यों की सुरक्षा पर निर्भर है मनुष्य तथा अन्य जीववर्गों का अस्तित्व। इसलिए जैववैविध्य को देश की मूल्यवान सम्पत्ति मानकर इसे बचाने की सजगता आज पैदा हुई है।

एक प्रदेश का जैववैविध्य उस प्रदेश के सस्य, जानवर एवं सूक्ष्मजीवियों की विविध जातियों का समूह है। इसकी रक्षा उस प्रदेश की मिट्टी की उर्वरता, जल की लभ्यता, जलवायु आदि पर निर्भर है। इन्हें कृत्रिम रूप से बनाना मुश्किल है। इसलिए जैववैविध्यों की स्थिति मनुष्य सहित सभी जीवजालों के लिए अनिवार्य है। संसार के अधिकांश लोग दवा के लिए सस्यों का उपयोग करते हैं। मनुष्य के मनोरंजन, आचार-अनुष्ठान एवं आराधना आदि में उल्लास प्रदान करने में इस जैववैविध्य की बड़ी भूमिका है। जैववैविध्य फूलवारियों एवं पर्यटन केन्द्रों को भी सुन्दर बना देता है। इसका तात्पर्य यह है कि मनुष्य की शारीरिक एवं मानसिक तुष्टि के लिए जैववैविध्य की अनिवार्यता है।

हरित क्रान्ति के फलस्वरूप कई प्रदेशों की वनभूमि जनता को दी गयी। सरकार द्वारा दी गयी वनभूमि के अलावा कृषक और भी वनभूमि अपने कब्जे में करने लगे। कृषि और बिजली के लिए कई बाँधों का निर्माण किया गया, ये भी बड़े पैमाने पर जैववैविध्य के नाश के हेतु बन गए। हरित क्रान्ति जब तेजी से

आगे बढ़ने लगी तब उपभोग संस्कृति और सशक्त हो गयी। इसके लिए विज्ञान हमेशा सहायक रहा। बुलडोजर वनों के भीतर प्रवेश करने लगे। वन का अनुचित शोषण साधारण घटना बन गया। वनभूमि के नष्ट से हमारे जैववैविध्य का जीन बैंक नष्ट हो गया। आज संसार का सबसे बड़ा जीनबैंक अमेरिका है। संसार भर की कई जैवजातियों के जीन उन्होंने शीतीकरण से सँभालकर रखे हैं।

विविध जैवसंचय के साथ दूसरे देशों से लाए गये जैवसंचय को मिलाकर वर्गसंकर के तहत विकसित बीज अत्युत्पादन की शक्ति से सम्पन्न है। यह तो भारत की हरितक्रान्ति का कारण बन गया। अमेरिका के वैज्ञानिक नॉरमन बोर्लॉग ने इस प्रकार के सस्य बीजों के संकर का आविष्कार किया। हरितक्रान्ति के नाम पर भारत में चार लाख से ज़्यादा संकरबीज कृषकों के बीच में बाँट दिया गया। यह हमारे परम्परागत बीजसंग्रह को नष्ट कर देनेवाला है। संकरबीज की शक्ति ज़्यादा होने के कारण कृषक इस ओर आकृष्ट हो जाते हैं। यह विदेशी बीज उत्पादन कम्पनियों को यहाँ पनपने और कृषकों के शोषण के लिए सुअवसर भी प्रदान करता है। मल्टीनेशनल बुर्जूआ कम्पनियों ने जब संकर बीजों का औद्योगीकरण किया तो यहाँ 'टेरमिनेटर टेक्नॉलॉजी' अथवा जीन के आतंक का जन्म हुआ। यह विकसित देश द्वारा विकासशील देशों के लिए बनाया गया भयानक षड्यन्त्र है। इसके परिणामस्वरूप यहाँ के परम्परागत सारे सस्य एवं धान्य उत्पादन सदा के लिए नष्ट हो जाएगा। आज हमारे कृषक विदेशी कम्पनियों के नियमों का पालन करते हैं और एक प्रकार से विदेशों के बन्दी बने हुए हैं।

भारत के कई सब्जियाँ एवं अन्य वनस्पति उत्पादन यहाँ से गायब हो रहे हैं। औषध सस्यों में ज़्यादातर मिट गये। मछलियों की अधिकांश जातियाँ गायब हो गयीं। हरितक्रान्ति की व्यापकता के साथ कीटनाशकों का बहुतायत प्रयोग हो रहा है। इनके प्रयोग से कई जीवजन्तु, पक्षी-पतंग, मछलियाँ सब वंशनाश का सामना कर रहे हैं। अब केरल के कासरगोड जिले में एंडोसल्फान के प्रयोग से जीवजन्तुवों के समान मनुष्य भी विभिन्न विभीषिकाओं का सामना कर रहा है। यह कैंसर जैसे महारोग का कारण बन गया है। मस्तिष्क तथा स्नायुतन्त्र को पूर्णतः शिथिल करके मनुष्य को अनबूझ रोगों के शिकार भी बना रहा है।

इस प्रकार हमारे वनों, जलाशयों एवं कृषिस्थलों से परम्परागत जैववैविध्य गायब हो रहे हैं। आज हमारे यहाँ जैवध्वंस का तांडव कई प्रकार से हो रहा है।

सामाजिक पारिस्थितिक संकट

शहरीकरण एवं विकास योजनाएँ जनता पर जो आघात पहुँचाते हैं वे सामाजिक पारिस्थितिक संकट के विषय हैं। नयी योजनाओं जैसे बाँधों का निर्माण, औद्योगिक नगरियों या विशेष आर्थिक क्षेत्रों (SEZ) की योजना एक्सप्रेस हाईवे आदि की

सृष्टि से जो लोग भूमिहीन बनकर विस्थापित हो जाते हैं वे सब दरिद्र या समाज के निम्न स्तर के हैं। इन योजनाओं से मुनाफा कमानेवाले पूँजीपति वर्ग हैं। इसलिए विकास-योजनाएँ मनुष्य और प्रकृति का शोषण कर के पूँजी की वृद्धि ही करती हैं। ऐसी पूँजीवादी व्यवस्था में बहुसंख्यकों का अविकास हमेशा बना रहता है। नर्मदा योजना में लाखों के विस्थापितों में सारे के सारे दरिद्र आदिवासी लोग थे। योजना के गुणभोक्ता लोग गुजरात के मध्यवर्गीय अमीर कृषक, शहरी लोग, उद्योगपति आदि हैं। लाखों हेक्टर भूमि की कृषि के लिए पानी की उपलब्धता पर लक्ष्य करके निर्मित इस योजना की सफलता पर आज शंकाएँ शेष रह गयी हैं। सिंगूर एवं नन्दीग्राम में भी जो हुआ इससे भिन्न नहीं है। मध्यवर्गीय लोगों के लिए एक लाख रुपए की कार तैयार करने की योजना में कितने गरीबों की आवासीय व्यवस्था एवं अन्न-भोजन की व्यवस्था पर कुल्हाड़ी मारी जा रही है। यह भूमि के जैववैविध्य के लिए ही नहीं मानव जाति के अस्तित्व के लिए भी खतरे की बात है।

केरल की प्लाच्चिमड़ा में मल्टीनेशनल कोकाकोला कम्पनी के लिए भूगर्भ पानी का अनुचित शोषण करके गरीब आदिवासी लोगों को पीने के पानी से वंचित किया जा रहा है। ये सब भूमंडलीकरण से उपजी पूँजीवादी व्यवस्था का दुष्परिणाम है। ज़्यादातर विकास योजनाएँ मनुष्य की लालच एवं उपभोग संस्कार की अति से रूपायित हैं। इसमें कोई सन्देह नहीं कि अल्पलाभ के लिए सम्पूर्ण जैववैविध्य का विनाश आगामी पीढ़ी के भविष्य को अवश्य खत्म कर देगा।

शहरीकरण बड़ी भयानक विपत्ति को पैदा करनेवाला है। पर कई कष्टों को झेलते हुए मनुष्य संस्कृति नगरीयता का वरण कर रही है। उपभोग प्रधान नगरों की सृष्टि ग्रामीण उत्पादनों का शोषण करते हुए हो रही है। प्रकृति का नवीकरण, उत्पादकों का अन्यवत्करण, बेरोज़गारी और युद्ध अठारहवीं शताब्दी से शुरू हुई आधुनिक नगर संस्कृति की उपज है। पहले से ग्राम कृषकों की आवास भूमि तथा नगर शासकों की रही है। आज भी अधिकार का केन्द्र स्थान नगर है। वर्गव्यवस्था इसलिए ग्राम-नगर की भिन्नता में प्रतिबिम्बित है। इस अन्तर को समाप्त किये बिना व्यवस्था का परिणाम सम्भव नहीं। मार्क्सवाद एक ज़माने में यह करता आ रहा था, लेकिन आज नये लोग नए ढंग से इसे परिभाषित कर रहे हैं।

ठीक है, नगर-जीवन बहुत आकर्षक है। वहाँ नौकरी, शिक्षा तथा अन्य कई प्रकार की सुख-सुविधाएँ प्राप्त हैं। लेकिन सोचना चाहिए कि ये सब महानगरों के निर्माण से ही सम्भव होंगे? इन मेगानगरों की जिन विभीषिकाओं से हम जूझ रहे हैं उन्हें हल करना आसान नहीं है। नगर जनसंख्यानिबिड़ता, उपभोग और अधिकार का केन्द्र है। शासन, यातायात, हिंसा, अराजकता आदि से सरकार सदा आतंकित है। छह मंजिलों का एक मकान खुद एक छोटे से नगर से ज़्यादा

बिजली का इस्तेमाल करता है। ग्राम और शहर के बीच की असंतुलित स्थिति मनुष्य और प्रकृति के बीच में भी है। जनसंख्या वृद्धि के साथ शहरीकरण भी हुआ। सब मिलकर जो खाते हैं, पीते हैं और जो निर्मित चीजें हैं एवं उनके लिए आवश्यक रेलवे लाइन एवं हवाई अड्डा आदि के लिए संसार के वन और वनजीवियों का शीघ्र नाश किया जा रहा है। इन वनजीवियों के 2/3 भाग का वंशनाश हुआ है।

जैसे जैव वैविध्य सभी जीव-जन्तुओं को बचाता है वैसे ही मनुष्य का वैविध्य संस्कृति को। गरीबी के कारण लोग संसार भर में विशेषकर अविकसित एवं विकासशील देशों में मरते रहते हैं। जनसंख्या की वृद्धि से सभी लोगों के लिए आवश्यक विभवों का अभाव है। जनसंख्या, भूमि, जल और वायु के ऊपर दबाव डालती रहती है। दूसरी ओर नागर के लोगों के ज़रिए मनुष्य वैविध्य का भी आज अंत हो रहा है। आदिवासी संस्कार बहुत अमूल्य है। उनके गीत, कहानियाँ, हस्तकलाएँ, नृत्य, उनका स्नेह, गोत्रबोध आदि पर शहर का हमला हो रहा है। अज्ञानतावश उनके ऊपर होने वाले शोषण का पता उन्हें अभी नहीं है।

सांस्कृतिक संकट

उपभोग संस्कृति पारिस्थितिक संकट का मुख्य कारण है। यह भूमंडलीकरण की उपज है। भूमण्डलीकरण को भूमण्डीकरण नाम से अभिहित किया जा रहा है। इस मंडीकरण में प्रत्येक चीज़ उपभोग की वस्तु है। मनुष्य भी वस्तु में तबदील हो जाता है। इस संस्कृति में मनुष्य व्यापारी मानसिकता का शिकार बन जाता है। वह स्वार्थ-संकुचित दायरे में अपने को सीमित रखता है। वह केवल सुख एवं मनोरंजन की तलाश में है। जीवन को सरल बना देता है। स्वप्न देखने के अधिकार से भी वह वंचित हो जाता है। वह बाजार में बन्दी है। उसके सम्बन्धों एवं रिश्तों की आर्द्रता नष्ट हो गयी है। मनुष्य रोबोट सा बन गया। संवेदनाशून्य मनुष्य दूसरों को पहचानने में असमर्थ निकलता है। मूल्यों का यह ह्रास उसे अमानवीय बना डालता है। स्नेह जैसे महान मूल्य का स्रोत कब का सूख गया है।

ग्रामीण प्रकृति, ग्रामीण आचार-विचार, लोक जीवन की धुन, पगडण्डियाँ, पुष्प, लतागुल्म, नदियाँ, नाले, पर्वतमालाएँ, पेड़-पौधे, पक्षी-पतंगे, लोक गीत, लोककथाएँ सब हमारे जीवन के अभिन्न अंग थे। ये ही हमें जीने की प्रेरणा एवं हमारे जीवन को सौन्दर्य देते थे, अपनापन प्रदान करते थे। ये सब नष्ट हो गये। नयी पीढ़ी के लिए ये मिथक हैं, बुजुर्गो के लिए स्मृतियाँ हैं। हम विदेशी जीवन के अन्धानुकरण में हैं। भारतीयता का वह सांस्कृतिक वैविध्य गायब हो गया है। सबका चेहरा एक सा है। यानी कि नगरीय चेहरे के साथ सब जीना पसन्द करते हैं। इस सन्दर्भ में आदिवासियों का मूल्यबोध भी नष्टप्राय प्रतीत होता है। यथार्थ वर्णबोध उनका था।

उनके गोत्रसंस्कार का भी शहरीकरण हुआ है।

संसार के सारे संचारमाध्यम आज उत्पादन, व्यापार एवं उपभोग संस्कार के पीछे हैं। हमारे जीवन को ही निर्धारित करनेवाला तन्त्र है आज का व्यापारतन्त्र। कॉलगेट कम्पनी हमारे दाँतों को बचाने के लिए चिन्तित है, हम नहीं। हमारे दाँतों के सम्बन्ध में, रक्त की कमी के सम्बन्ध में, वस्त्र के सम्बन्ध में, शरीर की दुर्गन्ध के सम्बन्ध में, हमारे प्रेमभंग के सम्बन्ध में सोचकर चिन्तित बड़े व्यापारी समुदाय हमारे चारों तरफ हैं। हमारी सारी सांस्कृतिक वृत्तियाँ उनकी चीज़ों को खरीदने के लिए हैं। हमें यह समझाया गया है कि ये चीजें ही हमारी ज़िन्दगी की सुविधाएँ हैं। आज सुविधाएँ सुख का पर्याय बन गयी हैं।

आज का धर्म व्यापार का है। भूमंडलीकरण के फलस्वरूप संसार एक गाँव में सिमट गया है। इस गाँव का एकमात्र धर्म-व्यपार हमारे जीवन के पुण्यपाप का निश्चय कर रहा है। वही सही और गलती को बता देता है। आज शरीरशुद्धि (पवित्रता) 'गंगा' नामक साबुन का नाम मात्र नहीं, वह भारतीय इतिहास की घटना है। एक नदी शिव के सिर पर गिरती है, भगीरथ के प्रयत्न से वह नदी एक कम्पनी में पहुँच कर साबुन में परिणत होता है। वह हमारे शरीर से बहता रहता है। यह भारतीय इतिहास में आया परिवर्तन है। स्वर्ग से उत्पन्न इतिहास हमारे शरीर में रेंगता कीड़ा बनता है, वह अन्त में खुजली उत्पन्न करने वाले कीड़े में परिणत होता है। यह है धर्म का व्यापारीकरण। आज पूँजीवाद धर्म का अवमूल्यन कर रहा है। संसार भर का पूँजीवाद सभी धर्मों को निगाल लेकर व्यापार का धर्म प्रतिष्ठित कर रहा है। वही हमारी भलाई-बुराई को परिभाषित करता है। हमारी इच्छाओं अनिच्छाओं को जगाता है, हमारी रुचि को निर्धारित करता है। वह एक मल्टीनेशनल तन्त्र में बदल गया है। इसलिए आज का साम्राज्यवाद राजनैतिक साम्राज्यवाद से सांस्कृतिक साम्राज्यवाद में बदल गया है। इस नये सांस्कृतिक संकट को आज के सामाजिक पर्यावरण संकट का ही हिस्सा मानना चाहिए।

भौमताप

आज सीमित प्राकृतिक विभवों का बड़े पैमाने पर उपयोग हो रहा है। विभवों के लिए जो होड़ा होड़ी देशों के बीच में चल रही है वह खुले युद्ध की ओर ले जाती है। प्राकृतिक विभवों के सीमातीत प्रयोग गन्दगी और प्रदूषण की सृष्टि करता है। यहाँ फॉसिल्स इंधनों के सीमातीत प्रयोग से ग्रीनहाउस वातकों और भौमताप की वृद्धि हुई। कार्बन डाइऑक्साइड, भाप, मीथेन और नैट्रस ऑक्सैड वातकों को ग्रीनहाउस वातक कहते हैं। साधारणतया ये वातक सूर्य से प्राप्त ताप को भूमि में प्रतिबिम्बित कर अन्तरीक्ष के ट्रोपोस्फियर में रोकता है। इस ताप को वापस जाने नहीं देता। यह प्रक्रिया भूमि को ज़्यादा ठंडा होने से बचा देती है। इसे ग्रीनहाउस

इफैक्ट कहते हैं। लेकिन जब यह वातक क्रमातीत रूप से बढ़ता है तब ताप भी बढ़ जाता है और जलवायु में परिवर्तन सम्भव हो जाता है। ग्रीन हाउस वातकों का भाप एक मुख्य घटक है। यह प्राकृतिक रूप से नियन्त्रित है। मीथेन और नैट्रस आक्साइड कृषिभूमि, तालाब, गाय-भैसों और बायोमास से अन्तरीक्ष में पहुँचते हैं। इसे हम छोड़ नहीं सकते। इसलिए हमारा ध्यान कार्बन डाइऑक्साइड में पहुँचता है। प्रकृति में वनस्पतियों के फोटोसिंर्थसिस के द्वारा कार्बन डाइऑक्साइड को वापस करने की प्रक्रिया चलती है। लेकिन आज पेड़-पौधों की क्षमता से बहुत दूर है कार्बन डाइऑक्साइड की वृद्धि।

पिछले दो शताब्दियों से मनुष्य भूमि के भीतर के कार्बन को खानों से निकाल रहे है। इसे जला जलाकर अन्तरिक्ष को प्रदूषित कर रहा है। कोयला, पेट्रोल-डीजल जैसे तेलों के उद्योग से 7 बिलियन टन कार्बन प्रतिवर्ष बाहर आता है। यह पेड़-पौधे और समुद्र द्वारा स्वीकृत किए जाने के बाद का है। हिसाब-खिताब के अनुसार 2056 तक आते-आते यह कार्बन की मात्रा बिलियन तक पहुँच जाएगी। इसमें 6 बिल्यन टन ऊर्जा उत्पादन से होगा, मुख्यतः कोयला के इस्तेमाल करनेवाले थर्मल प्लान्ट से। कार्बन डाइ ऑक्साइड को अन्तरिक्ष से भूमि की ओर ले जाने के लिए नयी टेक्नॉलॉजी अमेरिका के कोलम्बिया विश्वविद्यालय में बनायी जा रही है। इसकी टेक्नॉलॉजी प्रकृति की वनस्पतियों के फोटोसिन्थेसीस की है। इसलिए टेक्नॉलाजी को विकसित करने से जैवकृषि, वनत्वकरण और आबादी के नियन्त्रण आदि पर बल देने में ज़्यादा सफलता मिल जाएगी। जैवकृषि से जैववैविध्य बढ़ेगा। कीटनाशकों के इस्तेमाल से सभी जैवपदार्थों एवं जैवजातियों का अन्त निकट भविष्य में होने की सम्भावना है। अपने को बचाने के लिए जैववैविध्य को बचाना है।

जंगलों के निर्माण के ज़रिए फोटोसिंथेसिस से अन्तरीक्ष का तापमान कम हो जाएगा। मिट्टी का तापमान भी इसके अनुसार संतुलित हो जाएगा। अन्तरीक्ष की आर्द्रता बनाए रखने में यह सहायक होगा। यह वर्षा की वजह बनता है। इसके साथ एक वृक्ष एक-एक जलस्रोत है। इसलिए मिट्टी गीली हो जाएगी। यह अन्तरीक्ष के भाप की मात्रा को कम करेगा। मिट्टी को बचाने के लिए भी यह बहुत मददगार सिद्ध होता है। नदियों एवं नालों में जल का शाश्वत सान्निध्य भी इससे सम्भव हो जाएगा।

2007 फरवरी 2 को संसार भर के मुख्य देशों के जलवायु वैज्ञानिक ए पी सी सी के नेतृत्व में पेरिस में एकत्रित हुए। उन्होंने भविष्य में मानव के सामने आनेवाली विपत्तियों की चर्चा की। उन्होंने यह सूचित किया कि भारत को अतिभीषण जलवायु सम्बन्धी समस्या का सामना करना पड़ेगा। सूखा, लू, कई दिनों तक की मूसलाधार वर्षा, आँधी आदि से भारतीय जलवायु में अति भीषण

परिवर्तन उत्पन्न होगा। इक्कीसवीं सदी के मध्य तक आते-आते हिमालय के पर्वतशिखरों से बर्फ क्रमिक रूप से गायब हो जाएगा। इस प्रक्रिया से हिमालय की नदियाँ सिन्धु, गंगा एवं ब्रह्मपुत्रा दक्षिण भारत की नदियों के समान सीजनल बन जाएगी। हमारी वार्षिक जल उपलब्धि 30% तक कम हो जाएगी। वर्षाकाल के जल को एकत्र करके रखने की ज़रूरत पड़ेगी। इनके फलस्वरूप बहु संख्या में पारिस्थितिक एवं सामाजिक समस्याएँ उत्पन्न होंगी। विकल्प तो हमारे सामने कम होते जा रहे हैं। दुनिया भर के समुद्र के शीत और गरम जलप्रवाहों के रास्ते बदल जाएँगे। आईस वर्गो के पिघलने से समुद्र के जल की सीमा बढ़ जाएगी। संसार के कई बड़े नगरों एवं द्वीपों पर इसका असर पड़ेगा। इसलिए बहुत 'नाजुक' वक्त सामने आ गया है। संसार के सभी देशों में इन वातकों के एमिशन को कम करने की तैयारियाँ हो रही हैं।

आज संसार भर की मुख्य चर्चा भौमताप एवं जलवायु परिवर्तन को लेकर है। इसलिए ऊर्जा का उपयोग को कम करने की चर्चाएँ बल पकड़ रही हैं। कुछ समय के लिए 'लोड शेडिंग' एक उपाय बनकर सामने है। भारत में बंगाल में सबसे पहले बिजली के उपयोग को नियन्त्रित करने के लिए ज्योति बसु ने इसे लागू किया था। ऊर्जा के क्षेत्र में संसार भर की संस्कृति में परिवर्तन लाना है। अलंकार दीपों को छोड़ना, हवाई जहाज़ की यात्रा एवं विनोदयात्राएँ कम करना, यथासम्भव पब्लिक गाड़ियों को यात्रा के लिए चुन लेना, बिसिनस कॉनफेरेंस के लिए ऑन लाइन का इस्तेमाल करना, बैठकें दफ्तरों के पास ही चलाना, फाइवस्टार संस्कार को छोड़ना आदि ऊर्जा के उपयोग को कम करने में सहाय रहेंगे। ये सब गांधियनमार्ग हैं। आज सबसे उल्लेखनीय बात यह है कि इन पारिस्थितिक संकटों की उत्पत्ति के पीछे उचित 'Ideology' का अभाव है। गाँधी जी जैसे महात्माओं को 'Ideology' (दर्शन) पारिस्थितिक संतुलन के लिए अत्यन्त ज़रूरी है। इसलिए पारिस्थितिक समस्याओं के सन्दर्भ में 'Ideology' (पारिस्थितिक दर्शन) पर भी विचार करना उचित होगा।

उपर्युक्त विवेचन से यह जाहिर होता है कि भौमताप के बढ़ने का कारण वायु प्रदूषण है। अनियन्त्रित वायु प्रदूषण कई भयानक रोगों के कारण बनते हैं। वायु के प्रदूषण युद्धों के लिए निर्मित हानिकारक आयुधों से भी हो जाता है। इसके साथ रोज़ के जीवन में उत्पन्न होनेवाले संघर्षों एवं कलहों से भी वायु का प्रदूषण हो रहा है। युवापीढ़ी को इस पर ध्यान देना बहुत ज़रूरी है।

भूमि, वायु, और जल

मानव जीवन की स्थिति एवं सुरक्षा के लिए अत्यन्त आवश्यक तीन चीज़ें हैं भूमि, वायु और जल। ये तीनों संकट पर हैं। प्रत्येक योजना, उद्योग खदाना, रोड रेलवे,

शहरीकरण, भवन निर्माण आदि वनों और खेतों को चुपचाप खा रहे हैं। हर नगर आस-पास की भूमि पर अतिक्रमण करता रहता है। खेत अब कॉलोनी, अपार्टमेंट्स और सबसिटी में परिणत हो रही हैं। हरियाणा में मारुति ने अपनी एक सबसिटी बनायी। कितने कृषक विस्थापित हो गये हैं। वहाँ पानी नहीं था। पर मारुति उद्योग के लिए बहुत पानी भूगर्भ से चूसा जा रहा है। पहाड़ों का प्रदेश है हिमाचल प्रदेश। वहाँ अब नगरों की वृद्धि तेज रफ्तार से हो रही है। वनों को नगर बना रहा है। जलविद्युत योजनाओं से ही नहीं केनालों, रोडों के निर्माण से भी मनुष्य विस्थापित हो रहे हैं। इस सन्दर्भ में भूमि पर दबाव बढ़ता है। तब मनुष्य वनभूमियों पर हमला शुरू कर लेता है।

जलविद्युत योजनाओं से समृद्ध हरा-भरा अँचल धीरे-धीरे मरुभूमि में तब्दील हो जाता है। बाँधों के कारण पीछे के इलाकों में नदी का प्रवाह अवरुद्ध हो जाता है। सालों भर पानी की जमाव की वजह से लवणों के बढ़ने के कारण ज़मीन की सहज उर्वरता नष्ट हो जाती है। बाँधों में पानी की अधिकता है तो बाँध को खोल दिया जाता है, तब निचले इलाकों में बाढ़ आ जाती है। इस से हज़ारों हेक्टर कृषियोग्य भूमि पर सात-आठ फुट तक बालू भर जाती है। आज पशुपालन का क्षेत्र कम हो जाने के कारण पशुएँ अल्पस्थान पर अधिक संख्या में अधिक दिनों तक चरने को मज़बूर हैं। परिणामस्वरूप इन इलाकों में भी भूमिकटाव और जल संकट तीव्रतर होते जा रहे हैं। विरेन्द्र जैन के 'डूब' उपन्यास में इसके भयानक रूप का वर्णन हुआ है। 'डूब' में मध्य प्रदेश और उत्तर प्रदेश के शहरों के विद्युतीकरण के लिए राजघाट बाँध परियोजना तैयार की जाती है। इसके फलस्वरूप सैकड़ों गाँवों के हरे-भरे खेत और खलिहान नष्ट हो गये। लोगों को पीने का पानी भी नसीब नहीं होता। बाँधों के निर्माण से उस लडैई गाँव में दो-तीन बार बाढ़ आ गयी। पशुपालन का क्षेत्र सीमित हो गया।

आजादी के बाद हमारे देश में खनन उद्योग के विकास पर ध्यान दिया गया। भारी उद्योगों की स्थापना के कारण खनन उद्योग का तेजी से विकास हुआ। ज़मीन के नीचे से खनिज निकालने के क्रम में न केवल वनों को उजाड़ दिया जाता है वरन् खनन-प्रक्रिया के कारण पूरा भूदृश्य बुरी तरह बिगड़ जाता है। जहाँ खनन कार्य से एक ओर भूमि और वायु प्रभावित होती हैं वहीं भूमिगत खुदाई से प्राकृतिक जल-स्रोत और जल-स्तर पर भी प्रभाव पड़ता है। मैदानी क्षेत्रों की तुलना में पर्वतीय क्षेत्रों में चल रही खनन गतिविधियों के कारण अधिक तबाही होती जंगल साफ कर दिए जाने के कारण नंगे हो चुके पहाड़ों में भूस्खलन, धंसान आदि घटनाएँ बढ़ती जा रही हैं। खनन क्षेत्रों में धरती से खनिज पदार्थ आदि निकाल लेने के बाद पूरा क्षेत्र कई वर्षों तक बेकार और बंजर बना रहता है। यह क्षेत्र पेड़-पौधों तथा जीव-जन्तुओं से रहित होकर अपना मौलिक स्वरूप खो चुका होता है। मिट्टी की उर्वरता सदा के लिए नष्ट हो जाती है। जैवकृषियों के स्थान पर

कीटनाशकों एवं अन्य कृत्रिम एवं रासायनिक खादों के उपयोग से भी मिट्टी जल्दी अनुर्वर बन जाती है।

जल हमारा प्रथम मूल प्राकृतिक विभव है। इसका मुख्य उपयोग पीने, घरेलू, ज़रूरतों, खेती और उद्योग के लिए है। प्रथम दोनों आवश्यकताएँ हमारे लिए प्राथमिक है। यह हमारी उपस्थिति के लिए अत्यन्त ज़रूरी है। उद्योग हमारी अन्य ज़रूरतों और नौकरी के लिए है। एकत्रित पानी के पतन से बिजली का निर्माण भी किया जाएगा। हमारे मुख्य दो जलस्रोत नदी और भूगर्भजल हैं। भूगर्भ जल बड़ी नदियों के तटों पर सदा विद्यमान रहेगा, लेकिन अन्य स्थानों पर निरन्तर उपयोग से वह खतम हो जाएगा। आज बड़े-बड़े उद्योगों के लिए भूगर्भ जल का शोषण बड़े पैमाने पर हो रहा है। केरल की प्लाच्चिमड़ा में इसलिए जनता को अपनी प्राथमिक आवश्यकताओं के लिए जल नहीं मिल रहा है कि वहाँ कोकाकोला कम्पनी भूगर्भ जल का अनुचित शोषण कर रहा है। भूगर्भ जल के अतिप्रयोग से बिना विलम्ब से ही पीने के पानी में समुद्र के खारा जल के मिल जाने की सम्भावना है। इसलिए भूगर्भ-जल-शोषण गुण से ज़्यादा दोष ही पैदा करता है।

भूमि के ऊपरी तल के पानी के सम्बन्ध में भी कई सीमाएँ हैं। वर्षा ऋतु में कुछ नदियाँ भरी रहती हैं तो वे गर्मियों में सूख जाती हैं। इन नदियों के पानी को संग्रह करके रखने पर गर्मियों में इसका प्रयोग किया जा सकता है। सदा पानीदार नदियाँ हैं तो गर्मियों में पानी को उसी तरह बचाए रखते हुए वर्षाकाल के पानी को यथासम्भव सूखे प्रदेशों में पहुँचा सकते हैं। अर्थात् पानी को बरबाद किये बिना उपयोग के लिए संग्रह कर रखने से 2025 ईसवीं में हमारी जनता को आवश्यक पानी दिया जा सकता है। जल विभव की तंगी बहुत भयानक है।

जलविद्युत योजनाओं के साथ आज नदियों को आपस में जोड़ने की योजना भी तैयार हो रही है। इससे एक ओर नदी का पानी समृद्ध हो जाता है तो दूसरी ओर एक नदी की बीमारी दूसरी नदी में आ जाने का खतरा है। यह उपयोग से ज़्यादा हानिकारक बन जाता है। हमारे पारम्परिक जल स्रोतों का रख-रखाव भी ढंग से नहीं चलता। नदियाँ प्रदूषित होती जा रही हैं। कारखानों एवं अन्य उद्योगों से बाहर छोड़नेवाला प्रदूषित जल हमारी स्वच्छ नदियों को भी प्रदूषित करता है। टूरिस्टों के कारण भी नदियाँ तथा टूरिस्ट जगहें गन्दगी से भर जाती हैं। इसलिए आज टूरिज़्म को इको-फ्रेंडली बनाने की कोशिश ज़ारी है। मनुष्य की दायित्वहीनता एवं आनाकानी इसका एक मुख्य कारण है।

बालू माफिया पर हम सब रोष प्रकट करते हैं। नदी के निचले स्तर के डीग्रेडेशन नदी को विनिष्ट करता है। वैसे ही नदी के निचले स्तर रेत से भर जाने पर वह तटों की ओर फैलकर बहने लगेगी। इस डिग्रेडेशन की स्थिति भी नदी के लिए अनुकूल नहीं है। हमारी उपभोग संस्कृति असल में सैंड माफिया, मिट्टी की

माफिया एवं बिल्डर्स माफिया आदि की सृष्टि करती है। इसलिए हमें अपने को नियन्त्रण में रखना आज की अनिवार्यता है।

ऊर्जा की विभीषिका

आज हमारे लिए सबसे बड़ी आवश्यक ऊर्जा बिजली की है। हम इसे प्राकृतिक ऊर्जा जल से उत्पन्न कर लेते हैं। लेकिन जल ऊर्जा के बढ़ते अभाव एवं पारिस्थितिक संकट के कारण हवा से बना लेने का प्रयत्न भी हो रहा है। यह भी प्राकृतिक संकट का कारण बनता है। बिजली के स्थान पर सौर ऊर्जा का इस्तेमाल भी हो रहा है। ऊर्जा के और स्रोत हैं कोयला, तेल, वातक आदि। इसे फॉसिल्स ईंधन कहते हैं। इसके जलने पर भौम ताप के बढ़ जाने की सम्भावना है। आणविक ऊर्जा के आश्रय में जो विकसित देश हैं वे भौम ताप की भयानक चुनौती से डरते हैं। यह ऊर्जा सौर ऊर्जा के बाद का सबसे बड़ा ऊर्जास्रोत है। इस ऊर्जा के सम्बन्ध में सबसे बड़ी आशंका सुरक्षा एवं गन्दगियों के जलन सम्बन्धी है। सुरक्षा से ज़्यादा विदेशों में गन्दगियों को खत्म करने का रास्ता खोज निकालना मुश्किल सा दिखाई देता है। अणु ऊर्जा, अणु आयुध, मरुभूमि में चलानेवाले बम्बों आदि का परीक्षण पारिस्थितिक चिन्ता का विषय है।

गन्दगी का उन्मूलन

आज सभी क्षेत्रों में गन्दगी को दूर करने का उपाय कम होता नज़र आता है। वैसे ही न्यूक्लियर ऊर्जा उत्पादकों के सामने भी यह एक बड़ी समस्या है। मिट्टी में दबाने पर वह भूगर्भ जल में मिल जाएगा। सर्वत्र कूड़े-कर्कटों एवं गन्दगियों का ढेरा है। रीसाइक्लिंग एवं रीप्रोसेसिंग के माध्यम से इसे समाप्त किया जा सकता है पर वह हो नहीं रहा है। इसलिए भारतीय नगरों में यह गन्दगी सारे वातावरण को प्रदूषित कर रही है। रीसाइक्लिंग एवं री-प्रोसेसिंग से खतम न होनेवाले पॉलिथिन नामक भीम आज सर्वत्र बह रहे हैं। सरकार की तरफ से नियन्त्रण लगाने पर भी वह मुख्य विभीषिका बनकर सामने है। आबादी के बढ़ने के अनुसार यह एक भयानक समस्या बन रही है भारत जैसे देशों में। प्रदूषण से मुक्त वातावरण के लिए जनता को भी सावधान रखना है और सतर्कता से काम करना है।

स्त्री और प्रकृति

लिंगाधिपत्य व्यवस्था में स्त्री और प्रकृति समान रूप से शोषण के शिकार बन रहे हैं। इसलिए प्रकृति को शोषणमुक्त करने के नेतृत्त्व में स्त्री को आना चाहिए। प्रकृति के शोषण को अच्छी तरह समझने में वह इसलिए सक्षम है कि प्राकृतिक

विभवों के अभाव का असर स्त्रियों पर सबसे ज़्यादा पड़ता है। परिवार को आगे बढ़ाने का दायित्व उसके ऊपर हमेशा पड़ता है। प्रकृति की चोट पर मरहम पट्टी लगाकर उसकी रक्षा वह कर सकती है। इस पूँजीवादी व्यवस्था में स्त्री और प्रकृति में पुरुष के अधीन है। दोनों उनके उपभोग की वस्तुएँ हैं। वे दोनों पर बीज बोते हैं और अपनी मर्जी के अनुसार उपभोग करते हैं। इसलिए पारिस्थितिक स्त्रीवाद समस्त जैववैविध्यों के साथ सहिष्णुता एवं स्नेह के व्यवहार को मुख्य स्थान देता है। अतः स्त्री एवं प्रकृति दोनों के शोषण के खिलाफ पारिस्थितिक स्त्रीवाद लड़ता आ रहा है। सभी पारिस्थितिक मुद्दों को वह आलोचनात्मक दृष्टि से परखता है। इस दृष्टि में वनसंरक्षण, परिस्थिति-संरक्षण, आर्थिक प्रगति जैसी सारी बातें दर्ज हैं। प्रकृति और समाज की बंजरता को दूर कर अपने को बंजरता से बचाने की कोशिश है इसमें। इसलिए आज भारत में हो या विदेश में स्त्रियाँ पर्यावरण संकट के खिलाफ ज़्यादा काम करती आ रही हैं। हमारे साहित्य में भी इस दृष्टि से एक अलग पहचान बनाने में स्त्री कामयाब हुई है। इसलिए साहित्यिक अध्ययन में पारिस्थितिक स्त्रीवाद के नज़रिए से पठन-पाठन की ज़रूरत बढ़ती नज़र आती है।

आइडियोलॉजी

वर्तमान पर्यावरण संकट का मुख्य कारण जनसंख्या-वृद्धि है। गरीबों, अक्षिक्षितों एवं कुछ धर्मों में यह वृद्धि ज़्यादा प्रकट होती है। अशिक्षित एवं गरीब प्रजनन नियन्त्रणों के मार्ग से अपरिचित हैं तो कुछ धर्मो में इन मार्गो को अपनाना धर्मविरुद्ध माना जाता है। लेकिन सबसे ज़्यादा सामाजिक द्वन्द्व सदा गरीब और अमीरों के बीच में है। ग्राम एवं नगरों में यह द्वंद्व सदा विद्यमान है। कारण नगर शासन का केन्द्र है। वहाँ सरकार का ध्यान केन्द्रित रहेगा। मार्क्सवाद इस द्वन्द्व को दूर करने में समर्थ दर्शन था। लेकिन आज धर्मो के समान मार्क्सवाद भी अपने लक्ष्य से अलग हो रहा है। सामाजिक नीति अब मार्क्सवाद से पीछे हट गयी, लेकिन अर्थशास्त्र, उत्पादन और विकास को मुख्य स्थान दिया गया। अधिकारी वर्ग ने मार्क्सवाद को अपने ढंग से व्याख्यायित किया। तब मार्क्सवादी कलादर्शनों का आदर्श कहीं दब गया। मार्क्सवादी संस्कार भी पूँजीवादी समाज के समान यान्त्रिक हो गया। इसलिए आज कृषक एवं मज़दूर वर्ग भी बेनसीब नहीं हैं। वे भी इस्टैबल्शिमेंट के साथ हैं। असंगठित एवं इस्टैब्लिशमेंट के बाहर जो दरिद्र एवं भिखमंगे हैं वे सबसे ज़्यादा दुःख भोगते हैं। इनका दमन सबसे ज़्यादा होता है। कारण वे अधिकार के साथ नहीं हैं। उनके पास क्रान्ति का औजार नहीं है। इस सन्दर्भ में गाँधी जी की आइडियोलॉजी का ज़्यादा महत्त्व है। सही आइडियोलॉजी के बिना समाज गतिशील नहीं बन पाएगा, भटक जाएगा। गाँधी जी के अनुसार सही उत्पादन मनुष्य के उपयोग से होता है। बड़े पैमाने का यान्त्रिक उत्पादन नहीं।

उत्पादन का सीमातीत विकास आज मनुष्य के अस्तित्व के सामने सवाल खड़ा करता है। असमानता, व्यक्तिनिषेध, स्वार्थ और प्रकृति का सीमातीत शोषण आज मनुष्य के विकास को रोक लेते हैं। स्वातन्त्र्य, सामाजिक नीति एवं पारिस्थितिक संरक्षण आज के आन्दोलन एवं क्रान्ति की प्रेरणा होनी चाहिए। नैतिकबोध से युक्त संस्कार सम्पन्न व्यक्ति एवं उनके विचार भविष्य के परिवर्तन के ईधन बन जाएँगे।

उपर्युक्त पारिस्थितिक चिन्तन के परिप्रेक्ष्य में आज के हिन्दी साहित्य का विचार-विमर्श अनिवार्य सा दिखाई देता है। पारिस्थितिक चिन्तन इस प्रपंच के तमाम चराचरों, उनके स्वातन्त्र्य एवं उनके अस्तित्व को केन्द्र में रखकर चलता है। इसलिए मानव समूह का भविष्य अब खतरे में है और सारे आइडियोलॉजी असफलता के कगार पर खड़े हैं तब पारिस्थितिक चिन्तन हमारे लिए एक उपयोगी विचार प्रदान करने में समर्थ होगा।

सन्दर्भ ग्रन्थ

1. Joseph Meeker-The commedy of survival: Studies in literary Ecology
2. Joseph Rueecort-Literature and Ecology: An Experiment in Eco-Criticism
3. Herbert Read-The meaning of Art
4. Guy Deboard-The Society of the Spectacle
5. Reachel Carson-Silent Spring
6. जैवमनुष्यन्–आनन्द
7. हरितनिरूपणम मलयालत्तिल– जी. मधुसूदनन
8. धरती की पुकार – सुन्दर लाल बहुगुणा
9. प्रकृति, परिस्थिति, दारिद्रयम, जलम, ऊर्जम–आनन्द
10. Max's Ecology—John Bellany Fostel

हिन्दी साहित्य में पारिस्थितिक चिन्तन

Man has lost the capacity of foresee and to forestall. He will end by distroying the earth

—Albert Schweilzer

भूमि और भूमि के जीव जन्तुओं पर जब-जब आक्रमण या आतंक होता रहा तब-तब उसका प्रतिरोध भी आदिकाल से लेकर होता आ रहा है। 'मानिषादा' जैसे कवि वचन में यह प्रतिरोध अनुगूँजित है। इसकी वजह और कुछ नहीं बल्कि मनुष्य और प्रकृति के बीच की आत्मीयता है। विश्व का सन्तुलन ही इन दोनों के बीच की पारस्परिकता पर निर्भर है। यह पारस्परिकता भारतीय आध्यात्मिक जीवन की मुख्य कड़ी है। भारतीय साहित्य का मेरुदंड इन दोनों के बीच की पारस्परिकता यानी कि आत्मीयता है। इसलिए भारतीय परम्परा को आत्मसात् करने वाले रचनाकार साहित्य के मूल में प्रकृति और मनुष्य के बीच के सह सम्बन्ध को सुरक्षित रखते हैं।

लेकिन आधुनिकता के प्रवेश से प्रकृति और मनुष्य के बीच की यह आत्मीयता टूटने लगी। मनुष्य प्रकृति से बहुत दूर जाने लगा। विकास की ओर अग्रसर होने वाला मनुष्य प्रकृति पर प्रहार करने और आक्रमण करने लगा। इसमें कोई सन्देह नहीं कि औद्योगीकरण से विकास सम्भव हो जायेगा। पर इसके नाम पर वनों का नाश करना, पेड़ों को काटना, जानवरों को मारना, बड़े-बड़े कारखानों का निर्माण करना, उससे कई प्रकार के प्रदूषण उत्पन्न करना, नदियों को विषलिप्त करना, अनुचित शोषण से उनका सूख जाना, वायु को प्रदूषित करना, भौम सन्तुलन को बिगाड़ना आदि सचमुच विकास नहीं बल्कि मनुष्य का अपने लिए मकबरा तैयार करना है। इससे मानव जीवन बहुत ही खतरनाक स्थिति का सामना करने जा रहा है। साहित्यकार सहज ही सूक्ष्म द्रष्टा होते हैं वे इन प्रतिकूलताओं को जल्दी ही भाँप लेते हैं और अपनी सृजनात्मकता के ज़रिए उसका प्रतिरोध जाहिर करते हैं। समकालीन साहित्य की सबसे बड़ी विशेषता यह प्रतिरोध है यानी कि रचनाकार की जागरूकता है। प्रकृति और मनुष्य को लेकर की गयी इस जागरूकता का परिणाम है समकालीन हिन्दी साहित्य की पारिस्थितिकी।

पाश्चात्य साहित्य जगत में बीसवीं शताब्दी के अन्तिम दशक में विलियम रिक्रूट जैसे विद्वानों के नेतृत्व में इको-क्रिटिसिज़्म की शुरुआत हुई। रेचल करसन के "सेलेंट स्प्रिंग" ने इस चिन्तन को अधिक सबल बना दिया। अमेरिका में यह एक स्वतन्त्र साहित्यिक दर्शन के रूप में विकसित हुआ। भारत में चिपको आन्दोलन, सेलेंटवैली आन्दोलन, भोपाल गैस ट्रैजडी आदि से पर्यावरण सम्बन्धी सजगता भारतीय जनमानस में बल पकड़ने लगी। इसलिए भारतीय सृजनात्मक साहित्य ने इस प्राकृतिक विध्वंस को रोकने तथा उसके साथ की अमानवीय वृत्ति के प्रतिरोध को अपना दायित्व बना लिया। इस सिलसिले में हिन्दी के सृजनात्मक साहित्य में विशेषकर उपन्यास, कहानी, कविता आदि में आजकल भूमि को आसन्न मृत्यु से बचाने की सतर्कता जोरों पर दिखाई देती है। विकास के नाम पर अतिलाभेच्छा और उपभोग संस्कार से ग्रस्त मनुष्य प्रकृति को दीन एवं बंजर बना रहा है। भारत में गाँधीजी और उनके शिष्य जे.सी. कुमरप्पा ने पाश्चात्य ढंग की विकास योजना का सख्त विरोध किया था। गाँधीजी ने कहा—"नैचर हैज़ इनफ फौर एवरीबडीज नीड बट नॉट फॉर एवरीबडीज ग्रीड"। इसलिए स्वार्थ लाभ को लक्ष्य करके साधन और सामग्री एकत्रित करने की वृत्ति को समृद्धि का प्रतिमान मानने की जो संस्कृति है उसको रवीन्द्रनाथ टैगोर ने 'सभ्यतानामनी पाताल' कहा। नदी पर बाँध बनाने के खिलाफ उन्होंने 'मुक्तधारा' नाटक लिखकर अपना प्रतिरोध जाहिर किया। धरती की सम्पदा का अनुचित शोषण करने के विरुद्ध उन्होंने 'रक्तकरबी' जैसे अनेक निबन्ध लिखे। आखिर उन्होंने यहाँ तक कहा, मनुष्य का लोभ सिर्फ प्रकृति के विनाश से शान्त नहीं होगा, वह मनुष्य का भी विनाश करेगा। यद्यपि कई रचनाकारों ने अपनी रचनाओं में पर्यावरण सम्बन्धी मुद्दों को उभारा है तथापि हिन्दी साहित्य में इको क्रिटीसिज़्म अभी तक एक दर्शन नहीं बन पाया है। फिर भी हिन्दी आलोचना के शीर्षस्थ आलोचक आचार्य रामचन्द्र शुक्ल ने औद्योगीकरण के परिणामस्वरूप प्रकृति पर होनेवाले अत्याचार, प्रकृति से दूर चले जाने वाले मनुष्यों से उत्पन्न सांस्कृतिक एवं पर्यावरण संकट का इशारा किया है। शुक्ल जी के बाद अज्ञेय एवं निर्मल वर्मा इस महा विपत्ति पर सतर्क होकर अपना-अपना विचार प्रकट करते हुए दिखाई देते हैं।

पारिस्थितिक दर्शन की संकल्पना के केन्द्र में अध्यात्म है। यह अध्यात्म धार्मिक अध्यात्म से बिलकुल भिन्न है। यह हरति अध्यात्म है। आज की ज़रूरत यह हरित आध्यात्मिकता ही है। प्रपंचसत्ता में जो अचेतन है हम समझते हैं, उनमें ही जीवन के बुनियादी तत्व निहित हैं। भारतीय दर्शन के मुताबिक चेतन और अचेतन में कोई अन्तर नहीं है। जैसे कामायनीकार ने कहा "एक तत्त्व की ही प्रधानता। कहो उसे जड़ या चेतन"। जेम्स लौलोक नामक वैज्ञानिक ने भूमि को एक जीव के रूप में सिद्ध किया है। लेकिन पाश्चात्य दर्शन के अनुसार प्रत्येक

जीव मनुष्य के लिए है उसके अस्तित्व के लिए है। यह एक उपभोग की दृष्टि है। इसके तहत धरती को पराजित कर उसे अपने अधीन कर लेने की कोशिश में हमेशा मानव की पराजय ही होती है और जीत प्रकृति की। जैसे-"प्रकृति रही दुर्जेय, पराजित हम सब थे भूले मद में" (कामायनी-चिन्ता सर्ग)। प्रसाद जी ने कामायनी में यत्रतत्र भारतीय दर्शन के तहत प्रकृति और मनुष्य के बीच की पारस्परिकता, विलास एवं विकास के नाम पर उसका अनुचित उपभोग तथा उससे सम्भावित दुष्परिणामों का परोक्ष संकेत किया है। आज के यान्त्रिक युग में यन्त्र के पुर्जे बनकर जीने के लिए अभिशप्त मनुष्य का सहज एवं स्वाभाविक जीवन नष्ट हो गया है और होता जा रहा है। इसलिए वह अशान्त ही नहीं अनिश्चित होकर भटकने के लिए विवश भी है "श्रममय कोलाहल, पीड़नमय/विकल, प्रवर्तन महा यन्त्र का/क्षणभर भी विश्राम नहीं है/प्राणदास है क्रिया तन्त्र का/यहाँ सतत संघर्ष, विफलता/कोलाहल का यहाँ राज है/अन्धकार में होड़ लग रही/ मतवाला यह सब समाज है।" (कामायनी रहस्य सर्ग)। हमें सोचना चाहिए कि यह अनिश्चितता और अशान्ति क्यों? इसलिए कि प्रकृति और मनुष्य के बीच के पारस्परिक अध्यात्म का अभाव। इस पारस्परिकता का दूसरा नाम है 'समरसता'। औद्योगीकरण से उत्पन्न यान्त्रिक मानसिकता ने प्रकृति और मनुष्य के बीच की समरसता को मिटा दिया। वे अलग-थलग हो गए। गोया कि अध्यात्म के अभाव में भटकना आधुनिक मानव की नियति बन गया। अतः पारिस्थितिकी आधुनिक मनुष्य के स्वत्व की पहचान का परिणाम है। प्रसादजी ने पहचान लिया कि मनुष्य और प्रकृति के बीच के अध्यात्म से जो समरसता बनती है उसमें जीवन का वास्तविक शील या रस निहित है। वह रस ग्रहण ही पारिस्थितिक सजगता का लक्ष्य या उद्देश्य है।

आचार्य रामचन्द्र शुक्ल की साहित्य सम्बन्धी मान्यताओं में सबसे मुख्य है साहित्य में प्रकृति और मनुष्य की पारस्परिकता। इसलिए उन्होंने कहा कि सभ्यता के विकास के साथ-साथ कविकर्म जटिल होता जा रहा है। इस सभ्यता समीक्षा के पीछे निहित संकल्पना यही थी कि मनुष्य को मात्र अपने 'प्रिमिटीव' (आदिम) जीवन और आदिम बिम्बों से रस और शान्ति मिलती है। आज की कला सभ्यता के अलंकरणों से आवृत है। लेकिन साहचर्य-सम्भूत रस के प्रभाव से सामान्य, सीधे-सादे, चिरपरिचित दृश्यों से कितने माधुर्य की अनुभूति होती है। वन्य और ग्रामीण दोनों प्रकार के जीवन प्राचीन है, दोनों पेड़-पौधों, पशु-पक्षियों, नदी-नालों और पर्वत-मैदानों के बीच व्यतीत होते हैं। वे प्रकृति के अधिक निकट हैं। "वनों, पर्वतों, नदी-नालों, कछारों, पटपरों, खेतों, खेतों की नालियों, घास के बीच से गयी हुई हल-बैलों, झोंपड़ों और श्रम में लगे हुए किसानों इत्यादि में जो आकर्षण हमारे लिए है वह हमारे अन्तःकरण में निहित वासना के कारण है, असाधारण चमत्कार

या अपूर्व शोभा के कारण नहीं।" (काव्य में प्राकृतिक दृश्य—आ. रामचन्द्र शुक्ल—चिन्तामणी, भाग 2, पृ.10)

ज़ाहिर है कि शुक्लजी ने यान्त्रिक युग में विकास के नाम पर प्रकृति और जीव जन्तुओं का जो अनुचित शोषण हो रहा है उसे साहित्य का सबसे श्रेष्ठ एवं उच्च विषय माना है—"मनुष्य सारी पृथ्वी छेंकता चला जा रहा है। जंगल कट-कटकर खेत, गाँव और नगर बनते जा रहे हैं। पशु-पक्षियों का भाग छिनता चला जा रहा है। उनके सब ठिकानों पर हमारा निष्ठुर अधिकार होता चला जा रहा है। कुछ हमारी बस्ती के भीतर या आस-पास रहते हैं और छीन-झपटकर अपना हक ले जाते हैं। हम उनके साथ बराबर ऐसा ही व्यवहार करते हैं। मानो उन्हें जीने का कोई अधिकार ही नहीं है। अतः उनमें से किसी की चेष्टा-विशेष में इन तथ्यों की मार्मिक व्यंजना की प्रतीति काव्यानुभूति के अन्तर्गत होगी।" (कविता क्या है?—चिन्तामणि, भाग-1-पृ. 122)। शुक्ल जी की मान्यता है कि इन जीवजन्तुओं की जीवन परिस्थितियों की ओर भावुकता से ध्यान देने पर बहुत से मार्मिक तथ्य सामने आ जाएँगे। मनुष्य जैसे इस प्रकृति का आश्रय पाकर सुखानुभव करता है वैसे ही इस संसार के अन्य जीव जन्तुओं को भी अनुभव करने का अधिकार है। इसके लिए शुक्ल जी ने जो उदाहरण प्रस्तुत किया है वह सर्वथा विचारणीय है—"काया की न छाया यह केवल तुम्हारी, द्रुम/अंतस के मर्म का प्रकाश यह छाया है। भरी है इसी में बह स्वर्ग-स्वप्न-धरा अभी/जिसमें न पूरा-पूरा नर बह पाया है।/शान्तिसार शीतल प्रसार यह छाया धन्य/प्रतिभा पसारे इसे कैसी हरी काया है।/हे नर। तू प्यारा इस तरु का स्वरूप देख,/देख फिर घोर रूप तू ने जो कमाया है।" (कविता क्या है?) यहाँ कविता की समष्टि दृष्टि की व्यापकता एवं गम्भीरता प्रकट कर कविता को ज़्यादा उच्च स्तर प्रदान किया गया है। अतः कविता ही हृदय को प्रकृत दशा में लाती है। वही मनुष्य को मानवीयता के शिखर तक ले जाती है। वहाँ पहुँचते हुए मनुष्य जगत के साथ पूर्णतः तादात्म्य स्थापित करता है और उसका हृदय विश्वहृदय की ऊँचाई को प्राप्त कर लेता है। इससे ध्यातव्य है कि मनुष्य और प्रकृति के बीच के सह अस्तित्व की अभिव्यक्ति से ही उच्च कोटि का साहित्य जन्म लेता है।

औद्योगीकरण का आतंक सबसे अधिक पड़ा है संस्कृति और पारिस्थिति पर। इस यथार्थ का खुलासा करते हुए अज्ञेय ने अपने मौलिक विचारों को त्रिशंकु में प्रस्तुत किया है। उनके अनुसार पुराने सामाजिक संगठन के टूटन से उसकी सजीव संस्कृति और परम्परा मिट गयी है। अतः हमारे जीवन में से लोकगीत, लोक नृत्य, फूस के छप्पर और दस्तकारियाँ क्रमशः अप्रत्यक्ष हो गयीं और होती जा रही हैं। इसके साथ जीवन की कला, जीने का एक व्यवस्थित ढंग जिसके अपने रीति व्यवहार और अपनी ऋतुचर्या थी—ऐसी ऋतुचर्या, जिसकी बुनियाद जाति के

चिर-संचित अनुभव पर कायम हो। वे कहते हैं कि हमारा समाज अब न देहाती रहा है, न शहरी, उसका संगठन ही नष्ट हो गया है। सभ्यतावश उसका सामूहिक सम्बन्ध नष्ट हो गया। जहाँ सभ्यता का विकास नहीं हुआ अथवा आधुनिकीकरण नहीं पहुँचा वहाँ आज भी जीवन एक कला है। यानी कि यन्त्र युग की प्रगति का निर्मम हल पुरानी मिट्टी उपाटता हुआ चला जा रहा है। अज्ञेय लिखते हैं–"अपने देखे हुए किसी मिल इलाके को याद कीजिए यदि आपने उसे बनते हुए देखा है–लापरवाही और अवज्ञा से खड़े किए गए उन कुरुप स्तूपों को, मानव जाति के प्रति घोर उपेक्षा से मुँह बाए हुए, यदि आपने कलकत्ता के 'गार्डन रीच' या बम्बई के 'वरली चाल्स' जैसे दृश्य देखे हैं, तब आप समझ सकेंगे कि यह विनाशक क्रिया मानव जीवन की स्वाभाविकता का वह ध्वंस, समाज संगठन के ह्रास का ही बाह्य लक्षण है।" (त्रिशंकु–पृ. 15-16)

अज्ञेय मानते हैं कि प्राचीन व्यवस्था के टूटने का कारण मशीन है। मशीनी श्रम का अर्थ है–निरर्थक यान्त्रिक क्रिया की बुद्धिहीन आवृत्ति, जिसे श्रमजीवी परिवार पोषण के लिए जीवन भर करता है। आज का श्रम ज ग्रन अकेले अर्थहीन यान्त्रिक क्रिया तक सीमित है। संस्कृति का मूल आधार भाषा है, और भाषा का चरम उत्कर्ष साहित्य में प्रकट होता है। अतः साहित्य का पतन संस्कृति का पतन है–मशीन युग हमारे जीवन को सस्ता घटिया और अर्थहीन बना रहा है।

अज्ञेय ने नष्ट होनेवाली प्रकृति के प्रति अन्यत्र दुख प्रकट किया है चाहे कविताओं में हो या उनके वैचारिक उद्‌गारों में। "पत्थर के झरते पत्ते से अधिक सुन्दर किसी चीज़ की कल्पना नहीं कर पा रहा हूँ। वह धीरे-धीरे लय के साथ डोलते हुए झरना–मानो धरती के गुरुत्वाकर्षण से मुक्त होकर, भारमुक्त होकर तिरना... कोई भी लययुक्त गति-फुलाचुरी का पंख फड़फड़ाते हुए क्षण भर को अधर में भटक जाना; अच्छी तैराकी घुडदौड़ की सरपत अबाबील की लहराती या बाज सी सीधी उड़ान, हिरण की छलाँग जो अपने शिखर पर एक साथ ही निश्चेष्ट और निरायास अग्रसर हो जाती है..." (शाश्वती–अज्ञेय) यह महज एक लिरिकल उच्छवास नहीं है। यह एक ऐसी मर्मज्ञ आधुनिक दृष्टि है जिसके पीछे 'खोने की पीड़ा' है, साथ ही ऐसा तीखा बोध भी कि जिस युग और दुनिया में हम रह रहे हैं, उसमें लय का जो नैसर्गिक स्पन्दन है उसको देखनेवाली दृष्टि धीरे-धीरे धुँधली होती जा रही है। इस बिन्दु पर 'आधुनिक मशीनी संस्कृति के प्रति एक बुद्धिजीवी की वितृष्णा और पीड़ा सार्थक हो उठती है। निर्मल वर्मा ने लिखा है–"अज्ञेय का प्रकृति बोध छायावादी बोध से बहुत अलग है वे पहाड़ों को देखकर मुग्ध होते हैं, तो नीचे जंगलों में पेड़ों के कटने का आर्तनाद भी सुनते हैं, बल्कि यूँ कहें यह करने का बोध उन्हें प्रकृत्ति के लगाव में एक गहरी दरार अंकित कर जाता है।" उनकी कविताएँ अपने प्रतिद्वन्द्वी रूपकों के बीच एक तरह से क्रॉस रेफरेंस बन

जाती हैं—सचेत अन्तर्मुखी आधुनिकता और प्राकृतिक सौन्दर्य के बीच। मेरे विचार में समकालीन भारतीय लेखन की आधुनिकता की यह सबसे प्रामाणिक कसौटी है कि परम्परा से विगलित हो जाने के बावजूद स्वयं आधुनिक उपकरणों पर वह कितनी गहरी चोट कर सकता है स्वयं चोट खाकर कैसे अपनी प्रतिक्रिया प्रकट कर सकता है।" (कला का जोखिम, अज्ञेय-आधुनिक बोध की पीडा, निर्मल वर्मा, पृ. 13)। असाध्यवीणा, बन्धु है नदियाँ, हरी घास पर क्षण भर, हिरोशिमा, कलगी बाजरे की, बावरा अहेरी जैसी कविताओं में आहत कविमन का आर्तनाद अनुगूँजित है।

अज्ञेय ने 'शाश्वती' में पेड़ काटकर पहाड़ खोदकर आधुनिक बनने के लिए शोर मचानेवाले तथाकथित आधुनिकों पर व्यंग्य करते हुए कहा—"पेड़ के नीचे रुक कर सुस्ता लिया, फिर कॉपी निकाले तो मैं एक लम्बी साँस सुनकर चौंका। पर आस-पास कोई नहीं था। मैंने सोचा, भ्रम हुआ होगा, हवा होगी। फिर लिखने की ओर दत्तचित्त हुआ। लम्बी साँस फिर सुनाई दी। पेड़ ने लम्बी साँस ली थी। मैंने कहा, क्यों, पेड़ क्या हुआ? पेड़ ने कहा। तुम कवि हो न? मैंने कहा, 'हूँ भी तो क्या? वन प्रकृति का भक्त हूँ पेड़ों से प्रेम है। मुझे पेड़ रोककर बोला होगा, होगा। तुम पेड़ पर कविता लिखो, या पेड़ को बचाने के आन्दोलन के लिए ही कविता लिखो, छपेगी तो पेड़ की लुगदी पर ही। जब-जब कोई लिखता है मैं लम्बी साँस लेता हूँ, वह पेड़ काटने का एक और निमित्त बना... हमेशा पहले पेड़ को प्रणाम करके क्योंकि वही तुम्हारी बलि है...." अँधेरे में पहाड़ खोदता/फरहाद हो गया है अन्धा/शीरी ने कर लिया है/सुरमा बेचने का धन्धा (शाश्वती-अज्ञेय—पृ. 21, 22) अज्ञेय विनष्ट होने वाली संस्कृति की सहजता पर सदा चिन्तित रहे।

अज्ञेय की तरह प्रकृति के प्रति आत्मीयता प्रकट करनेवाले सशक्त रचनाकार हैं निर्मल वर्मा। वे समानधर्मी विचारक हैं इसलिए संवेदनात्मक स्तर पर वे एक-दूसरे को पहचान लेते हैं। वे आधुनिक मानव जीवन की सबसे बड़ी विपत्ति के रूप में मनुष्य का प्रकृति से विगलित हो जाना और समाज से अलग हो जाना मानते हैं। वे मानते हैं कि यद्यपि ऐतिहासिक प्रक्रिया के दो अलग-अलग क्षण हैं, किन्तु मनुष्य की चेतना पर उनका प्रभाव बहुत कुछ एक जैसा है—दोनों स्थितियों में ही मनुष्य के भीतर एक भयावह अकेलापन, अनाथ हो जाने की कातरता उत्पन्न हो जाती है। प्रागैतिहासिक काल का आदिवासी प्रकृति से अलग टूटकर कम से कम अपने समूह से जुड़ा रहता है। जिसके परिणामस्वरूप उसके निजी अनुभव, एक बृहत्तर अनुभव, एक सामूहिक चेतना का ही अंश है, जिसे वह दूसरों के अनुभवों में साझा करता है और दूसरे उसके अनुभव में भाग लेते हैं। किन्तु उससे भिन्न एक सभ्य मनुष्य की आत्म चेतना केवल अपने तक ही केन्द्रित रहती है। निर्मल वर्मा के अनुसार ऐतिहासिक मनुष्य की पीड़ा प्रागैतिहासिक

मनुष्य की पीड़ा से एक गहरे अर्थ में अलग हो जाती है। प्रागैतिहासिक मनुष्य प्रकृति के समक्ष अपने को अकेला पाता है, किन्तु अपने भीतर वह अकेला महसूस नहीं करता। उसकी इस पीड़ा को दूर करने के लिए मिथक सहायक बनते हैं, "प्रकृति से अभिन्न होने का नॉस्टेल्जिया, प्राथमिक स्मृति की कौंध, शाश्वत और चिरन्तन से पुनः जुड़ने का स्वप्न—ये भावनाएँ मिथक को सम्भव बनाने में सबसे सशक्त भूमिका अदा करती हैं। (कला का जोखिम-कला, मिथक और यथार्थ—निर्मल वर्मा, पृ. 15) ये मिथक जो आदि मानव की धुँधली आकांक्षाएँ महाकाव्य में प्रतीकात्मक रूप में गठित करती हैं। प्रकृति के प्रति मोह के कारण मनुष्य को आज भी इन मिथकों के प्रति विशेष लगाव है। अपनी परम्परा, अपने विश्वास और अपने संस्कार आदि को सँजोता हुआ मिथक आज भी आधुनिक मनुष्य के लिए प्यारा है। ये आदि मानव की सामूहिक अवचेतन से जुड़े हुए रूपक हैं जिनके सहारे आदि मनुष्य यथार्थ का बोध प्राप्त करता था, बाहरी दुनिया से अपना रिश्ता जोड़ता था। निर्मल वर्मा के अनुसार आज भी सार्थक कला मिथक की भूमिका अदा करती है। यह पृथ्वी के केन्द्र में मनुष्य को प्रतिष्ठित करते हुए नहीं बल्कि प्रकृति के अन्य प्राणियों की तरह मनुष्य भी अपना एक विनयशील, विवेकपूर्ण, अर्थ संगत कोना ढूँढ़ते हुए है। यहाँ निर्मलजी भारतीय चिन्तन में मनुष्य और प्रकृति के बीच की पारस्परिकता को स्वीकार कर रहे हैं और यह भी द्योतित कर रहे हैं कि आधुनिक मानव को अपने अकेलेपन से मुक्त होने के लिए इस पारस्परिकता की दृढ़ता को समझना और अपनाना चाहिए। आज के मानव को सचमुच एक वापसी की जरूरत है। क्योंकि प्रकृति से मिलजुलकर उसके साथ की आत्मीयता को स्वीकार कर ज़िन्दगी गुज़ारने वाले व्यक्ति को आरक्षित या असुरक्षित होने का बोध कभी नहीं होगा। इसलिए निर्मल वर्मा के ये शब्द विचारणीय है कि "कला अपने सृजन के उदात्तमय क्षणों में मिथक होने का स्वप्न देखती है, एक ऐसा स्वप्न, जिसमें व्यक्ति और समूह का भेद मिट जाता है।" ज़ाहिर है कि प्रकृति और मनुष्य की पारस्परिकता में ही मानव जीवन की सार्थकता है।

उपर्युक्त विचारकों की साहित्य सम्बन्धी मान्यताओं से यह साबित हो जाता है कि मनुष्य और प्रकृति के सह अस्तित्व के अध्यात्म से ही यथार्थ कविता जन्म लेती है। आज की स्थिति में यह सह अस्तित्व नष्ट होता जा रहा है। गौरवपूर्ण रचनाकार सदा इससे सतर्क रहते हैं। वे इस अमानवीय वृत्ति यानी कि असंगति से सजग होकर रचनात्मक स्तर पर सक्रिय हो उठते हैं। उनमें प्रमुख हैं शुक्ल जी, अज्ञेय, निर्मल वर्मा जैसी सृजनात्मक त्रिमूर्तियाँ। उन्होंने अपनी मिट्टी से प्रकृति और मनुष्य के बीच के अनिवार्य अध्यात्म को रूपायित किया। उसको आगे बढ़ाकर समकालीन साहित्य के मूल्यांकन के लिए योग्य दर्शन को रूपायित करना हमारा अपना कर्तव्य अवश्य होगा। उसके बिना समकालीन साहित्य का अध्ययन एवं समझ अधूरा रह जाएगा।

समकालीन हिन्दी कविता में पर्यावरण चिन्ता

The Sedge is wither'd from the lake and no birds sing—**Keats**

शुद्ध पर्यावरण मानव जीवन के लिए अत्यन्त आवश्यक है। हमारे चारों ओर प्रकृति में जो भी सजीव या निर्जीव वस्तुएँ हैं, वह चाहे मिट्टी, जल, वायु, प्रकाश, वृक्ष या जीव-जन्तु हो सभी पर्यावरण के अभिन्न अंग हैं, जो आपस में एक दूसरे से गहरे जुड़े हुए हैं। इनके सन्तुलन के खो जाने पर भीषण समस्याएँ उत्पन्न हो जाती हैं। लेकिन औद्योगीकरण के साथ विकास को लक्ष्य करके मानव का जो प्रयत्न है वह पारिस्थितिक सन्तुलन को बिगाड़ देने वाला है। भूमंडलीकरण के साथ मनुष्य की उपभोगवृत्ति और सशक्त हो गयी है। मनुष्य अपने तात्कालिक सुखों के पीछे के इस कटु सत्य को भूल जाता है कि विकास की नींव स्वस्थ पर्यावरण पर ही केन्द्रित होना है। आज समृद्ध प्रकृति और हमारी सहज संस्कृति लुप्तप्राय हो रही हैं। इसलिए कवीन्द्र रवीन्द्र ने गाया–"देश की माटी देश का जल/हवा देश की /देश के फल/सरस बनें प्रभु सरस बनें।" इससे सजग हिन्दी के समकालीन कवि आज की भीषण स्थिति की ओर इशारा करते हुए कभी-कभी उस अतीत की सन्तुलित स्मृति को ताजा करते हैं।

हिन्दी के समकालीन कवियों में यह पारिस्थितिक चिन्ता कई रूपों में प्रकट हुई। एक ओर विकास के फलस्वरूप सर्वत्र उग आयी मल्टीनेशनल कम्पनियों से उत्पन्न पर्यावरण प्रदूषण है तो कहीं खो जाने वाली संस्कृति की पीड़ा है। कहीं-कहीं काट दिए जाने वाले पेड़-पौधों के बारे में चिन्तित हैं तो वे कहीं वंशनाश के कगार तक पहुँचे हुए जानवरों और पक्षियों के आर्तनाद सुन रहे हैं। कारखानों से निकलने वाले काले धुएँ में घुटनेवाले मनुष्य को विषलिप्त पानी एवं कीटनाशकों में सने हुए खाने का उपयोग करना पड़ता है। सहज सन्तुलित वातावरण सर्वत्र नष्ट हो गया, इसके स्थान पर कृत्रिमता आ गयी। इसलिए अज्ञेय ने गाया–

नहीं सुने हम वह नगरी के नागरिकों से
जिनकी भाषा में अतिशय चिकनाई है साबुन की
किन्तु नहीं है करुणा। (हरी घास पर क्षण भर)

समकालीन यथार्थ की ओर हिन्दी के अनेक कवियों ने हमारा ध्यान आकृष्ट किया है। प्रकृति और लोकजीवन पर त्रिलोचन ने बड़े पैमाने पर लिखा। लोकजीवन को बनाये रखने की कोशिश और उसके प्रति उनका आकर्षण बहुत सराहनीय है। उन्होंने अपनी कविता 'नदीः कामधेनु' में नदी को कामधेनु बनाकर दुहनेवाले आधुनिक समाज पर व्यंग्य किया है। अनेक नदी घाटी परियोजनाएँ आज देश में बनाई जा रही हैं। विकास को लक्ष्य करके निर्मित ये परियोजनाएँ पर्यावरण नाश की वजह बनने के साथ कई लोगों को बेघर और बेरोज़गार बना देती हैं। बाँध बनाने से कृषि भूमि और वनों का बहुतायत विनाश होता है। इसके अतिरिक्त भूमि कटाव, बाढ़, भूकम्प आदि की सम्भावनाएँ बढ़ती जाती हैं। त्रिलोचन ने कहा,—

नदी ने कहा था : मुझे बाँधो
मनुष्य ने सुना और
आखिर उसे बाँध लिया
बाँधकर नदी को
मनुष्य दुह रहा है।
अब वह कामधेनु है।

नदियों के सन्दर्भ में पारिस्थितिक समस्या पर सबसे ज़्यादा हिन्दी के समकालीन कवि ज्ञानेन्द्रपति ने लिखा। गंगा नदी कई प्रकार से प्रदूषित हो रही है। गंगा भारत का संस्कार है, वह भारतीय जीवन के रग-रग में व्याप्त है। उस गंगा नदी के प्रदूषण का मतलब हमारे संस्कार का प्रदूषण है। उनका काव्यसंग्रह 'गंगातट' इस दृष्टि से सबसे विचारणीय है। यहाँ गंगा नदी ही नहीं समस्त नदियाँ प्रदूषण के भयानक शिकार बन रही हैं। गंगास्नान' कविता में भारतीय लोग नदियों को अपने जीवन में कितना पवित्र स्थान दे रहे हैं, उसका उल्लेख प्राप्त है। भारतीय विश्वास के अनुसार गंगा नदी में स्नान करने से मोक्ष मिलेगा। हिमालय पर्वत से निकलनेवाली यह नदी स्वास्थ्य दायक अनेक धातु-लवणों के साथ कई प्रकार की जड़ीबूटियों से होकर बहती आ रही है। इसमें दूर-दूर से निरालम्ब अशक्त लोग दूसरों के सहारे नहाने आते हैं। यहाँ नहाने आई एक बूढ़ी माँ से कवि कहते हैं—

तुम क्या जानो, क्योंकि तुम्हारे लिए नहीं बची है कोई पवित्र नदी
तुम्हारी सारी नदियाँ अपवित्र हो गई हैं—विषाक्त
हाँ, तुम क्या जानो, तमगों—सजी याकि बचत खातों के पास बुकों से भरी
उपरली जेबवाली होकर भी छूँछी छातीवाले तुम।
कि वह निर्मल नदी
भीतर ही बहती है
तुम्हारे हृत्पिंड की गंगोत्री सूख ही गयी है
पीछे और पीछे खिसकती आखिरकार (पृ. 9, गंगातट)

वह बूढ़ी पुरानी गंगा के निर्मल जल समझकर उस साँवले जल में आमग्न होकर पुलकित भाव से पूर्ण मानसिक आह्लाद एवं भक्ति के साथ अपने का प्रक्षालन कर रही है। लेकिन वह नदी है तो–

नगर के नालों की गंदली उगल में
निगली जाती है अचीह्न
और तुम जानते-जानते रह जाते हो अपना अभाव

गंगा नदी भारतीय जनजीवन में जिस पवित्रता के साथ घुलमिल गई है, वह नष्ट हो चुकी है।

प्रत्येक नदी संस्कार का धरोहर है।

'उस पार के लिए कविता में गंगा तट की सघन हरियालियों, वृक्षों के चारों ओर मँडराते विहगवृन्दों और जंगल के मंगल रूपों का वर्णन किया गया है। उस प्रकृति की सहजता को नष्ट करते हुए वायुसंचार को भी रोकते हुए जिन बहुमंजिले भवनों का निर्माण हो रहा है वह कुछ भोगी लोगों के भोगविलास का निदान है।

कोई भव्य भयावह पंचतारा होटल
ऐश्वर्यशालियों की विलास–बुभुक्षा बहुमंजिली एक
काले धन की गोरी बाँहों में बाँध आकाश का सारा ऑक्सीजन
नथुनों के नीचे लाने को उद्यत
जन-शत्रु जीवन-शत्रु
दुर्दम दुष्ट
चन्द चतुर जनों की भोगाकांक्षा सर्वशोषक आत्मपोषक। (पृ. 12)

अब गंगातट मायावी बाजार है। वह बाजार वहाँ पहुँचनेवालों की इच्छाओं और रुचियों का नियंता है और दर्शकों के मन में ज़रूरतें जगाता है। कवि के मन में अपवित्र एवं कलंकित नदी के प्रति चिन्ता जागती है। कवि को आश्चर्य हुआ कि यह नदी भयानक रूप से मैली-कुचली और दुबली हो गयी है। मछलियाँ मरी हुई इच्छाओं की तरह उतराई हैं। बाघों के जुठराने से, हाथिये-की जल-क्रीड़ाओं से तथा कछुओं से भी गंगानदी में कोई कालुष्य नहीं आया। नदी को कलंकित एवं गन्दा करने के सम्बन्ध में वीरने डंगवाल 'विद्वेष' नामक कविता में कहते हैं

यह बूचखाना की नाली है।
इसीसे होकर आते हैं नदी के जल में
खून चरबी, रोयें और लोथड़े। (दुश्चक्र में स्रष्टा, पृ. 67)

गंगा नदी में मनुष्य के साथ अनेक जीवजन्तु भी सानन्द अपने को पवित्र करते थे। लेकिन कवि दुःख के साथ कहते हैं–

आह! लेकिन
स्वार्थी कारखानों का तेजावी पेशाब झेलते
बैंगनी हो गई तुम्हारी शुभ्र त्वचा
हिमालय के होते भी तुम्हारे सिरहाने
हथेली-भर की एक साबुन की टिकिया से
है गई तुम युद्ध (पृ. 20)

इस गंगातट काव्य संग्रह की कई कविताओं के ज़रिए भारतीय नदियों की शोचनीय अवस्था हमारे सामने अभिव्यक्त हुई है। कवि के 'पॉलिथिन' शीर्षक कविता में पॉलिथिन को हमारे समय की सभ्यता का पर्याय माना है। इसे पूँजीवाद का त्वचा, प्राणभक्षक आदि कई नामकरण दिये गये हैं। इसकी मुट्ठी में बन्द है बाज़ार। इस धरती पर सर्वत्र पॉलिथिन भरा पड़ा है। इस पॉलिथिन से गंगा भी मुक्त नहीं है–

शहरों की नालियों और कारखाने की प्रणालियों की उगल से
करिखाई है गंगा
विषपायी है गंगा
दुखियारी माई है गंगा
उस निर्भार पॉलिथिन को पड़ते ही
भारी हो जाता है उसका जी (पृ. 96)

'एक आदिवासी गाँव से गुज़रती सड़क' शीर्षक कविता में जहाँ एक ओर आदिवासी जीवन का दुःखदर्द तथा सहज जीवन का चित्रण किया गया है तो दूसरी तरफ उनके जीवन की सहजता एवं प्रकृतस्थ जीवन को तहस नहस कर डालनेवाली नयी सभ्यता के प्रवेश का चित्रण हुआ है। वह सभ्यता उनके लिए नहीं दूसरों को उन्हें दबाने एवं शोषण करने के लिए है–

तब दिखता है
इस आदिवासी गाँव के आँगन से गुँजरती हुई यह सड़क
अत्याचारियों के गुज़रने का रास्ता है
यह इनके पैरों के लिए नहीं बना
बड़े-बड़े रोड़ रोलर आये थे लुटेरे वाहनों के आने से पहले
धरती कँपाते धीरे-धीरे चलते हुए विशालकाय रोड रोलर। (पृ. 20)

विकास के नाम पर तथा आदिवासियों को मुख्यधारा में लाने के प्रयत्न के बहाने कई प्रकार से आदिवासियों का शोषण आजकल हो रहा है। इनके शोषण का मतलब है कि हमारी सहज संस्कृति का शोषण। इस शोषण प्रक्रिया को भी हम पर्यावरण नाश के अन्तर्गत ही दर्ज कर सकते हैं।

समकालीन कवियों में अरुण कमल पर्यावरण संकट एवं भविष्य को लेकर गहराई से चिन्तित हैं। उनकी कविता 'इक्कीसवीं शताब्दी की ओर' में निकट

भविष्य में जो होना नहीं है उन सबके होने की सूचना मिलती है। वे यों कहते हैं—

हर नदी का घाट श्मशान
हर बगीचा कब्रिस्तान बन रहा है
और हम इक्कीसवीं शताब्दी की ओर जा रहे है (सबूत—पृ. 76)

मानव जीवन की आशंकाओं तथा भविष्य की विपत्तियों को सूचित करने में काबिल है यह कविता। सांस्कृतिक एवं राजनैतिक दृष्टि से असन्तुलित है देश की व्यवस्था। यहाँ अरक्षित सा भाव ज़्यादा बुलन्द है। विकास की ओर अग्रसर होनेवाला मानव प्रकृति के साथ के अपने सह अस्तित्व को भूल गया है। आगामी महाविपत्ति से बचने के लिए हमें उपभोगी मानसिकता को छोड़कर बहुत सरलता एवं सहजता को बनाये रखना चाहिए।

'दुःस्वप्न' नामक कविता में न्यूट्रान बम के गिरने से पैदा होने वाले वातावरण का यथातथ्य चित्रण बड़ी संजीदगी से कवि ने किया है। वह कवि के लिए 'दुःस्वप्न' सा भयानक लगता है। विज्ञान के नये-नये आविष्कार सम्पूर्ण मानवता को विनाश के कगार तक पहुँचा देते हैं। हिरोशिमा एवं नागासाकी में हुए बम विस्फोट का दुष्परिणाम एक पीढ़ी पर नहीं पीढ़ी-दर-पीढ़ी भोग रही है। मानव कल्याण के लिए निर्मित इन सारी चीजों का उलटा प्रयोग मानव द्वारा ही किया जा रहा है। अज्ञेय की कविता हिरोशिमा को याद दिलानेवाली इस कविता में कवि अज्ञेय स्वच्छ सहज प्रकृति की कामना यों प्रकट करते हैं—

मुझे चाहिए हरी भरी दुनिया
घने पेड़ों के चलते अँधेरा हुआ रास्ता
बच्चों की दौड़ से हिलता हुआ घर
और अपनी माँ के थनों को हुमकता
गाज भरे मुँहवाला
उजला बछड़ा। (पृ. 85-86)

स्वप्निल श्रीवास्तव भी 'भूमि को बचाने के लिए' में अरुण कमल की तरह ईश्वर से प्रार्थना करते हैं। आततायियों से इस पृथ्वी को बचाने की ज़रूरत पर कवि बल देते हैं। आज संसार में हिंसा परम धर्म बन गयी है। आने वाली पीढ़ियों की खुशियों पर ध्यान दिए बिना हम मानव आज पृथ्वी को रौंद रहे हैं। आज आतंकवाद, अलगाववाद, साम्प्रदायिकता, भाषावाद आदि से लोगों का दम घुट रहा है। इनके हाथ में पृथ्वी गेंद की तरह ठोकर खा रही है। इसलिए कवि बहुत दुःखी होकर ईश्वर से 'पृथ्वी के लिए प्रार्थना' शीर्षक कविता में यों विनती करते हैं—

ईश्वर! मैं तुम्हारा सबसे छोटा बेटा
हृदय की अनन्त गहराइयों के साथ

इस पृथ्वी के मंगल के लिए कर रहा
है प्रार्थना।

(मुझे दूसरी पृथ्वी चाहिए–स्वप्निल श्रीवास्तव पृ. 67)

वैसे ही उदय प्रकाश अपनी कविता 'बचाओ' में इस धरती को बचाने का आग्रह प्रकट करते हैं–

बचाना ही हो तो बचाये जाने चाहिए
गाँव में खेत, जंगल में पेड़, शहर में हवा,
पेड़ों में घोंसले, अखबारों में सच्चाई, राजनीति में
नैतिकता, प्रशासन में मनुष्यता, दाल में हल्दी

(रात में हारमोनियम–पृ. 22)

यहाँ भी कवि हमारे सांस्कृतिक एवं पर्यावरण संकट पर एक साथ प्रकाश डालते हुए पृथ्वी को बचाने का आग्रह प्रकट करते हैं। कवि इसलिए चिन्तित हैं कि हम जिन चीजों को अपना धरोहर समझते हैं वे सब लुप्तप्राय हो रहे हैं। पेड़-पौधों, जानवरों एवं पक्षियों का नामोनिशान भी गायब होता जा रहा है। इस असन्तुलित पर्यावरण में मानव का अस्तित्त्व सम्भव नहीं है। इस उपभोग संस्कृति में अतीत के सब कुछ संग्रहालयों की ओर स्थानान्तरित होते जा रहे हैं। यहाँ तमाम अपरिचित अभूतपूर्व चिज़ों का विस्फोट हो रहा है। प्लास्टिक का पहाड बन रहा है। इन सबसे पृथ्वी का अस्तित्व खतरे में है। कवि कहते हैं–

देखो, हिलता है पृथ्वी पर
अमरूद का अन्तिम पेड़
उड़ते हैं आकाश में पृथ्वी के अन्तिम तोते
बतायें सारे विद्वान
मैं कहाँ पर टाँग दूँ अपने दादा की मिरजई
किस संग्रहालय को भेजूँ पिता का बसूला
माँ का करधन और बहन के बिछुए में
किस सरकार को सौंपूँ हिफाजल के लिए।

(बचाओ– उदय प्रकाश)

'अर्जी' नामक कविता में भी उदय प्रकाश जी स्मृतियों में चिड़िया, पेड़, पेड़ों का घोंसला आदि का दर्शन करते हैं। ये दृश्य आजकल समाप्तप्राय हैं। कवि गाते हैं–

वर्षों पहले मेरे बचपन के दिनों में
शिवालिक या मेकल या विन्ध्य की पहाड़ियों में
अन्तिम बार देखी गयी थी वह चिड़िया
जिस पेड़ पर बना सकती थी वह घोंसला

विशेषज्ञ जानते हैं, वर्षों पहले अन्तिम बार
देखा गया था वह पेड़
अब उसके चित्र मिलते हैं पूरा—वानस्पतिक किताबों में
तने के फॉसिल्स संग्रहालयों में।

कवि के अनुसार समकालीन कविता में इन प्रतिकूलताओं के विरुद्ध आवाज़ उठाने की शक्ति है। इस पृथ्वी पर दुर्लभ होते जा रहे जानवरों एवं अन्य जीवजन्तुओं पर अनेक कवियों ने लिखा। उनमें स्वप्निल श्रीवास्तव की कविता 'इक्कीसवीं शताब्दी में हाथी' विशेष ध्यातव्य है। हाथी ऐसा एक जानवर है जिसकी हत्या बड़े पैमाने पर हो रही है। आबालवृद्ध लोगों के लिए यह जानवर कौतुक है। व्यापारियों के सम्बन्ध में इसका सबसे बड़ा आकर्षण उसके दाँत हैं। हाथियों का बड़े-बड़े भार को खींचने के लिए लोग इस्तेमाल करते आ रहे हैं। लेकिन मुनाफा मात्र चाहने वाले ये लोग इन हाथियों का दुरुपयोग के द्वारा शोषण करते हैं। इसलिए ये हमारे बीच में दुर्लभ होते जा रहे हैं। कवि की चिन्ता है कि इक्कीसवीं शती में हाथी शायद जीवित नहीं रहेगा। इसके वंशनाश की सम्भावना को इनकार नहीं किया जाएगा। देखिए—

इक्कीसवीं शताब्दी में क्या वे
जीवित रहेंगे
या उनके सूँड झड़ जाएँगे
या इस नाम का कोई जानवर
नहीं बचा रहेगा पृथ्वी पर
या उसका नाम बदल जाएगा
या वे चिडियाघर की वस्तु
बन जाएँगे।

(मुझे दूसरी पृथ्वी चाहिए— पृ. 84-85)

कवि आलोक धन्वा की कविता 'पतंग' में उपर्युक्त कवियों के समान पृथ्वी में जीवों के जीवित रहने की कामना द्रष्टव्य है। इस उपभोग संस्कृति की निर्ममता की ओर वे हमारा ध्यान आकृष्ट करते हैं—

चिड़ियाँ बहुत दिनों तक जीवित रह सकती
अगर आप उन्हें मारना बन्द कर दें।

(दुनिया रोज़ बनती है— पृ. 13)

औद्योगीकरण के साथ जो यन्त्रीकरण हुआ वह हमारे भौतिक विकास को मात्र लक्ष्य करता है। उस सिलसिले में हमारे यहाँ कई रासायनिक कारखाने उग आए। वहाँ निर्मित कई रासायनिक पदार्थ जानलेवा हैं। भोपाल यूनियन कार्बाइड ट्रैजडी अब भी हमारे साथ हैं। उदय प्रकाश की 'पंजाब कुछ कविताएँ' में भारतीय जीवन

के प्रकृतस्थ रूप के नष्ट होने तथा अतिभयानक रासायनिक वातकों एवं पदार्थों के बीच में दम घुटने के लिए अभिशप्त जनता का रूप उभर आया है। प्रकृति के सहअस्तित्व का जो पंजाब पहले था वह नष्ट हो गया। इसको लेकर कवि हमसे कुछ अनिवार्य सवाल करते हैं–

कुल मिलाकर कितने यूनियन कार्बाइड हैं
पंजाब में?
बताओ प्रार्थना करते लोगों के फेफड़ों में
कितना मिथाइल आइसोसायनेट हैं?
बताओ
पंजाब में
कितने भोपाल हैं? (रात में हारमोनियम–पृ. 83)

अब इस देश के शान्त से लगते सारे प्रान्त पंजाब में बदल रहे हैं। इसका तात्पर्य यह है कि पूरे प्रान्त औद्योगिक नगरी बन रहे हैं। लेकिन इस नए पंजाब का मुखड़ा कवि चाहते नहीं। कवि के मन में ग्रामीण वातावरण का कृषि सम्पन्न पंजाब है। पंजाब के नष्ट होने की पीड़ा कविता में जाहिर है। पंजाब भारतीय प्रान्तों का एक प्रतीक मात्र है।

भूमडलीकरण के साथ संचार माध्यमों का तेजी से विकास हुआ। दुनिया गाँव में सिमट गयी। लेकिन इस दूरी के सिमटने के साथ मानव और मानव के बीच की दूरी बढ़ गयी। वह ज़्यादा सिमट गया। वह स्वार्थी बन गया। जिस प्रकार नदियों की आर्द्रता विकास के ज़रिए नष्ट हो गयी वैसे ही मनुष्य मानवमूल्यों की आर्द्रता से वंचित हो गया। अब संसार की स्टियरिंग बिल गेट्स जैसे लोगों के हाथ में है। कम्प्यूटर समान यन्त्रवत् मनुष्यों को हम मनुष्य कैसे मानेंगे? कवि वीरेन डंगवाल यों चिन्तित हैं–

दुनिया एक गाँव तो बने
लेकिन सारे गाँव बाहर रहें उस दुनिया के
यह कम्प्यूटर करामात हो।
कितने अभागे हैं वे पुल
जो सिर्फ गलियारे हैं
जिनके नीचे से गुज़रती नहीं
कोई नदी।

(दुश्चक्र में स्रष्टा–मार्च की एक शाम में आई आई टी कानपुर, पृ–19)

कवि चन्द्रकान्त देवताले भी मानव जीवन में कम्प्यूटर के प्रवेश से लोकजीवन एवं लोकहवा की गन्ध में जो यान्त्रिकता आ गयी उसका सख़्त विरोध करते हैं। संवेदना रहित इस यन्त्र के जादू में मनुष्यता खो जाती है। रोबोट से क्या कविता

का आनन्द मिलेगा? मनुष्य पहाड़ों, नदियों एवं जंगलों के बीच ही सही सलामत जी सकता है। पर इसी कम्प्यूटर-मनुष्य की क्षमता पर मनुष्य गर्व करता है। लेकिन कवि का सवाल कितना विचारणीय है—

अब तो मस्तिष्क है कम्प्यूटर के पास भी
कविता लिख देगा कम्प्यूटर एक दिन
पर क्या वसन्त
या चिड़िया
अथवा स्तनों से झरता झरना
सम्भव है कभी कम्प्यूटर के गर्भ से भी
....
....
महाकाव्यों में तैरती-उतरती अपनी यह पृथ्वी
धतकड़ी है जो लोकगीतों की क्षितिज स्पर्शी लयों से
किसने दी
हल्दी की गन्ध में नहाये
नदियों की आँखों-नावों-को दौड़ानेवाले
छाया-दमदार गीत किसने दिए
कहाँ था कम्प्यूटर तब?

(भूखंड तप रहा है—चकमक पत्थर—पृ. 14-15)

मनुष्य के समान अन्य जीवजन्तुओं एवं पेड़-पौधों को भी यहाँ सुरक्षित रखने के लिए हमें प्रयत्न करना ही चाहिए। हम अपनी सुख-सुविधा के लिए उनका सर्वनाश कर रहे हैं। कभी-कभी हमारे शो-पीस बनाने के लिए, कभी खाने के लिए कभी उन्हें बेचकर पैसा कमाने के लिए और कभी नये-नये विकास के लिए उन्हें निष्ठुर एवं निर्मम होकर पछाड़ देते हैं। रामदरश मिश्रजी अपनी कविता में ऐसे आदमी पर सन्देह करते हैं जो प्रकृति पर अन्यायपूर्ण चढ़ावा करता है:-

चिड़िया उड़ती हुई कहीं से आई
बहुत देर तक इधर-उधर भटकती हुई
अपना घोंसला खोजती रही
फिर थककर एक जली हुई
डाल पर बैठ गयी
और सोचने लगी
आज जंगल में कोई आदमी आया था क्या?

वैसे ही निर्मला पुतुल की कविता 'उतनी दूर मत ब्याहना बाबा' में कन्या अपने वर के मुख्य गुणों में प्रकृति-स्नेह और किसानी-सेवा मानती है। उनके

अनुसार प्रकृति के प्रति निर्मम आदमी मानवीयता से ज़रूर विरहित होगा। देखिएः—

और उसके हाथ में मत देना मेरा हाथ
जिसके हाथों ने कभी कोई पेड़ नहीं लगाए
फसलें नहीं उगायी जिन हाथों ने।

समकालीन कविता में अतीत के लोकजीवन, पगडंडियाँ, खेत-खलिहान पहाड़-पर्वतमालाएँ, नदी-नाले, पतंग-चिड़ियाँ, पेड़-पौधे, पुष्प एवं सुगन्ध वाहक हवा आदि के नष्ट होने की पीड़ा है। ऐसी कविताओं में एक श्रेष्ठ कविता है सर्वेश्वर दयाल सक्सेना की 'यहीं कहीं एक कच्ची सड़क थी'। कवि स्मृतियों में उस ग्रामीण वातावरण की ओर हमें ले जाता है जहाँ लोकगीत की धुन, महुआ, और जामुन के पेड़ हैं। कवि बाज़ारों के जादू और नये-नये सुख साधनों के बीच में पुरानी अपनी कच्ची सड़क को टटोलते हैं, खोजते हैं। वह कच्ची सड़क उसके गाँव की ओर जानेवाली सड़क थी। इस उपभोग की संस्कृति में कवि को उस अतीत की कच्ची सड़कें चाहे स्मृति में हो, आह्लादित करती हैं यद्यपि वे सब खो चुकी हैं।

सुनो! सुनो!
यहीं कहीं एक कच्ची सड़क थी
जो मेरे गाँव को जाती थी।
सावन के बादलों की बकरियों के पीछे
बिजली की लकुटिया हिलाती भागती नज़र आती थी
शीत की ओस जड़ी हरीतिमा में
काँसे की चूड़ियाँ खनकाती
इधर-उधर मेदुर दूब छीलती मिल जाती थी।

(सक्सेना ग्रन्थावली—पृ.—196)

उस गाँव में ऋतुओं के बदलाव की सूचना प्रकृति देती थी। नदियों और खेतों के साथ मिलकर जीनेवाली ग्रामीण जनता कितनी खुशी और भाईचारे के साथ जीवन बिताती थी। व्यक्ति का मानसिक एवं शारीरिक स्वास्थ्य परिवेश द्वारा निर्मित है। सहजता एवं लोक संस्कार सक्सेनाजी की स्मृतियों में बुलन्द है—

गुदना गुदाए स्वस्थ मांसल पिंडलियों थिरकती
ढोल, मादल, बाँसुरी पर नाचती थी
पलक झुका गीले केश फैलाए
रामायण की कथा बाँचती थी,
ठाकुरद्वारे में कीर्तन करती थी। (पृ. 197)

ऐसे लोकगीत एवं रामायण का वाचन भक्ति के साथ कर रग-रग में भावुकता एवं आर्द्रता व्याप्त करनेवाला गाँव का परिवेश नष्ट हो गया। आज सर्वत्र कृत्रिमता

है। कच्ची सड़क की नैसर्गिक छटा के स्थान पर विदेशी तारकोल है। आज वृक्ष पालतू है। कृत्रिम प्रकाश के तले भरे हुए पतंग समान है आधुनिक मनुष्य। आज की बाज़ारी दुनिया की चमक में हम सब फँसकर निष्प्राण एवं आत्मारहित बन गये। जलवायु बदल गयी। ऋतुओं के परिवर्तन की सूचना मिलती नहीं है। दिन-रात एक समान है। हमेशा चोर-बज़ार यहाँ कार्यरत है। प्रत्येक भारतीय गाँव उस चोर बाज़ार में परिणत हो गया। धोखेबाजी एवं छल-कपटता से भरी इस दुनिया में वास्तविक जीवन लुप्त हो गया है। यहाँ सुविधाएँ सुख का पर्याय बन गयीं। ये सारी सुविधाएँ कृत्रिम सुविधायँ हैं। आज के गाँव का रूप देखिए–

किसने कहा कि वह चटकीले साइनबोर्ड
यहाँ हर माल सस्ता मिलता है
गले में लटकाकर, निस्तेज चुहल से भरी
भड़कीले रेस्ट्राँ, कॉफी हाउस,
सिनेमा, क्लब, थियेटर, फैशन की दूकानों पर घूमे
वेनटी बाक्स ले, ठंडे हाथों में हाथ डाल,
रँगे हुए होठों से, खपचियों पर टँगे, कीमती
सूटों से चिपके, और भरे पर्स चूमे। (पृ. 198)

यहाँ शीत के स्नेहरंजित तुहिन बिन्दु सूख गया और सब कहीं प्रखर सूर्य का तपन है। इस तपन की समकालीन संस्कृति से बच जाने का अनन्य मोह एवं कामना प्रकट करने वाली सक्सेनाजी की इस कविता से प्रकृति की ओर वापस जाने की ज़रूरत बलबती हो जाती है।

मंगलेश डबराल की कविता में भी बचपन की प्रकृति और सुखद स्मृतियाँ ताजी बनकर आती हैं। वह आज अन्यत्र दुर्लभ हो गया–

यहाँ बचपन में गिरी थी बर्फ
पहाड़ पेड़ आँगन सीढ़ियों पर
उन पर चलते हुए हम रोज़ रास्ता बनाते थे
बाद में जब मैं बड़ा हुआ
देखा बर्फ को पिघलते हुए
कुछ देर चमकता रहा पानी
अंततः उसे उड़ा दिया धूप ने (आवाज़ की एक जगह, पृ. 73)

इस तपन के बीच में शीतल स्मृति हमारे लिए पाथेय बनकर आती है चन्द्रकान्त देववाले की कविताओं में।

तब वह बच्चा था
अक्सर थाने की तरफ दौड़ता हुआ
आँखें फाड़कर रेलवे चौकी

सिगनल और पटरियों को देखता हुआ
चने चबाता या जुआर की धानी फाँकता
सत्तू के बारे में सोचता
कभी पेड़ से उतरकर
तो कभी नदी से नहाकर आया हुआ
पेड़ की टहनियों को कन्धे पर हिलाता
नदी के पानी को पेट में बजाता
जेठ की दोपहरी में
पत्थर के बीजों को ढूँढता
वह हमेशा गड़े पत्थर
उचका कर देखता
ऐ धरती की गन्ध
उसके नथुनों में दौड़ने लगी

(भूखंड तप रहा है—साँप सीढ़ी का खेल—पृ. 21-22)

'संशयात्मा' नामक काव्य संकलन में ज्ञानेन्द्रपति की कई कविताओं में गाँव नॉस्टालजिया बनकर आया है। 'गाँव का घर और मिट गये मैदानों वाला गाँव' जैसी कविताओं में लोकजीवन की स्मृतियाँ हैं। उस ग्रामीण जीवन की प्रत्येक चीज़ कवि के लिए सुखद है। लेकिन अब वे सब स्मृति मात्र है। झारखंड के पहाड़ों का अरण्यरोदन' में कवि मानव द्वारा प्रकृति के ऊपर होने वाले अन्याय पर रोष प्रकट करते हैं—

ये वही पुरखे पहाड़ है जिनके हाड़
आज लालची मानव-गिद्धों का भोजन-भर
पूरब में डबडबा आया है भुरुकवा
कि जैसे वह छोटानागपुर के छीजते जंगलों, मिटती वनस्पतियों, खँखुरते खनिजों की आँख हो।
कि क्या धरा है भू में
इन भूधरों की छाँह के गुजर जाने के बाद
बस आतप और विपत। (पृ. 24)

कवि इस ओर संकेत करते हैं कि हम मानव इसी भूमि-गन्ध के बलबूते पर जी रहे हैं। लेकिन आज देवतालेजी के अनुसार भूखंड तप रहा है। जिस धरती के गर्भ से सूर्य की तरह चमकीले रत्न निकाले, जिस समुद्र से मोती निकाले, जिस पानी से सोने की तरह जगमगाते गेहूँ का उत्पादन किया, जिस पहाड़ से अमृत की धाराएँ बहीं वे सब तप रहे हैं आजकल। मनुष्य के विवेक एवं बुद्धि के सामने भूमि लाचार होकर पड़ी है। यहाँ जंगल काटा जाता है। पेड़ लगानेवाली असंख्य

माताएँ हैं। लेकिन वे सब कुल्हाड़ी के सामने गिर जाती हैं।

एक माँ घर के पेड़ का एक सपना
असंख्य माँए और धरती पर गाते हुए
पेड़ों के उतने ही सपने
पर उतने ही कुल्हाड़ियों के हमले
सपनों की गरदनों पर पेड़ों के खिलाफ
गर्म गाढ़ा बाल खून रिस रहा है धरती
धड़कनें बढ़ रही हैं
बाहर खून गुठलियाँ तैर रही हैं हवा में
और इन्हीं रक्त गाँठों के चारों ओर
भूखंड तप रहा है।

(माई की विशाल छाती पर अग्निवृक्ष उड़ते हैं–पृ. 79-80)

यहाँ उल्लेखनीय बात यह है कि देवतालेजी पृथ्वी एवं स्त्री दोनों के प्रति जो अन्यायपूर्ण व्यवहार हो रहा है उसकी घोर निन्दा करते हैं। उपर्युक्त पंक्तियों में भूरक्षक के रूप में स्त्री खड़ी होती है। पेड़ को कुल्हाडी से काट डालने का मतलब स्त्री को काट डालना है। स्त्री द्वारा प्रकृति का पोषण इको-फेमिनिज़्म का मुख्य प्रतिमान है। ये स्त्री और प्रकृति परस्पर पूरक बनकर देवतालेजी की कविता को सार्थक इको-फेमिनिस्ट बनाती है। इस कविता के अन्त में आकर कवि ने जो लिखा है वह इस विचार को और भी पुष्ट करता है–

हज़ार तरीकों से प्यार किया है हमने
पृथ्वी से
और
स्त्री से
दोनों के भीतर है ब्रह्मांड की खुशियों के झरने
दौड़ कर छू लेने वाली आँखों से देखो
सब देखो
नीली गौरेया
नदी को देख रही है
तिरछी नज़र से *(पृ. 83)*

स्त्री और पृथ्वी दोनों में ही इस संसार की खुशियाँ समासीन हैं। इसलिए इन दोनों के तपन का मतलब हम मानवराशी का तपन है। इससे हमें छुटकारा पाना है। धरती और स्त्री का जो उपहास हो रहा है, उनका जो दमन हो रहा है इससे उनको बचाना है। ऐसा नहीं हुआ तो इस भूखंड का सदा के लिए अवसान होगा। आज भौम ताप बढ़कर सम्पूर्ण दुनिया के अस्तित्त्व के सामने चुनौती बन गया है।

आज बहती आ रही नदी की आर्द्रता एवं धरती के मोहक सौन्दर्य के प्रति हमारे मन में कोई आकर्षण नहीं। इन सबको बाज़ार की चीज़ें बनाने के लिए हम रास्ता तय करते हैं। आलोक धन्वा कहते हैं ऐसी मोहक प्राकृतिक दृश्य जब हमारे सामने आते हैं उस समय भी बाज़ार का बुलावा आता है। जैसे–

और उस समय भी दिमाग
कितना कम पास जा पाता है
दिमाग तो भरा रहता है
लूटेरों के बाज़ार के शोर से। (दुनिया रोज़ बनती है–नदियाँ–पृ. 10)

आज की इस संवेदनशून्यता से बचने के लिए हमें खुद तैयार होना चाहिए। हमारे मन को संतुलित करना है। कितने आन्दोलन एवं अभियान चलाने पर भी यह भूमि एवं हमारे संस्कार नहीं बचेंगे। इसके लिए हमें क्या करना है? स्वप्निल श्रीवास्तव की इस कविता को देखिए–

इस शताब्दी में चीजों के
बचाने के लिए अभियान चलाए
जा रहे हैं
ताज्जुब यह है कि बचाव की इतनी
कोशिशों के बावजूद
न आदमी बच रहा न जंगल
परिन्दों की बात तो बहुत दूर है
सबसे ज़्यादा खतरे में तो आदमी के विचार हैं
यदि वे नहीं बचे तो कुछ भी नहीं
बचाया जा सकता है।

(मुझे दूसरी पृथ्वी चाहिए–बवाच, पृ. 54)

पारिस्थितिक चिन्तन के परिप्रेक्ष्य में अज्ञेय-काव्य

"The History of Life on earth has been a history of interaction between living things and their surroundings"

—Charles Elton

अज्ञेय हिन्दी के बहुआयामी कवि हैं। उनकी बहुआयामी कविताओं में सबसे श्रेष्ठ कविताएँ प्रकृति से सम्बन्धित कविताएँ हैं। उन्होंने अपने कई प्रकार के चिन्तनों को प्रकृति के व्यापारों के ज़रिए जाहिर किया है। छायावादी कवियों के समान उन्होंने प्रकृति की गोदी में बैठकर सोचा, समझा और कविता की। लेकिन छायावादी कवियों की प्रकृति और अज्ञेय की प्रकृति में अन्तर है। निर्मल वर्मा ने सही कहा है—"अज्ञेय का प्रकृति बोध छायावादी बोध से बहुत अलग है वे पहाड़ों को देखकर मुग्ध होते हैं तो नीचे जंगलों में पेड़ों के कटने का आर्तनाद भी सुनते हैं, बल्कि यूँ कहें यह करने का बोध उन्हें प्रकृति के लगाव में एक गहरी दरार अंकित कर जाता है।" (निर्मल वर्मा—कला का जोखिम- आधुनिक बोध की पीड़ा) इस प्रकृति सम्बन्धी उनके विचार में जो अन्तर दिखाई देता है वह इसलिए है कि वे बिलकुल एक आधुनिक कवि हैं। लेकिन आधुनिकता से हमारी संस्कृति और पारिस्थिति पर जो आतंक पड़ा है उस पर वे चिन्तित भी हैं। अज्ञेय मानते हैं कि प्राचीन व्यवस्था के टूटने का कारण औद्योगीकरण या मशीन है। मशीनी श्रम का अर्थ है—निरर्थक यान्त्रिक क्रिया की बुद्धिहीन आवृत्ति, जिसे श्रमजीवी परिवार पोषण के लिए जीवन भर करता है। आज का श्रम जीवन अकेले अर्थहीन यान्त्रिक क्रिया तक सीमित है। संस्कृति का मूल आधार भाषा है और भाषा का चरम उत्कर्ष साहित्य में प्रकट होता है। अतः साहित्य का पतन संस्कृति का पतन है—मशीन युग हमारे जीवन को सस्ता, घटिया और अर्थहीन बना रहा है।

उपर्युक्त यथार्थ का खुलासा करते हुए अज्ञेय ने अपने विचारों को त्रिशंकु में प्रस्तुत किया है। उनके अनुसार पुराने सामाजिक संगठन के टूटने से उसकी सजीव संस्कृति और परम्परा मिट गयी है। अतः हमारे जीवन से लोकगीत, लोक नृत्य, फूस के छप्पर और दस्तकारियाँ क्रमशः अप्रत्यक्ष हो गयीं और होती जा रही हैं। इसके साथ जीवन की कला, जीने का एक व्यवस्थित ढंग जिसके अपने रीति

व्यवहार और अपनी ऋतुचर्या थी– ऐसी ऋतुचर्या, जिसकी बुनियाद जाति के चिर-संचित अनुभव पर कायम हो। वे कहते हैं कि हमारा समाज अब न देहाती रहा है, न शहरी, उसका संगठन ही नष्ट हो गया है। सभ्यतावश उसका सामूहिक सम्बन्ध नष्ट हो गया। जहाँ सभ्यता का विकास नहीं हुआ अथवा आधुनिकीकरण नहीं पहुँचा वहाँ आज भी जीवन एक कला है। यानी कि यन्त्रयुग की प्रगति का निर्मम हल पुरानी मिट्टी उपाटता हुआ चला जा रहा है। उन्होंने लिखा है–"अपने देखे हुए किसी मिल इलाके को याद कीजिए यदि आपने उसे बनते हुए देखा है–लापरवाही और अवज्ञा से खडे किये गये उन कुरूप स्तूपों को, मानव जाति के प्रति घोर उपेक्षा से मुँह बाए हुए, यदि आपने कलकत्ता के 'गार्डन रीच' या बम्बई के 'वरली चार्ल्स' जैसे दृश्य देखे हैं तब आप समझ सकेंगे कि यह विनाशक क्रिया मानव जीवन की स्वाभाविकता का वह ध्वंस, समाज संगठन के ह्रास का ही बाह्य लक्षण है।" (त्रिशंकु– पृ. 15-16)

अज्ञेय ने 'शाश्वती' में पेड़ काटकर पहाड़, खोदकर आधुनिक बनने के लिए शोर मचाने वाले तथाकथित आधुनिकों पर व्यंग्य करते हुए कहा "पेड़ के नीचे रुककर सुस्ता लिया, फिर कॉपी निकाले तो मैं एक लम्बी साँस सुनकर चौका। पर आस-पास कोई नहीं था। मैंने सोचा, भ्रम हुआ होगा, हवा होगी। फिर लिखने की और दत्तचित हुआ। लम्बी साँस फिर सुनाई दी। पेड़ ने लम्बी साँस ली थी। मैंने कहा, क्यों पेड़ क्या हुआ? पेड़ ने कहा। तुम कवि हो न? मैंने कहा, हूँ भी तो क्या? वन प्रकृति का भक्त हूँ, पेड़ों से प्रेम है, मुझे पेड़ रोककर बोला, होगा, होगा। तुम पेड़ पर कविता लिखो, या पेड़ को बचाने के आन्दोलन के लिए ही कविता लिखो, छपेगी तो पेड़ की लुगदी पर ही। जब-जब कोई लिखता है मैं लम्बी साँस लेता हूँ, वह पेड़ काटने का एक और निमित्त बना... हमेशा पहले पेड़ को प्रणाम करके क्योंकि वहीं तुम्हारी बलि है... अँधेरे में पहाड़ खोदता/फरहाद हो गया है अन्धा/शीरी ने कर लिया है/सुरमा बेचने को धन्धा (शाश्वती–अज्ञेय-पृ. 21, 22)। इस प्रकार अज्ञेय प्रकृति पर होने वाले आक्रमण पर सदा चिन्तित हैं। अज्ञेय के अनुसार इकहरे कालबोध और मानवेतर प्रकृति को अपने से अलग माननेवाली मानव-केन्द्रित दृष्टि का ही एक परिणाम यह वैज्ञानिकता है जिसने एक ओर पर्यावरण के विनाश और दूसरी ओर आणविक शस्त्रों के रूप में सम्पूर्ण सृष्टि को विनाश के कगार पर ला खड़ा किया है। अज्ञेय की मान्यता है कि भारतीय परम्परा मानव केन्द्रित नहीं बल्कि समग्रता के बोध से संपूरित रहने के कारण 'अनेक केन्द्रीय' रही है–"हमारी सम्पदा या संस्कृति ही अनेक-केन्द्रीय नहीं रही है, हमारा चिन्तन अनिवार्यतया अनेक-केन्द्रीय आधार लेकर चलता है। हम मनुष्य की ओर से सोच सकते हैं तो बन्दर या पेड़ की ओर से भी सोच सकते हैं–और ऐसा केवल विनोद के लिए नहीं, अवस्थिति को उसकी समग्रता में

पहचानने के लिए अनिवार्य मानते हुए।" (स्मृतिछन्दा–पृ. 28) इस प्रकार अज्ञेय के चिन्तन में प्रकृति और मनुष्य को साथ लेकर चलने वाली समग्रता है।

वैज्ञानिक आविष्कारों का दुष्परिणाम है अणु हथियार। दूसरे विश्वयुद्ध के दौरान जापान में हिरोशिमा और नागासाकी में अणुबम का विस्फोट हुआ, आज भी वहाँ के लोग इसके विनाशक परिणामों से मुक्त नहीं हुए। भयानक वैज्ञानिक हथियारों के इस्तेमाल से मानव समूह का सर्वनाश ही हुआ है। कितने लोग आज भी कई प्रकार के रोग से ग्रस्त हैं और कई अपंग बच्चे आज भी जन्म लेते हैं। अज्ञेय हिरोशिमा में हुए उस विस्फोट का दृश्य 'हिरोशिमा' कविता में यों उतार लेते हैं। एक दिन सूरज के तीक्ष्ण प्रकाश के साथ फटी मिट्टी से धूप बरसी। लेकिन उस तीक्ष्ण धूप में मानव-जन की छायाएँ बिखर गयीं। वह सूरज पूरब में उगा सूरज नहीं था। वह पश्चिम का सूरज था। वह काल रूपी सूरज था। मनुष्य द्वारा निर्मित अणुबम रूपी सूरज के पहिए मानों टूटकर बिखर गये हों। कुछ क्षणों का वह उदय और अस्त था। उस दोपहरी में कुछ क्षणों के बाद जो दृश्य प्रकट हुआ वह इस प्रकार था–

छायाएँ मानव जन की
नहीं मिटी लम्बी हो होकर
मानव ही सब भाप हो गये।
छायाएँ तो अभी लिखी है
झुलसे हुए पत्थरों पर
उजड़ी सड़कों की गच पर। (हिरोशिमा)

हिरोशिमा में हुई इस दुर्घटना की छाया कभी भी समाप्त होती नहीं है। वे अब भी वहाँ के झुलसे हुए पत्थरों पर और उजड़ी हुई सडकों की गच पर अंकित हैं। मनुष्य द्वारा निर्मित ऐसे भयानक अणु हथियारों के शिकार कितने लोग बन गए। इसका परिणाम जब तक मनुष्य होगा तब तक कई दुःख स्मृतियाँ पीढ़ी दर पीढ़ियों को भुगतनी पड़ेंगी। वह कभी-कभी विकलांगता के रूप में कभी बुद्धिहीनता के रूप में, कभी बंजरता के रूप में मनुष्य का पीछा करते रहेगा। हिरोशिमा हमारे इतिहास में आधुनिकता द्वारा निर्मित महाविपत्ति है। इसकी पुनरावृत्ति हमारे विश्व के कई देशों में आज भी हो रही है। युद्ध की इस विनाशलीला से क्या आज इराक मुक्त है। मानवराशी के विकास को लक्ष्य करके निर्मित अणुबम उनके लिए भस्मासुर बन गया है। आज इन बमों से भी खतरनाक कीटनाशानियाँ हमारे बीच में प्रयुक्त हो रही हैं। जब डी. डी. टी के बेलौस इस्तेमाल से पक्षीगण मरने लगे तो रेचल करसन ने 'Silent Spring' लिखा। आज इतनी शक्तिशाली कीटनाशकों का इस्तेमाल हो रहा है कि पक्षीगण ही नहीं मानव सहित सम्पूर्ण जीवजन्तुओं के

अन्त से पृथ्वी के शून्य हो जाने की सम्भावना नज़र आती है। विज्ञान का जो दुरुपयोग दुनिया को भयानक विपत्ति की ओर ले जा रहा है उससे आधुनिकता पर गर्व करने वाले हम सबको सजग रहना चाहिए। अज्ञेय दुःख के साथ कहते हैं—

मानव का रचा हुआ सूरज
मानव को भाप बनाकर सोख गया।
पत्थर पर लिखी हुई यह
जली हुई छाया
मानव की साखी है। (हिरोशिमा)

अज्ञेय विज्ञान के खिलाफ नहीं हैं। इस अणुबम की तुलना वे सूरज से इसलिए करते हैं कि सूरज में निर्माण करने की जितनी शक्ति है उतनी शक्ति नाश करने में भी है। लेकिन यहाँ हम उसकी विनाशक शक्ति का खूब इस्तेमाल करते हैं। हम विकास को सही दिशा में ले जाने के बदले उसको विध्वसंक बना देते हैं। इसलिए अलबर्ट आइंस्टैन ने इन दारुण स्थितियों को देखकर ही और एक जन्म लेने से इनकार कर दिया था।

'कालेमेग्दान' शीर्षक कविता भी सावा और डैन्यूब के संगम पर जो प्राचीन दुर्ग है उसके भीतर के अस्त्र संग्रहालय की ओर हमारा ध्यान आकृष्ट करती है। एक ओर कवि दूसरे विश्वयुद्ध में प्रयुक्त हथियारों का ढेर देखते हैं तो दूसरी ओर मठों और गिरिजाघरों के खँडहर। तब कवि के मन में सन्देह उत्पन्न होता है कि

ईश्वर रे, मेरे बेचारे,
तेरे कौन रहे अधिक हत्यारे? (कालेमेग्दान)

धर्म एवं जातियाँ आज हथियारों के समान खतरनाक हो गये हैं। वे युद्धोपकरणों के समान हत्यारे हैं। दूसरे विश्वयुद्ध में प्रयुक्त युद्धोपकरण आज भी हमारे मन में दुःख एवं आशंका जगाते हैं। वे हमारी ओर अब भी मुँह बाए ताक रहे हैं। मनुष्यनिर्मित इन हथियारों का ढेर देखिए—

इधर
परकोटे और भीतरी दीवार के बीच
लम्बी खाई में
ढंग से सँवरे हुए
पिछले महायुद्ध के हथियारों के दूह
रूँडे टैंक, टुण्डी तोपें, नकचिपटे गोला-फेंक-
सबकी पपोटे—रहित अन्धी आँखें
ताक रही आकाश। (कालेमेग्दान)

इस प्रकार एक ओर विज्ञान ने पर्यावरण को तथा दूसरी ओर आणविक शस्त्रों ने सृष्टि को विनाश के कगार पर ला खड़ा किया है।

अज्ञेय आज की मशीनी सभ्यता का सख्त शब्दों में विरोध करते हैं। मशीनयुग हमारे जीवन को सस्ता, घटिया और बिलकुल अर्थहीन बना रहा है। यह मशीनी सभ्यता शहरी जीवन को विनाश की ओर ले जा रही है। लेकिन अब भी ग्रामीण जीवन में कहीं-कहीं वह अर्थ प्राप्त है जो पहले प्राप्त था। इसलिए हमारी स्मृतियों में वह हरीतिमा, प्रकृति और सहज ग्रामीण वातावरण ताजा होकर आते हैं। प्रकृति और मनुष्य के इस सहअस्तित्व को उजागर करने वाली कविता है 'हरि घास पर क्षण भर'। हरी घास पर क्षण भर बैठने के लिए कवि हमें आमन्त्रित करते हैं। अब हमें नियन्त्रित करने या रोकने के लिए कोई नहीं है। हरी घास को कवि अधुनातन मानव मन की तरल भावना मानते हैं। वे हमेशा हमें उनके आकर्षण में फँसा देते हैं। उनमें कोई भी प्रवेश कर सकता है। नगरीय सभ्यता में सब दिखावा है, आकर्षण है, उसमें कोई स्थायित्व नहीं है, स्नेह नहीं है, करुणा नहीं है। इसलिए वे कहते हैं–

आओ–, बैठो।
तनिक और सटकर, कि हमारे बीच स्नेह-भर का व्यवधान रहे, बस,
नहीं दरारें सभ्य शिष्ट जीवन की। (हरी घास पर क्षण भर)

सटकर स्नेह के साथ खुली प्रकृति में मिलजुलकर बैठने का मतलब प्रकृतस्थ होना है। आज की सभ्य जनता कटी छँटी ब्रांड सदृश्य कृत्रिम हावभावों एवं रूपों वाली है। लेकिन हरी घास के समान अन्दर ही अन्दर हर्ष के साथ सहजता से खुलकर मिलने पर, प्यार करने पर क्षण भर के लिए हम नगरीय सभ्यता को भूल जाएँगे, बिलकुल ग्रामीण प्रकृति में वहाँ के जीवजन्तुओं के साथ रम जाएँगे। एकदम प्रकृतिवादी बन जाएँगे। उसका सुख अनन्य है–

क्षण भर भुला दें हम
नगरी के बचैन बदकती गड्डामड्ड अकुलाहट-
और न मानें उसे पलायन;
क्षण-भर देख सकें आकाश, धरा, दूर्वा, मेघाली पौधे, लता दोलती, फूल, झरे
पत्ते, तित्तली-भुनगे, फुनगी पर पूँछ उठाकर इतराती छोटी सी चिड़िया
और न सहा चोर कह उठे मन में–
प्रकृतिवाद है स्खलन
क्योंकि युग जनवादी है। (हरी घास पर क्षण भर)

जनता पर केन्द्रित इस जनवादी युग में प्रकृति तथा जीवजन्तुओं के साथ मिलकर मानसिक शान्ति और सुख अनुभव करने वालों को प्रकृतिवादी कहकर हाशिए पर छोड़ देने वाले आज के जनवादी समाज सचमुच इन प्रकृतस्थों को समझते नहीं। यह धरती केवल मनुष्य के लिए नहीं बल्कि सम्पूर्ण चराचरों के लिए है। अज्ञेय के समान इतना बड़ा पर्यावरण स्नेही कवि अन्यत्र दुर्लभ है। इस

हरीतिमा में सटकर बैठने पर स्मृति के पंखों में बैठकर अतीत के रमणीय आकर्षक और मनपसन्द प्राकृतिक सौन्दर्य का यथासम्भव आस्वादन कर सकते हैं। एक-एक दृश्य पर्दा हटाकर सामने आ जाएगा। हम रसमग्न होकर आज की कृत्रिमता से दूर उस ग्रामीण वातावरण में लीन हो जाएँगे। नदी में तिरती नाव, महावट की छाया, धूल-भरे पथ पर आषाढ़ की भभक, चीड़ों का वन, नदी की गीली हवा, खँडहर, डाकिए के पैरों की चाँप, कविता, शिरीष, सूर्य का डूबना, मोर-मोरनी जैसे सभी सुन्दर दृश्यों से आज हम वंचित हैं। इन सभी में डूब जाने वाला मन हमेशा प्यारा, स्नेहिल एवं मानवमूल्यों से भरापूरा रहता है। अज्ञेयजी कहते हैं–

याद कर सकें अनायास और न मानें
हम अतीत के शरणार्थी हैं:
स्मरण हमारा–जीवन के अनुभव का प्रत्यावलोकन
हमें न हीन बनावे प्रत्याभिमुख होने के पाप-बोध से।

(हरी घास पर क्षण भर)

काल की ऐतिहासिक अवधारणा की उपयोगिता को स्वीकार करना एक बात है और उसके दबाव में स्मृति का दमन कर देना बिलकुल अलग है। स्मृति की सर्जनात्मकता मुक्ति की ओर ले जाती है, लेकिन उसका दमन विध्वंस की ओर। अज्ञेय की मान्यता है कि संसार में फैली हुई अशान्ति के कारण भी ऐसी ही दमित स्मृतियों से मिलेंगे। स्मृति हमारे 'स्व' के संकीर्ण घेरे को तोड़कर विस्तृत कर देता है क्योंकि स्मृति केवल वैयक्तिक नहीं होती–उसका एक रूप सामूहिक भी होता है। यहाँ स्मृति के इस सामूहिक परिदृश्य को रचकर अज्ञेय यह दिखाना चाहते हैं कि प्रकृति हममें सामूहिक चेतना जगाती है। इसके बदले में जनवादी चेतना हमें यान्त्रिक बना देती है। इसलिए स्मृति का महत्व वे इस प्रकार प्रकट करते हैं–

यह क्षण हमें मिला है नहीं नगर-सेठों की फैयाजी से
हमें मिली है वह अपने जीवन की निधि से ब्याज सरीखा।

(हरी घास पर क्षण भर)

अन्त में अज्ञेयजी आजकल की कृत्रिम नगरीय सभ्यता और ग्रामीण सभ्यता की अहमियत एवं महक को अलगाते हैं–

वह हम हों भी तो यह हरी घास ही जाने:
(जिसके खुले निमन्त्रण के बल जग ने सदा उसे रौंदा है और वह नहीं बोली)
नहीं सुनें हम वह नगरी के नागरिकों से
जिनकी भाषा में अतिशय चिकनाई है साबुन की
किन्तु नहीं है करुणा। (हरी घास पर क्षण भर)

प्रकृति सम्बन्धी अवधारणा एवं प्रतीकीकरण में छायावादी कवि एवं अज्ञेय में कितना फर्क आ गया है, इसके लिए अच्छा दृष्टान्त है उनकी 'कलगी बाजरे की'।

अज्ञेय 'बाजरे की कलगी' का सौन्दर्य छायावादी कवियों के समान अनेकानेक उपमानों से अभिव्यक्त करने के बदले आज के शहराती सभ्य जीवन में सिमटती प्रकृति में बाजरे की कलगी के स्थान को रेखांकित करते हैं–

आज हम शहरातियों को
पालतू मालंच पर सँवरी जुही के फुल से
सृष्टि के विस्तार का, ऐश्वर्य का–औदार्य का
कहीं सच्चा, कहीं प्यारा एक प्रतीक
बिछली घास है,
या शरद की साँझ के सूने गगन की पीठिका
पर दोलती कलगी अकेली
बाजरे की। (कलगी बाजरे की)

नगर सभ्यता में आज प्रकृति का स्थान नष्ट हो रहा है। इसलिए वे बहुत उदास भी हैं। मानव जीवन में प्रकृति ही मनुष्य को सामूहिक बोध प्रदान करती है। लेकिन बाजरे की कलगी आज उन नगरवासियों के लिए प्रिय प्रकृति का प्रतीक है, यह सबसे ज़्यादा उम्मीद देने वाली बात है। इस कारण मनुष्य आज भी प्रकृति से दूर नहीं जा पाएँगे। प्रकृति बोनसाई बनकर हमारे मन की हरितिमा को जगाती है।

नगर सभ्यता की भयानकता एवं विषैला रूप प्रकट करती है 'साँप' शीर्षक कविता। साँप तो ग्रामों में दिखाई देता है। ग्राम स्वच्छ, पवित्र, निर्मल एवं सहज निरीहता का स्थान है। लेकिन शहर डसनेवाले विषैले साँप समान कठोर एवं जानलेवा है–

साँप। तुम सभ्य तो हुए नहीं–
नगर में बसना भी तुम्हें नहीं आया।
एक बात पूछूँ– (उत्तर दोगे?)
तब कैसे सीखा डँसना–विष कहाँ पाया? (साँप)

नगरीय छद्म आधुनिक सभ्यता पर प्रकाश डालनेवाली एक और कविता है "महानगरः रात'। इस कविता में रात्रिकालीन महानगर का खोखला रूप वर्णित है। रात के सन्नाटे को रौंदने वाली अप्रिय आवाज़ों से भरापूरा है शहर। वहाँ सबकुछ अभिनय है। नगर में सुविधाएँ ही सुविधाएँ हैं जैसे खेल–तमाशे के लिए जगह है, सिनेमाघर है। कोने-कोने में पेशाब घर हैं, कचरा पेटियाँ हैं। वे सब नगर मे हैं। आज का मानव इन सुविधाओं को सभ्यता समझता है। ऐसे यदि मानव आगे बढ़े तो जल्दी ही वह ठोकर खाकर गिर जाएगा। अज्ञेय नगरीय सुविधा को आधुनिकता का चिह्न मानते हैं। हमारी सभ्य मानसिकता परिष्कार से जन्म लेती है। नगर में दया नहीं है, दर्द है। वहाँ सब मैले इश्तहारों से भरी दीवार की तरह निर्लज्ज हैं।

इसलिए अज्ञेय प्रश्न करते हैं, सभ्यता क्या है?

क्या? ये खेल तमाशे, ये सिनेमाघर और थियेटर?
रंग-बिरंगी बिजली द्वारा किए प्रचारित
द्रव्य जिन्हें वह कभी नहीं जानेगा?
यह गलियों की नुक्कड़-नुक्कड़ पर पक्के पेशाबघरों की सुविधा
ये कचरा-पेटियाँ सुघड़ (आह कचरे के लिए यहाँ कितना आकर्षण।)?
असन्दिग्ध ये सभी सभ्यता के लक्षण हैं
और सभ्यता बहुत बड़ी सुविधा है सभ्य, तुम्हारे लिए (महानगरः रात)

आज की उपभोग संस्कृति में मनुष्य-मन संकुचित होकर इन सुविधाओं के पीछे अन्धा होकर भटकता है। सहज मानवीय मूल्य नष्ट हो रहा है।

औद्योगीकरण के फलस्वरूप मानव द्वारा निर्मित महानगरियों के सच्चे रूप का पर्दाफाश कर रहे हैं अज्ञेय अपनी कविता 'हवाई यात्राः ऊँची उड़ान' में। हवाई जहाज़ से धीरे-धीरे धरती की ओर नीचे जब उतरकर आते तो पृथ्वी की सच्चाई प्रकट होगी। दूर से देखने पर महानगर सुन्दर है। आज के मानव स्वप्न सदृश्य महानगरी का निर्माण कर उसकी चमक के आकर्षण में फँस जाता है।

इस झीनी चादर में है जो घुटन, भेद कर आओ।
दीखीं क्या वे दूर लकीरें-धुँधली छायाएँ- कुछ काली कुछ चमकीली
मुग्धकरी कुछ, कुछ जहरीली?"
और भी निकट आकर देखने पर जो दृश्य आता है वह है--
"धनी कुछ हो आने दो
रासायनिक धुन्ध के इस चीकट कँवल की नयी घुटन कोः
मानव का समूह-जीवन इस झिल्ली में ही पनप रहा है।

(हवाई यात्रा ऊँची गगन)

नगर की मिट्टी पर खड़े होने पर हमारे सामने वहाँ का उपेक्षित कच्चा जीवन दिखाई पडेगा। अज्ञेय का तात्पर्य है कि औद्योगिक नगरीय सभ्यता केवल आकर्षण है। वह हमारी आँखों पर धूल डालती है। यथार्थ वहाँ छिपाया जाता है। वहाँ सहजता एवं प्यार नष्ट हो जाते हैं। यन्त्रचालित कुछ लोगों की भीड़ मात्र है नगर।

औद्योगीकरण की वजह से जो महानाशक अणुबम हुए, बड़े-बड़े कारखाने हुए, मानव निर्मित जितने कृत्रिम चीज़ें हैं यदि वे सब प्रकृति पर कुछ समय तक जीत हासिल करती हैं तो भी प्रकृति उन सबको क्षण में समाप्त कर देगी। इसलिए प्रकृति पर जो जीत होती है वह क्षण भर के लिए है। प्रकृति दुर्जेय है और वह अनन्य शक्ति है। इसलिए 'बावरा अहेरी' कविता में सूरज को इस संसार का सबसे बड़ा शक्तिपुंज माना गया है। संसार के समस्त जीवजालों को अपने द्वारा बिछाये गये जाल में वह फँसा लेता है। उसकी आलोक की लाल-लाल किरणों में

समस्त प्रकृति सुरक्षित है और साथ ही साथ वह उसके नियन्त्रण में है। लेकिन मनुष्य द्वारा निर्मित जो कृत्रिमता है वह कभी-कभी इस सूरज को भी हरा देती है। इसका तात्पर्य है कि कारखानों से निकालने वाले धुएँ आदि सूरज को छिपा देता है और वह सम्पूर्ण जीवजालों के लिए खतरनाक है।

गोधूली की धूल को, मोटरों के धुएँ को भी
पार्क के किनारे पुष्पिताग्र कर्णिकार की आलोक-खची तन्वि रूप-रेखा को
और दूर कचरा जलानेवाली कल की उद्दंड चिमनियों को,
धुआँ यों उगलती है मानो उसी मात्र से
जो अहेरी को हरा देंगी। (बावरा अहेरी)

लेकिन बावरा अहेरी के सामने सब कुछ नगण्य है। क्योंकि प्रकृति पर जो चोट लगती है उसे वह स्वयं सुधार लेती है। नहीं तो वह सबको तहस-नहस कर देगी। यहाँ कवि कहते हैं--

कुछ भी अवध्य नहीं तुझे, सब आखेट हैं
एक बस मेरे मन-विवर में दुबकी कलौंस को
दुबकी ही छोड़कर क्या तू चला जाएगा? (बावरा अहेरी)

प्रकृति की लीलाएँ हैं ये सब। इसलिए निर्माता प्रकृति संहार करने में भी समर्थ है। उसका कुछ भी नष्ट नहीं होगा। लेकिन आज हम जानते हैं कि प्रकृति का विनाश और पर्यावरण का प्रदूषण कई प्रकारों से हो रहा है।

हमारी सभ्यता एवं आचरण-व्यवहार में जो फर्क पड़ा वह प्रकृति में भी कैसे नज़र आता है, उसका पोल खेलनेवाली कविता है 'बन्धु हैं नदियाँ'। यमुना के किनारे एक दिन उसके दुःख की गाथा सुनकर कवि ने कहा कि वह उसे प्यार करता है। तब उसने उस प्यार को स्वीकार किया। लेकिन एक दिन जब उसने अपना प्यार प्रकट किया तो नदी ने स्वीकार नहीं किया। कवि आश्चर्य के साथ कहता हैं--

न जाने फिर
इसी जमुना के किनारे एक दिन
कर सकूँगा नहीं बातें प्यार की
सुननी न होगी दुःख की गाथा--
एक दिन जब बनेगा उत्सर्ग स्वीकृति उच्चतर आदेश की।
बन्धु हैं नदियाँ: प्रकृति भी बन्धु है
और क्या जाने, कदाचित्,
बन्धु
मानव भी! (बन्धु हैं नदियाँ)

यहाँ अज्ञेयजी की मान्यता यह है कि मनुष्य के 'बन्धु हैं नदियाँ'। पहले

उनके किनारे बैठकर मनुष्य परस्पर प्यार करते थे और नदियाँ हमारी कोमल भावनाओं एवं संवेदनाओं को जगाती थीं। लेकिन आज नदियों का रूप बदल गया। नदी प्रदूषित हो गई। इसका कारण मानव ही है। कवि ज़रूर मानते हैं कि नदियाँ हमारे बन्धु हैं। संशय केवल मानव पर ही है।

'अन्तःसलिला' कविता में नदी की तुलना यद्यपि कवि अंतर्मन से करते हैं तो भी बाहरी तौर पर एक नदी प्यासी मानव के लिए कितना मददगार है यह सिद्ध होता है। रेत के विस्तार होने के साथ नदी की धारा कृश बन जाती है। फिर भी जिन-जिन लोगों ने रेत को कुरेदा उन सब ने नमी पायी और शून्य गड्ढ़ा भी भर आया। उसी प्रकार है मानव मन भी। वह आर्द्र है, संवेदनात्मक है। क्लान्त, अज्ञात पथिकों की प्यास दूर करने से नदी मानव की ही नहीं सम्पूर्ण जीवजालों की रक्षक बनती है। इस नदी को लोगों के रौंदने से एवं घाव दिलाने पर भी वे सब भर जाते हैं रस से। वे बहुत निरीह एवं उदार हैं।

बालू निकालते-निकालते आज नदियों में पानी नहीं के बराबर है। नदियाँ लुप्तप्राय हो गयीं। नदियों में कारखानों से विषैले मालिन्य बहासे जाते हैं। सब तरह से नदियाँ घायल हो रही हैं। फिर भी वह आर्द्र बनकर समस्त जीव-जन्तुओं की प्यास को बुझाती है। वह अपने को मानव कल्याण के लिए न्योछावर करती है। यह है नदी का स्नेह। प्रकृति माँ है। वह हम बच्चों की सारी भूलों को क्षमा करती है।

अज्ञेय की प्रकृति के साथ मनुष्य की पारस्परिकता यानी कि अवस्थिति को द्योतित करने वाली श्रेष्ठ कविता है 'असाध्य वीणा'। अज्ञेय के अनुसार प्रत्येक कलाकार जब प्रकृति एवं परम्परा के साथ तादात्म्य प्राप्त करता है तब उच्चकोटि की कला जन्म लेती है। वैसे जब आस्वादक या समीक्षक उसी दशा में पहुँचता है तब वह कला का सच्चा आस्वादक बन जाता है। कलाबोध एवं ज्ञानबोध के लिए प्रकृति का सामीप्य बहुत ज़रूरी है। आदिम मानव प्रकृति के साथ मिलजुलकर रहते थे। प्रकृति के इसी प्रांगण में उनके समस्त व्यापार चलते थे। इससे अविच्छिन्न होकर अब भी उसका कोई भी कार्यकलाप सम्भव नहीं। आज प्रकृति से दूर नगर में मनुष्य बस गया। फिर भी उसके अवचेतन में प्रकृति प्रतिष्ठित है। यूंग ने अपने मनोवैज्ञानिक दर्शन में अवचेतन को दो भागों में विभक्त किया। वे हैं—व्यक्ति अवचेतन् और सामूहिक अवचेतन। इस सामूहिक अवचेतन में हमारी परम्परा, मिथक, आद्यबिम्ब, जातीय विश्वास, प्रकृति आदि विद्यमान है। जब व्यक्ति अवचेतन और सामूहिक अवचेतन से प्रेरित होकर परिष्कृत रूप में प्रकट होता है तब कला जन्म लेती है। इसलिए कलाकार की यथार्थ कलात्मक प्रतिभा उस सामूहिक अवचेतन की सघनता एवं विस्तार पर केन्द्रित है।

अज्ञेय परम्परा और संस्कृति पर केन्द्रित आधुनिक लेखक हैं। वे समकालीन

चुनौतियों का सामना करने के लिए परम्परा से ताकत ग्रहण करने के पक्ष में हैं। यानी कि उनकी रचना परम्परा का विकास अथवा उसका नवमूल्यांकन है। 'असाध्यवीणा' ऐसी एक कलाकृति है। उस कलाकृति की रचना उत्तराखंड के गिरि-प्रान्तर के घने वनों में तपस्या करने वाले व्रतचारी वज्रकीर्ति ने की। प्रकृति, मिट्टी एवं हमारी परम्परा से उस कलाकार का गहरा सम्बन्ध है। एक कलाकृति के निर्माण के लिए तपस्या या साधना से अर्जित ज्ञान की ज़रूरत है। कृत्रिमता से उदात्त कलाकृति का सृजन सम्भव नहीं है। उस मन्त्रपूत वज्रकीर्ति ने अपनी कलाकृति के लिए प्रयुक्त जो साधन है वह प्रकृति का ही है। देखिए–

अतिप्राचीन किरीटी–तरु से इसे गढ़ा था–
उसके कानों में हिम-शिखर रहस्य कहा करते थे अपने,
कन्धों पर बादल सोते थे,
उसकी करि-शुंडों–सी डालें
हिम-वर्ष से पूरे वन-यूथों का कर लेती थीं परित्राण,
कोटर में भालू बसते थे,
केहरि उसके वल्कल से कन्धे खुजलाने जाते थे।
और-सुना है–जड़ उसकी जा पहुँची थी पाताल–लोक,
उसकी गन्ध-प्रवण शीतलता से फण टिका नागवासुकी सोता था।

(असाध्यवीणा)

वह किरीटी–तरु सघन वन में अनेक जीव-जन्तुओं के सम्पर्क में तथा उनके रक्षक बनकर सामूहिक चेतना में बसता है। उस वृक्ष से वज्रकीर्ति द्वारा अपने सम्पूर्ण जीवन की हठ-साधना से निर्मित महान उदात्त कला है वह वीणा। प्रत्येक कला कलाकार की साधना और जीवन-लीला है। उस उदात्त कृति को समझने एवं उसे बजाने के लिए उस कला को जिससे और जिसके द्वारा निर्मित है उनको पहचानना है और उसके साथ तादात्म्य प्राप्त करना अनिवार्य है।

असाध्यवीणा को बजाने के लिए जो प्रियम्वद आया वह 'केशकम्बली! गुफा–गेह है'। अर्थात् एकदम प्रकृतस्थ है। अभी तक के कलावन्तों के सामने वीणा असाध्य बनकर पड़ी है। लेकिन प्रकृतस्थ प्रियम्वद ने कंबल खोलकर धरती पर बिछाया। वीणा उस पर रखकर आँखें मूँ दीं। इसके बाद उसने अपनी विनम्रता प्रकट की। उसने वीणा उठाकर गोद में रख दी। उसने अपने अहं को स्वाहा कर दिया। सघन वनों में किरीटी तरु को उसने खुद को सौंप दिया। वह सोच एवं स्मृति में डूब गया। अथवा वह वीणा के साथ पूर्णतः तादात्म्य प्राप्त करने लगा। उसने पहचान ली कि यह वीणा एक महान साधक की जीवन साधना है। इसे बजाने के लिए उस साधक को समझना चाहिए। अतः वह पूर्णतः उस वीणा के साथ सघन वन में गया। उसने उस प्रकृतिजन्य वृक्षों को देखा। अनेक जीव-जन्तुओं

के संस्पर्श से पूर्णतः प्रकृति की सहजता एवं सामूहिकता का बोध जतानेवाला वृक्ष है वह।

ओ विशाल तरु!
शत-सहस्र पल्लवन–पतझरों ने जिसका नित रूप सँवारा,
कितनी बरसातों कितने खद्योतों ने आरती उतारी
दिन भर भौरे कर गये गूँजरित,
रातों में झिल्ली ने
अनकथ मंगल-गान सुनाए,
साँझ-सवेरे अनगिन
अनचीन्हे खग-कुल की मोद-भरी कीड़ा काकलि
डाली-डाली को कँपा गई–ओ दीर्घकाय!
वे उस तरु तात से गाने की विनती कर रहे हैं।

प्रियम्वद को सबकुछ स्मरण है। वह पेड़ जहाँ पला था वहाँ की पूरी प्रकृति हमारे सामने उतारी गयी। बादलों की कौंध, पत्तियों पर पड़नेवाली वर्षा की बूँदें, घनी रात में महुए का टपकना, बन-झबने का कल-निनाद, पर्वत गाँव के उत्सव-ढोलक, गड़ेरियों की अनमनी बाँसुरी, कठफोड़वे का ठेका, फुलसुँघनी की आतुर फुरकर, ओस-बूँद की ढरकन ये सब एक-एक कर परत-दर-परत खुला आ रहा है। अज्ञेय की मान्यता है कि स्मृति की सर्जनात्मकता मुक्ति की ओर ले जाती है। कला सृजन और उस सृजन के आस्वादन के लिए अत्यन्त ज़रूरी है। कला हमारे 'स्व' के संकीर्ण घेरे को तोड़कर विस्तृत कर देती है क्योंकि स्मृति केवल वैयक्तिक नहीं होती–उसकी एक सामूहिक भूमिका भी है। कला अनिवार्यतः सम्प्रेषित है। इसलिए हम जिस तक सम्प्रेषित होना चाहते हैं, उसकी स्मृति के परिदृश्य से हमारी स्मृति के परिदृश्य की टकराहट स्वाभाविक है। यहाँ वैयक्तिक अनुभव सामूहिक स्मृति के परिदृश्यों में से गुज़रते हैं और उस गुज़रने में वे सामूहिक स्मृति का भी नया परिदृश्य रच देते हैं। यहाँ वन, ग्रामीण उत्सव, सब प्रियम्वद का वैयक्तिक स्मरण है। वह समरण सामूहिक बन जाता है। यही असली कलाकार की सृजनात्मकता है।

प्रियम्वद वृक्ष को 'तात' नाम से सम्बोधन कर उस वृक्ष से गाने की प्रार्थना करता है। प्रकृति पूजा, वृक्षपूजा अनादि काल से चलती आ रही है। दुर्जेय प्रकृति के सामने आदिकाल से मनुष्य नतमस्तक है। प्रकृति के प्रत्येक कण में लीन होकर मनुष्य उसकी अवस्थिति से प्रसन्न हो उठता है। प्रकृति मनुष्य की हर इच्छा पूरी करने वाली है। वह हमारी विरासत है। उस प्राकृतिक विरासत की जितनी भी भंगिमाएँ हैं वे सब प्रियम्वद याद करते हैं। प्रकृति के कण-कण की शोभा एक कलाकार की मानसिकता को आन्दोलित करती है, हिलकारती है, पुलकित करती

है, झुमाती है। ये सब अज्ञेय बहुत ही सूक्ष्मता के साथ उकेर देते हैं। प्रियम्वद ने दूर पहाड़ों से काले मेघों की बाढ़, हाथियों का चिंघाड़, घरघराहट चढ़ती बाहिया, झंझा की फुफकार, ओलों की करी चपत, ऐंठी मिट्टी का स्निग्ध घास में धीरे-धीरे रिसना, घाटियों में भरती गिरती चट्टानों की गूँज, हित-तुषार के फाहे का धरती के घावों का सहलाना आदि देखा। इस प्रकार प्रकृति के नानाविध स्पन्दन समन्वित होकर प्रियम्वद में अनुगूँजित हो उठते हैं। तब वीणा से भी ये अनेक रूप के स्पंदन निकलेंगे। असली कलाकार प्रकृति से, परम्परा से ऊर्जा ग्रहण करते समय की चुनौतियों का सामना करता है। 'दूसरा सप्तक' की भूमिका में वे लिखते हैं—"जो लोग प्रयोग की निन्दा करने के लिए परम्परा की दुहाई देते हैं, वे यह भूल जाते हैं कि परम्परा कम से कम कवि के लिए, कोई ऐसी पोटली बाँधकर अलग रखी हुई चीज़ नहीं है जिसे वह उठाकर सिर पर लाद ले और चल निकले। परम्परा का कवि के लिए कोई अर्थ नहीं है जब तक वह उसे ठोक-बजाकर, तोड़-मरोड़कर, देखकर आत्मसात् नहीं कर लेता, जब तक वह एक इतना गहरा संस्कार नहीं बन जाती कि उसका चेष्टापूर्वक ध्यान रखकर उसका निर्वाह करना अनावश्यक न हो जाए। अगर कवि की आत्मभिव्यक्ति एक संस्कार-विशेष के वेष्टन में ही सहज सामने आती है, तभी-यह संस्कार देने वाली परम्परा, कवि की परम्परा है, नहीं तो वह इतिहास है, शास्त्र है, ज्ञान भंडार है जिससे अपरिचित भी रहा जा सकता है।" यहाँ कलाकार की आत्माभिव्यक्ति है 'वीणा' वह एक संस्कार विशेष है, मनुष्य और प्रकृति के बीच की अवस्थिति का। वह आधुनिक यन्त्र युग का संस्कार नहीं है। प्रकृति का संस्कार सम्पूर्ण मानव राशि को गति देने वाला, मन को शुद्ध करने वाला तथा अहं को विलयित करने वाला है।

यहाँ प्रियंवद के अहं का स्वाहा देखिएः-

"पर मुझको मैं भूल गया हूँ।
सुनता हूँ मैं—
पर मैं मुझसे परे, शब्द में लीयमान।
"मैं नहीं, नहीं! मैं कहीं नहीं!
ओ रे तरु। ओ वन
ओ स्वर-सम्भार।
नाद मय संसृति।
ओ रस-प्लावन
मुझे क्षमा कर-भूल अकिंचनता को मेरी
मुझे ओट ले—ढँक ले—छा ले-
ओ शरण्य।"

अब प्रियम्वद रूपी कलाकार पूर्णतः सामाजिक बोध को आत्मसात् कर लेता

है। यह है प्रकृति का जादू। प्रकृति के प्रांगण में आसीन होकर तपस्या-साधना से जिस प्रकार एक ऋषिवर्य महान चिन्तनों को उजागर करते हैं और ज्ञान को अर्जित करते हैं वैसे ही कलासृजन भी प्रकृति की साधना है, पूजा है और आराधना है। जब से प्रकृति के कण-कण को अपने में आवेष्टित वीणा बज उठी तब वहाँ खड़े जितने लोग हैं उनमें से प्रत्येक ने अलग-अलग सुना। यह है यथार्थ कला। प्रकृति के नानाविध स्पन्दनों का समन्वित पुंज है वह वीणा। इसलिए प्रत्येक आस्वादक अलग-अलग ढंग से सुन लेता है। यह है कलाकार की सफलता।

जैसे—"किसी एक नयी वधू की सहमी-सी पायल-ध्वनि।
किसी दूसरे को शिशु की किलकारी।
एक किसी को जाल-फँसी मछली की तड़पन-
एक अपर को चहक मुक्त नभ में उड़ती चिड़िया की।
एक तीसरे को मंडी ठेलमठेल, गाहकों की अस्पर्धा भरी बोलियाँ,
चौथे को मन्दिर की ताल-युक्त घंटा-ध्वनि।
और पाँचवें को लोहे पर सधे हथौड़े की सम चोटें
और छठे को लंगर पर कसमसा रही नौका पर लहरों को अविराम थपक।"

(असाध्य वीणा)

यह है प्रियम्वद। यह है अज्ञेय। अज्ञेय की सृजनात्मकता को समझने के लिए प्रियंवदों की ज़रूरत है। अहं का विलयन कर प्रकृति के कण-कण को साधना से आत्मसात् कर परम्परा को पाथेय बनाने वाले अज्ञेय समान कवि हैं हिन्दी के सबसे महान पर्यावरण के कवि। वे बिलकुल प्रकृतस्थ हैं। आधुनिक यान्त्रिकता के आतंक के प्रतिरोध के लिए अज्ञेय सदृश्य प्रियम्वदों की सशक्त हथियार की आवाजों का बुलन्द होना आज की माँग है।

पारिस्थितिक सजगता : समकालीन हिन्दी उपन्यास के सन्दर्भ में

वन और पहाड़ इस देश की धरती का श्रृंगार हैं। प्रकृति इस देश की संस्कृति का मूलधार है। वेद प्रकृति की स्तुति है। इसलिए हमारे यहाँ नदियों, पहाड़ों, पत्थरों, जंगलों, पेड़-पौधों, अग्नि, वायु, आकाश, समुद्र सबको पूजने की परम्परा है। इसी वजह से प्रकृति का हर तत्त्व भारतीय संस्कृति में देवता है। लेकिन आज मनुष्य प्रकृति से दूर हो रहा है। जो प्रकृति हमारा रक्षक है, हमारी सम्पदा का मूलाधार है उसका शोषण आज हो रहा है। इसकी मुख्य वजह मनुष्य की लालच है। प्रकृति के शोषण के साथ जल और वायु को भी विषलिप्त किया जाता है। इस पारिस्थितिक विनाश से साहित्यकार सजग हुए। इसका मिसाल है आजकल का उपन्यास साहित्य।

साहित्यिक क्षेत्र में पर्यावरण-विषयों को बहुत समय से स्थान मिलता आ रहा है। प्रेमचन्द ने अपना उपन्यास 'रंगभूमि' में वर्षों पहले ही पारिस्थितिकी का खुला चित्रण किया था। इसलिए भारत का प्रथम पारिस्थितिक उपन्यास का दर्जा 'रंगभूमि' को देना उचित है। आधुनिक काल में भारतीय भाषा में लिखित सबसे सशक्त पारिस्थितिक उपन्यास ताराशंकर बन्द्योपाध्याय का 'आरोग्य निकेतन' है। इस विषय पर सबसे ज़्यादा गम्भीर-और गहराई से विचार करने वाले भारत के ही महान् साहित्यकार हैं मलयालम उपन्यासकार आनन्द। उनके उपन्यास 'अभयार्थिकल' (शरणार्थी) और 'मरुभूमिकल उंडाकुन्नतु' (मरुप्रदेश बनता है) पर्यावरण की दृष्टि से विचारणीय हैं। ऐसे उपन्यासकारों की बड़ी तादाद प्रत्येक भाषा साहित्य में आज मौजूद है जो प्रकृति और प्राकृतिक सम्पदाओं को बचाने और प्राकृतिक विनाश के प्रतिरोध में सक्रिय हैं।

औद्योगिक क्रान्ति के फलस्वरूप उत्पन्न विकास का प्रतीक है बाँध। आज़ादी के बाद बाँधों के निर्माण का सिलसिला तेज़ी से शुरू हुआ और इन्हें "स्वतन्त्र भारत के नये देवालय' बताया गया। मशहूर अंग्रेज़ इतिहासकार टायनबी ने चेतावनी दी थी कि 'नदियों की स्वच्छता की परवाह किये बगैर नदियों को दूषित करते रहने से और जहाँ-तहाँ बाँध बनाये जाने से सन् दो हज़ार तक भारतवर्ष की नदियाँ मर जाएँगी। उनके कंकाल ही बचे रहेंगे। नावें नहीं चलेंगी। छलाँग मारकर

लोग नदियाँ पार करेंगे।" आज इसकी सत्यता से हम जूझ रहे हैं। समकालीन हिन्दी उपन्यासकार वीरेन्द्र जैन का 'डूब' इस दृष्टि से विचारणीय है।

उत्तर प्रदेश में बनने वाले 'टिहरी डैम प्रोजेक्ट' को आधार बनाकर लिखा गया उपन्यास है 'डूब'। इसके नायक माते वास्तव में सुन्दरलाल बहुगुणा का प्रतिरूप है। हाल ही में अखबार में पढ़ा गया था कि इस प्रोजेक्ट के आसपास का पूरा इलाका पानी में डूब रहा है। सिंचाई और बिजली के लिए निर्मित बाँधों का बुरा असर हमेशा जनता को भुगतना पड़ता है। जनता बेघर हो जाती है। बेरोज़गारी मुख्य समस्या बन जाती है। उन्हें विस्थापित करने या रोज़गार देने की योजनाएँ व्यर्थ शब्दों में समाप्त होती हैं। बाँधों के निर्माण से काफी बड़ा भू-भाग व्यर्थ चला जाता है और बाढ़, भूकम्प और महामारी का कारण बनता है। आज पर्यावरण के प्रति चिन्तित लोग इन सबसे सजग हैं। 'डूब' में मध्य प्रदेश और उत्तर प्रदेश के शहरों के विद्युतीकरण के लिए राजघाट बाँध परियोजना तैयार की जाती है। इसके फलस्वरूप सैकड़ों गाँवों के हरे-भरे खेत और खलिहान नष्ट हुए। जिससे लोगों के पीने का पानी भी नसीब नहीं होता। बाँधों के निर्माण के फलस्वरूप लड़ैई गाँव में दो तीन बार बाढ़ आ गयी। मिट्टी निकाले जाने से पशुपालन क्षेत्र का नाश हुआ। भारतवर्ष में जनसंख्या का पैंतीस प्रतिशत हिस्सा पशुपालन पर निर्भर है। मराठवाड़ा, गुजरात, उत्तर कर्णाटक, मध्य प्रदेश, कुमायूँ, गढ़वाल आदि प्रदेश पूर्णतः इस धन्धे को अपना रहे हैं। डूब का प्रदेश ग्वालियर क्षेत्र भी इसके अन्तर्गत आता है। घास और जल से शून्य होने से मनुष्यों और पशुओं का जीना कठिन है। नतीजतन खुली हुई गोचरण भूमि से जो ऑक्सिजन प्राप्त हो जाता था क्षुद्रतम प्राणियों, पक्षियों और पतंगों की वासभूमि के रूप में एक पारिस्थितिक सन्तुलन कायम था वह नष्ट हो ज़ाता है। पशुपालन का क्षेत्र संकुचित हो जाने के कारण पशु अल्पस्थान पर अधिक संख्या में अधिक दिनों के लिए चरने को मजबूर है। परिणामस्वरूप इन इलाकों में भी भूमिकटाव और जलसंकट तीव्रतर होते जा रहे हैं। अतएव समृद्ध हरा भरा अंचल ऊसर और मरुभूमि में तब्दील हो जाता है। बाँधों के कारण पीछे के इलाकों में नदियों का प्रवाह अवरुद्ध हो जाता है। सालों भर पानी के जमाव की वजह से लवणाक्त होकर जमीन नष्ट हो जाती है और सहज उर्वरता भी। बाँधों में पानी की अधिकता है तो बाँध को खोल दिया जाता है, तब निचले इलाकों में बाढ़ आ जाती है। इस बाढ़ से हजारों हेक्टर कृषि योग्य भूमि पर सात-आठ फुट तक बालू भर जाता है। प्रकृति का सबसे महत्त्वपूर्ण उपादान है जल। लेकिन, यह उपादान भोगवादी विकास व्यवस्था के कारण शायद आज सबसे ज़्यादा क्षतिग्रस्त हुआ है। वीरेन्द्र जैन का 'डूब' इसका खुला चित्र पेश करता है।

नासिरा शर्मा का 'कुइयाँजान' उपन्यास भी नदी और पानी की समस्या पर केन्द्रित है। आज पानी को लेकर व्यक्तियों, राज्यों और देशों के बीच एक तनाव की स्थिति है। पानी के संकट को दूर करने के लिए हमारी सरकार ने जो नदी जोड़ने का उपाय सुझाया है वह इन बातों की पुष्टि करता है। दरअसल पर्यावरण और मनुष्य के बीच जो परस्परता कायम थी वह भौतिकवादी विकास की वजह से कमजोर हुई है। उपन्यास में एक मौलवी की मृत्यु के बाद उसके अन्तिम स्नान के लिए पानी की जरूरत पड़ती है। उसके साथ बदलू नामक जो लड़का है वह पानी की खोज में इधर-उधर भटकता है। अन्त में एक महिला उसे इच्छानुसार पानी ले जाने की इजाजत देती है। उस महिला के घर के आँगन में एक बहुत बड़ा हौज बना हुआ है। बरसात के दिनों में इस हौज में पानी का संग्रह करती है और साल भर ज़रूरत के हिसाब से उसे खर्च करती है। लेखिका उपन्यास के इस अंश के माध्यम से यह सन्देश देना चाहती हैं कि पानी के संकट के इस दौर में पानी बरतने की कला सबको सीखनी चाहिए।

नदी जोड़ने के सवाल पर लेखिका पूरे भारत में बहस आयोजित करवाना चाहती हैं। इसलिए उपन्यास में कई सेमिनार के आयोजन की चर्चा है। नदी के जोड़े जाने के सवाल को उपन्यास नकारता है। यह आयोजन इस उपन्यास के ज़रिए बेकार सा सिद्ध होता है। नदी के जोड़ने से एक नदी की बीमारी दूसरी नदी को उपहारस्वरूप मिलती है। सन् 1700 ई. में हैदर कैनाल का निर्माण करवाया गया था। निर्माण के पीछे उनका तर्क यह था कि गंगा का पानी गोमती में आएगा। परन्तु आज कैनाल पूरी तरह से एक गन्दे नाले में तब्दील हो चुका है। लेखिका की मान्यता है कि जो हमारे पानी के पारम्परिक स्रोत है उनका रख-रखाव ढंग से हो नहीं पाता है तो फिर इतनी बड़ी और खर्चीली परियोजना कैसे सम्भव होगी? पानी या नदी का असर कई प्रकार से हमारे जीवन पर पड़ता है। इस उपन्यास में सभी प्रकार से निराश-हताश नायक नदी के घाट पर बैठे जल को निहारते हुए उसे जीवन की गतिशीलता और उसके प्रति अपने कर्तव्यों का ध्यान हो उठता है। वह फिर से सँभल जाता है। हमारे जीवन में नदियाँ जो विभिन्न भूमिकाएँ अदा करती आती हैं उनका अच्छा खासा चित्र है 'कुइयाँजान'।

विकास के नाम पर वायु और पानी का प्रदूषण आज सहज स्वाभाविक प्रक्रिया बन गया है। संजीव के उपन्यास 'धार' और 'सावधान नीचे आग है' इसके ज्वलन्त उदाहरण हैं। 'धार' में बाँसगड़ा' गाँव में हरी भरी ज़मीन में तेज़ाब का कारखाना खुलता है। इसके नतीजतन वहाँ के खेतवाई, कुआँ-पोखरा सब खराब हो जाते हैं, फसल सूख जाता है, पीने का पानी नहीं है। लोग खाँसी, उबकाई जैसे रोगों से पीड़ित हो गये। खेत-खलिहान, पेड़-पौधे, कुएँ, तालाब यहाँ तक कि मनुष्य भी जल रहे हैं। तेज़ाब की फैक्टरी से निकलनेवाली जहरीली हवा लग जाने

के कारण जंगल मुरझा गया था। पहले जंगलों में सियारों, चूहों, खरगोशों और साँपों का बसेरा था, लेकिन अब जानवरों के स्थान पर मज़दूर और उनके बच्चे हैं।

आंज़ादी के बाद हमारे देश में खनन उद्योग के विकास पर ध्यान दिया गया तथा भारी उद्योगों की स्थापना के कारण खनन उद्योग का तेजी से विकास हुआ। खनन उद्योग के खनन से सम्बन्धित गतिविधियों को सामान्यतः अस्थायी भू-उपयोग माना जाता है। लेकिन इन गतिविधियों का अत्यन्त दूरगामी प्रभाव हमारे पर्यावरण पर पड़ता है। इतना ही नहीं, सामान्य लोगों का दैनिक जीवन भी प्रत्यक्ष एवं अप्रत्यक्ष रूप से खनन गतिविधियों पर ही निर्भर करता है। इस के साथ-साथ खनन उद्योग के सम्बन्ध में एक महत्वपूर्ण बात यह है कि खनिज पदार्थों की बढ़ती माँग तथा देश में बढ़ती बेरोज़गारी ने अवैध खनन के धन्धे को बढ़ावा दिया है। इन सबका परिणाम यह हुआ कि जिस गति से खनन उद्योग का विकास हो रहा है, उसकी दुगनी गति से पर्यावरण के क्षरण की प्रक्रिया में वृद्धि हो रही है। जमीन के नीचे से खनिज निकालने के क्रम में न केवल वनों को उजाड़ दिया जाता है वरन् खनन-प्रक्रिया के कारण पूरा का पूरा भू-दृश्य बु । तरह बिगड़ जाता है। जहाँ खनन कार्य से एक ओर भूमि और वायु प्रभावित होती हैं वहीं भूमिगत खुदाई से प्राकृतिक जल-स्रोत और जल-स्तर पर भी प्रभाव पड़ता है। मैदानी क्षेत्रों की तुलना में पर्वतीय क्षेत्रों में चल रही खनन गतिविधियों के कारण अधिक तबाही होती दिखाई गयी है। जंगल साफ कर दिए जाने के कारण नंगे हो चुके पहाड़ों में भूस्खलन, धँसान आदि घटनाएँ बढ़ती जा रही थीं।

खनन क्षेत्रों में धरती से खनिज पदार्थ आदि निकाल लेने के बाद पूरा क्षेत्र कई वर्षों तक बेकार और बंजर बना रहता है। यह क्षेत्र पेड़-पौधों तथा जीव-जन्तुओं से रहित होकर अपना मौलिक स्वरूप खो चुका होता है और यहाँ खनिज पदार्थ की गर्द के साथ-साथ अलग-अलग आकर प्रकार के पत्थर, स्लेट, कंकड़ और बालू इत्यादि चारों ओर बिखरे होते हैं। इन क्षेत्रों में खनिज निकासी के एवज में केवल वनस्पति और जीवों पर ही संकट नहीं आता बल्कि जीव जगत और प्राणी-जगत का आधार मानी जानेवाली उपजाऊ मिट्टी भी नष्ट हो चुकी होती है। प्राकृतिक संसाधनों का अवैज्ञानिक दोहन, प्रदूषण में वृद्धि, पर्यावरण का विनाश आदि कुछ ऐसी समस्याएँ हैं जिनका सामना अधिकांश खनन क्षेत्रों को करना पड़ रहा है।

संजीव का उपन्यास 'सावधान नीचे आग है' चन्दनपुर के कोयला खदान पर आधारित है। अंग्रेजों के आगमन के बाद यहाँ कोयला खदान शुरू हुआ। 1916 से लेकर 1954 तक लगातार कोयला खदान में आग लगी हुई है। इसमें कई लोग जल गये। चन्दनपुर गाँव के लोग इस खदान की सजा भोग रहे हैं। यह इलाका बैठ रहा है। भूमि के बैठने से मकान भी नीचे बैठ रहे हैं। गाँववासियों को पीने के लिए पानी भी नहीं। पहले दामोदर नदी में पानी होता था, अब वह केवल सपना

रह गया। कोयला खदान का गन्दा पानी अब दामोदर नदी की ओर बहाया जा रहा है। यह पानी पीकर पशु-पक्षी तक मर रहे हैं। इस खदान में लम्बे समय तक काम करने से उनके पैरों में 'विवाद दाग' नामक रोग लग गया है। पहले जंगलों में जो गाएँ चरती थीं वे आजकल जंगलों के बाहर आकर मर रही हैं। अब चरने के लिए कोई जंगल नहीं है। उन जंगलों के स्थान पर अब कोयला और कंक्रीट के जंगल आ गये। इन सब जानवरों को अब कसाईखाने में लिया जा रहा है।

संजीव ने अपने ज़्यादातर उपन्यासों में किसी न किसी प्रकार के पर्यावरण प्रदूषण की ओर संकेत किया है। 'जंगल जहाँ शुरु होता है' नामक उपन्यास में जंगल की सुरक्षा और वहाँ की एक विशेष जनजाति की सुरक्षा की ओर इशारा किया गया था। हाल ही में प्रकाशित सुभाष पन्त का उपन्यास 'पहाड़ चोर' इस दृष्टि से विचारणीय एक उपन्यास है। 'पहाड़ चोर' कौन हैं? पहाड़ों का अन्धाधुन्ध उत्खनन करने वाले, जंगलों की अन्धाधुन्ध कटाई करने वाले देशी पूँजीपति हैं। इन्होंने आज़ादी के बाद देश की तरक्की के नाम पर इस देश की प्राकृतिक सम्पदा की जमकर लूटपाट की है ओर इस देश के प्राकृतिक सन्तुलन को पूरी तरह से नष्ट कर दिया है। दुख की बात यह है कि देश के राजनीतिज्ञ व्यवस्था भी इन के साथ है और इस लूट में हिस्सा बँट रहे हैं। 'पहाड़ चोर' सोलह मोचियों के परिवार वाले एक छोटे से पहाड़ी गाँव 'झंडूखाल' में पहाड़ चोरों द्वारा मचाये गये उत्पात से उपजे जनाक्रोश की महागाथा है, पर यह महागाथा केवल झंटूखाल की ही नहीं पूरे देश में जंगलों और पहाड़ों को मिटानेवाले पूँजीपतियों की कहानी है। "पहाड़ चोर' के आने से पूर्व यह गाँव कैसा था जो चारों ओर पहाड़ियों से घिरा अँगूठी में जड़े नग की तरह चमकता था और जिसके पहाड़ में तनु साधन, भिभल, विडर, सुनधा, ककडाल, गुरियाल, जंगली खजूर और चीड़ के आसमान से होड़ लेते दरख़्तों के पैरों में मालू, बेर, करौंदे, तिलवाडा, अरण्डी, सेमला, बैंसा, हंसराज के झाड़ घुँघरू की तरह बँधे थे, जो हवा के साथ संगीत सिरजते और बारिश के साथ नाचने लगते थे।" (पृ. 9) इसका तात्पर्य यह है कि प्राकृतिक सम्पदा से यह गाँव सम्पन्न था और गाँव के लोगों का जीवन सुखमय और शान्ति से भरा था। आजादी के बाद 'आजाद' शब्द के नाम पर सम्पूर्ण भारतवर्ष में किसी न किसी प्रकार की लूट शुरू हुई। यह आजादी झंडूखाल में आकर वहाँ के चूने के पहाड़ों को लूटने के लिए गाँव वाले को अपने चिरपरिचित 'देश की तरक्की में गाँव की तरक्की' का सुनहला स्वत्व दिखाकर पहले सड़क के लिए उनकी ज़मीनें हथियाती है और फिर झण्डूखाल के पहाड़ों का उत्खनन शुरू कर देती है। खदान ने झंडूखाल की औरतों से उनका पहाड़ छीन लिया। लकड़ी और घास की खोज में अब उन्हें दूर भटकना पड़ता है। अपने पहाड़ के साथ तो उनका जनम-जनम का रिश्ता था, पहचान थी। सबको मालूम था कहाँ धार है कहाँ लकड़ी है और पानी तो उस पहाड़ की आत्मा

से हर समय झरता रहता था। वे उसके एक-एक अंतरे, कोने, ढलान, चढ़ान, पेड़, पंछी, हवा, पानी सबकुछ पहचानती थीं। वह पहाड़ उनसे छिन गया। पानी के अभाव में स्त्रियाँ मरने लगीं। इसके साथ एक-एक करके विपत्तियाँ शुरु हुईं। टी. बी. से बच्चों का देहान्त, पहाड पर विस्फोट आदि रोज होता रहा। पूँजीवाद और व्यवस्था के गठजोड़ से झंडूखाल का अस्तित्त्व मिटने लगा। पहाड़ और पहाड़ी की तलहटी में बसे अपने गाँव और गाँव के लोगों का अस्तित्व संकट में घिर जाने पर गाँव के लोगों में चूना कम्पनी द्वारा दिखाए गये तरक्की के ख्वाब की हकीकत खुल जाती है। गाँव के जागरूक लोग अपने पहाड़ को बचाने के आन्दोलन का रुख अख्तियार कर लेते हैं।

गाँव वाले कुछ काल के लिए हताश होकर बैठ जाते हैं। दरअसल, हर इंसान इस धरती पर जीने के लिए पैदा होता है। उसके जीने के अधिकार को जब-जब महाबली लोग छीनने की कोशिश करते हैं, वह प्राणों की परवाह न कर फिर-फिर अपने अधिकारों के लिए उठ खड़ा होता है। आजादी के बाद हिन्दुस्तान के काले अंग्रेजों ने प्रकृति-दोहन में गोरे अंग्रेजों की जगह उठ खड़ा होता है। आजादी के बाद हिन्दुस्तान के काले अंग्रेजों ने प्रकृति-दोहन में गोरे अंग्रेजों को भी कई कदम पीछे छोड़ दिया। वे चीख-चीख कर इस देश की धरती की 'माता' होने की दुहाई देती है। लेकिन जैसे आधुनिक दूधिए गाय को इंजेक्शन लगा उसके स्तनों से दूध की आखिरी बूँद तक निचोड़ लेते हैं और उसे कंकाल बनाकर कसाई के हाथों बेच देते हैं वैसे ये देशी पूँजीपति इस देश की धरती के साथ बरताव कर रहे हैं। इनके कारण ही हिमालय के हिमनद सूख रहे हैं, जंगल नष्ट हो रहे हैं, पर्यावरण का सन्तुलन बिगड़ रहा है। ऐसा नहीं है कि लोग इनका प्रतिरोध नहीं करते। चार सौ वर्ष पूर्व राजस्थान में वृक्षों को बचाने के लिए 'बिश्नोई आन्दोलन' चला था। वर्ष 1973 में उत्तरांचल के चमोली जिले में सुन्दर लाल बहुगुणा, गौरा देवी व चंडीदास भट्‌ट के नेतृत्व में चिपको आन्दोलन चला था। केरल में 'सैलेंटवैली आन्दोलन' प्लाच्चिमडा में कोकाकोला के विरुद्ध चलने वाला आन्दोलन, मेधा पाटेकर के नेतृत्व में नर्मदा बचाओ आन्दोलन आदि पर्यावरण को बचाने में प्रेरक आन्दोलन थे। यह उपन्यास भी इसी तरह के आन्दोलनों के पक्ष में लिखित एक साहित्यिक कृति है।

लडैई और चदैई के आसपास जंगलों में बसने वाले आदिवासी समाज एवं उसकी चिन्ता से ग्रस्त उपन्यास है वीरेन्द्र जैन का उपन्यास 'पार'। जंगलों की अधिकाधिक कटाई ने खेरा समाज की जीविका के साधन को सीमित कर दिया। फलस्वरूप वे लोग उत्तरोत्तर गाँवों पर निर्भर होते गये। खेरा भी अपनी आवश्यकताओं की पूर्ति के लिए लडैई और चदैई पर निर्भर है। आदिवासियों एवं जनजातियों पर केन्द्रित कई उपन्यास आजकल लिखे जा रहे हैं। श्रीप्रकाश मिश्र का 'बाँस फूलते

है' मनमोहन पाठक का 'गगन घटा घहरानी', तेजन्दर का 'काला पादरी', भगवानदास मोरवाल का 'काला पहाड़' जैसे उपन्यासों में आदिवासी लोगों तथा प्रकृति के शोषण का सविस्तार वर्णन है। आदिवासी लोगों का शोषण एक अर्थ में प्रकृति का शोषण ही है। हिन्दी उपन्यास हाल ही में प्रकृति की सन्तानों के दोहन-शोषण के प्रति सतर्कता बरतता आता है। यह भी प्रकृति संरक्षण से अलग नहीं है।

मैत्रेयी पुष्पा का उपन्यास 'इदन्नमम' में नायिका मंदा के नेतृत्व में जो आन्दोलन चलता है, वह केवल नारी-मुक्ति की ही नहीं बल्कि प्रकृति के दोहन-शोषण के खिलाफ भी है। जैसे "सो जागो रे जागो चेता, रे चेबे, छोटे-बड़े, नन्हे-मुन्ने, बुढ़े-पुराने नये जवानों के अलावा ढोर-चापे, परवा-पंछी, नदी-ताल, पेड़-रुख, हवा-पानी यहाँ तक कि दसों दिशाओं को जागना होगा। बचने-बचाने को जूझना होगा।" (इदन्नमम) इस आन्दोलन में मन्दा और महाराज की जोड़ी मेधा पाटेकर और बाबा आमटे की याद दिलाती है। पर्यावरण के संरक्षण में हिन्दी उपन्यासकार जागरूक होने लगे। उदयप्रकाश का उपन्यास 'पीली छतरीवाली लड़की' में आदिवासी लोग प्रकृति के अंग बनकर उसके साथ मिलजुलकर रहने का इशारा किया गया है। उपन्यासकार यह जाहिर करना चाहते हैं कि आदिवासी लोग हमेशा प्रकृति के संरक्षक हैं, बाहर से आने वाले लोग ही प्रकृति के भक्षक हैं।

मृदुला गर्ग का उपन्यास 'कठगुलाब' परोक्ष रूप से भूमि की बंजरता का प्रतीक है। नारी के सदृश्य भूमि का भी शोषण हो रहा है। उपन्यास में नारी की बंजरता की बजह बहुत विस्तार से वर्णित है और इसमें प्रतिरोध का मार्ग भी है। नारी की बंजरता जब दूर हो जाती है, या नारी का मार्ग जब खुलता है तब वह प्रकृति में आश्रय पाती है। प्रकृति का संरक्षण अर्थात् 'गोधड़' नामक गाँव के संरक्षण की ओर जब नारी उन्मुख हो जाती है तब कठगुलाब की बीज बोई जाती है। वह उग आती है और खिलती है। स्त्री-पुरुष मिलकर शोषण मुक्त मानसिकता से यदि काम करें तो प्रत्येक बंजर भूमि भी उपजाऊ बन जाती है और वन्ध्य कठगुलाब खिलेगा, अवश्य खिलेगा, खिल उठेगा, 'झन्नन हुम्म'। स्त्री और प्रकृति के दोहन-शोषण और इसके बाद प्रकृति के खिलने के साथ स्त्री का खिलना आदि परस्पर पूरक सा दिखाई देता है। इसलिए इस उपन्यास को इको-फेमिनिज़्म के अन्तर्गत रखा जा सकता है।

समकालीन उपन्यास विकास के नाम पर प्रकृति के शोषण और इसके फलस्वरूप मानवीय जीवन की क्षतिग्रस्तता आदि पर गहराई से विचार करता है। आज सम्पूर्ण दुनिया में इस प्राकृतिक विनाश से जो संकट उपस्थित हुआ इससे जूझ रही है। आज जो पारिस्थितिक दर्शन रूपायित हुआ है वह साहित्य में तथा सामाजिक जीवन में बहुत प्रभाव डाल रहा है। इस पर केन्द्रित कई आन्दोलन एवं आन्दोलनकारी आज सक्रिय हैं। प्रकृति को बचाने का मतलब मानव जाति को

बचाना है। आगामी पीढ़ी को महाविपत्ति से उभारने में हमें बहुत सतर्क रहना चाहिए। नहीं तो बन्ध्य बंजर भूमि में पानी के लिए और शुद्ध वायु के लिए मानव तड़प कर मर जाएगा। साहित्यकार इसका अवबोध प्रदान करने के लिए आज तैयार होकर कर्मस्थली में उतरा है, यह हमारे लिए उम्मीद की बात है। विश्व का इतिहास इसका गवाह है कि साहित्य बड़े-बड़े परिवर्तन की वजह बन गया है। हम कामना करते हैं कि पारस्थिति के सन्दर्भ में भी यह प्रयत्न सफल रहे।

'रंगभूमि' की पारिस्थितिकी

आज पर्यावरण और परिवेशिकी विषयों पर गम्भीर चर्चाएँ चल रही हैं। पूरे विश्व में 'इकोलॉजी' की समस्याओं पर तीव्र चिन्ता होने लगी है और भारत में भी इस पर बहस चल रही है। 1963 में प्रकाशित रेचल कारसत का "मौन बसन्त" (साईलैंट स्प्रिंग) नामक ग्रन्थ ने ही पाश्चात्य दुनिया में पारिस्थितिकी सम्बन्धी चर्चाओं की शुरुआत की थी। 1970 में सैलेंट वैली संरक्षण आन्दोलन और उत्तर भारत के चिपको आन्दोलन ने सबसे पहले भारत में प्रत्यक्ष पारिस्थितिकी चर्चाओं के लिए ठोस पृष्ठभूमि तैयार की। अस्सी की शुरुआत में हुई भोपाल दुर्घटना ने भी इसे चालक शक्ति प्रदान की थी। इसी के साथ, आर्थिक उदारीकरण एवं भूमंडलीकरण ने इसे और भी तेजी से आगे बढ़ाया। भूमंडलीकरण एक नये उपनिवेश की शुरुआत है। इसके फलस्वरूप पारिस्थितिक विनाश सूखती नदियों, विषलिप्त पानी, कृषिनाश, नये-नये रोग, दूषित हवा आदि समस्याओं के रूप में प्रकट होने लगा। हमारे तालाबों और जलस्रोतों में जहर घोलने वाले, प्राण वायु को दूषित करने वाले, जंगलों को मिटाने वाले, सागर को लूटने वाले तथा मिट्टी को कंक्रीट से ढ़कने वाले सच्चे अर्थों में पारिस्थितिक आतंकवादी हैं। वे ही हमारी पीढ़ी के भविष्य को बर्बाद करने वाले उग्रवादी हैं। वे देश के प्राकृतिक संसाधनों का मनमाना इस्तेमाल करने के पक्ष में है।

मुनाफे के लिए साधन एकत्रित करने की मानसिकता को, समृद्धि का प्रतिमान मानने की संस्कृति को रवीन्द्रनाथ ठाकुर ने 'सभ्यतानाम्नी पाताल' कहा था। नदी के पानी पर बाँध बनवाने के खिलाफ उन्होंने 'मुक्तधारा' नाटक लिखा था। धरती की सम्पदा को लालची लोगों द्वारा निकाले जाने के विरुद्ध उन्होंने 'रक्तकरबी' जैसे अनेक निबन्ध लिखे थे। उन्होंने कहा था, 'मनुष्य का लोभ सिर्फ प्रकृति के विनाश से शान्त नहीं होगा, वह मनुष्य का भी विनाश करेगा।" महात्मा गांधी का यह कथन भी इससे मिलता-जुलता है—"नेचर हैज़ इनफ फॉर एवरीबडीज़ नीड बट नोट फौर एवरीबडीस ग्रीड।"

दरअसल, पश्चिम जगत में औद्योगिक क्रान्ति के बाद 'ज्यादा उत्पादन' की प्रवृत्ति बढ़ गयी है। पश्चिमी देशों, खासकर इंग्लैंड, स्पेन, पुर्तगाल के शासकों ने

दूसरे देशों को अन्यायपूर्ण व क्रूर तरीके से जीतकर वहाँ मनुष्य के जीवन व प्राकृतिक व्यवस्था को लूट-पाट और नरसंहार के ज़रिए अस्त-व्यस्त कर दिया। भारत वर्ष, चीन, बर्मा समेत समस्त एशिया व अफ्रीका महाद्वीप और आस्ट्रेलिया भी पश्चिमी साम्राज्यवादियों के हथियार, क्रूरता और लोभ के उपनिवेश बन गए। उपनिवेशों में लूटपाट तेज करने के लिए मशीनों का आविष्कार किया गया। मशीनों की मदद से उत्पादन की नई प्रणाली को पूँजीपतियों ने बेहतरीन नाम दिया औद्योगिक क्रान्ति। गुलाम उपनिवेशों के इतिहास में यह नाम घुसेड़ दिया गया। इस तरह, मनुष्य की आवश्यकताओं की पूर्ति के लिए नहीं, स्वार्थप्रेरित लोगों के मुनाफे के लिए अनेकानेक मनुष्यों की यन्त्रणा और प्रकृति के सहज नियमों की तोड़फोड़ की गयी।

औद्योगिक क्रान्ति से पूँजीवादी वर्ग ने प्रकृति को लूटते हुए अपना उत्पादन बढ़ाना शुरु किया। देश में ज़मीन और जल को उन्होंने मुनाफे में बढ़ोतरी के साधन में तबदील कर दिया। रंगभूमि में जॉन सेवक सूरदास की ज़मीन पर कारखाना बनवाना चाहते हैं। सूरदास उन्हें जमीन नहीं देना चाहता। न देने के उसके पास बहुत से कारण हैं। ज़मीन से उसका पैतृक प्रेम हैः उससे बाप-दादा का नाम चलता है; कुछ अपनी यादगार में वहाँ बनवाकर छोड़ भी जाना चाहता है, लेकिन व्यक्तिगत कारणों के होते हुए भी ज़मीन को न बेचने में वह सामाजिक लाभ भी देखता है। एक तो जब तक वह परती पड़ी है, उसमें गाँव के गोरू चरते हैं इसके सिवा जब वहाँ कारखाना बन जाएगा, और वह भी सिगरेट का, तो गाँव में अनाचार का ठिकाना न रहेगा। लेकिन जॉन सेवक जो एक नये व्यापारी, देश के नये पूँजीपति वर्ग के प्रतीक हैं, इन सब दलीलों को कोरी भावकुता समझते हैं। अपने कारखाने की सामाजिक उपयोगिता सिद्ध करने के लिए उनके पास कम तर्क नहीं हैं। "हमारी जाति का उद्धार कला-कौशल और उद्योग की उन्नति में है। इस सिगरेट के कारखाने से कम से कम हज़ार आदमियों के जीवन की समस्याएँ हल हो जाएँगी और खेती के सिर से उनका बोझ टल जाएगा। जितनी ज़मीन को एक आदमी अच्छी तरह जोत-बो सकता है, उसमें घर भर का लगा रहना व्यर्थ है। मेरा कारखाना ऐसे बेकारों को अपनी रोटी कमाने का अवसर देगा।"

कुँअर भरतसिंह को सन्देह होता है कि तम्बाकू की खेती से अनाज महँगा हो जाएगा और लोगों के स्वास्थ्य पर भी उसका बुरा असर पड़ेगा। जॉन सेवक इसका सीधा उत्तर देते हैं–'व्यवसायी लोग इन गोरख-धन्धों में नहीं पड़ते, उनका लक्ष्य केवल वर्तमान परिस्थितियों पर रहता है। हम देखते हैं कि इस देश में विदेश से करोड़ों रुपए के सिगरेट और सिगार आते हैं। हमारा कर्तव्य है कि इस धन-प्रवाह को विदेश जाने से रोकें। इसके बगैर हमारा आर्थिक जीवन कभी पनप नहीं सकता। इस सन्दर्भ में गांधीजी का यह विचार उल्लेखनीय है कि "मैनचेस्टर का

माल मँगवा लेना इतना हानिकारक नहीं है जितना कि भारत को मैनचेस्टर बना देना।" गाँधीजी जानते थे कि यदि मैनचेस्टर का कपड़ा आएगा तो उसे रोका भी जा सकेगा, किन्तु मिलों के देश में खुल जाने पर तो सारी अर्थनीति विदेशी कम्पनियों के हाथ में चली जाएगी। प्रेमचन्द ने समझ लिया कि बड़े-बड़े मिलों और फैक्टरियाँ हमारी सभ्यता और मानवीयता का नाश करती हैं और औद्योगिक संस्कृति का विकास करती हैं। गाँव के स्वच्छन्द एवं स्वास्थ्यकारी वातावरण को त्यागकर किसान मजदूर बन जाता है और बदबूदार वातावरण में रहता है, नित्य नये-नये व्यसनों में फँसता है, मानवता की जगह हैवानियत बढ़ती है।

जॉन सेवक कुँअर को आर्थिक स्थिति के विकास का सही मतलब समझाते हैं। वे कुँअर को कारखाने से फायदे का एक सब्जबाग दिखाते हैं, पहले ही साल 25/- प्रति सैकड़ा मुनाफा होगा। अगर कोई दैवी बाधाएँ पड़ भी गयीं तो 20/- सैकड़ा तो कहीं गया नहीं है। नतीजा यह होता है कि वही कुँअर साहब, जो तम्बाकू से देश को नुकसान होने की बात सोच रहे थे, अब एकदम 500 हिस्से लेने को तैयार हो जाते हैं।

जॉन सेवक का उद्देश्य है, नफे का बड़ा भाग किसी न किसी हीले से अपनी जेब के हवाले करना। लेकिन अपने कार्य की उपयोगिता सिद्ध करने के लिए और विरोधियों के तर्क को खंडित करने के लिए उनके पास भाँति-भाँति के अस्त्र हैं। नायकराम पंडा को समझाते हैं कि उनके यात्रियों के लिए सड़क के किनारे खपरैल के मकान बना दिए जाएँगे। बजरंगी अहीर से कहते हैं कि वह हाते में अपनी गाएँ-भैंसे चरा लिया करेगा। इसके सिवा अभी सारा दूध लेकर उसे शहर जाना पड़ता है, उस दूध से हलवाई दही, मलाई बनाता है और फायदा उठाता है। कारखाना खुल जाने से उसका दूध अलग बिकेगा, मलाई। अपने घर बैठे बिक जाएँगे। ठाकुरदीन पानवाले की बिक्री चौगुनी हो जाएगी। खोयेवालों और ताड़वालों की आमदनी का तो कहना ही क्या? लड़कों के लिए मदरसा भी खुल जाएगा। इस तरह गाँव वाले भी ज़मीन देने के लिए राज़ी हो जाते हैं। राजा महेन्द्र प्रताप सिंह के आगे जॉन सेवक राष्ट्रीयता का स्वाँग भरते हैं। जब एक बार असफल होते हैं तो दूसरी बार अपने गुमाश्ता ताहिर अली के घर में घुसकर स्त्रियों पर गाँववालों द्वारा अत्याचार किए जाने की कथा गढ़ते हैं। आज की सभ्यता का आधार इसी झूठ का व्यापार है। इस व्यापार में समाज के सभी उच्चवर्गों का स्वार्थ है। वहाँ गरीब की सुनवाई नहीं है, जिनके हाथ में न्याय है, वे भी व्यापारी हैं, वे अपने भाई-बहनों के विरुद्ध फैसला कर सकते हैं। जॉन सेवक सूरदास को यथार्थ का बोध कराते हुए कहते हैं—"अब व्यापार का राज्य है, और जो इस राज्य को स्वीकार न करे, उसके लिए तारों को निशाना मारने वाली तोपें हैं।"

नतीजा यह हुआ कि प्रकृति का प्रेमी, प्रकृति के कण-कण के साथ मिल-जुल

कर रहने वाले सूरदास की जमीन जॉन सेवक ने उससे छीन ली। कारखाना बनाना शुरू होता है और पंडेपुर की शान्त बस्ती में मजदूरों के नये वर्ग की सृष्टि होती है। सूरदास इनके बारे में शिकायत करता है—"वे सारी बस्ती में फैले हुए हैं और रोज ऊधम मचाते रहते हैं। हमारे मुहल्ले में किसी ने औरतों को नहीं छेड़ा था, न कभी इतनी चोरियाँ हुईं, न कभी इतने धड़ल्ले से जुआ हुआ, न शराबियों का हुल्लड़ रहा। जब तक मजूर लोग यहाँ काम पर नहीं आ जाते, औरतें घरों से पानी भरने नहीं निकलती। रात को इतना हुल्लड़ होता है कि नींद नहीं आती।"

इस उपन्यास में संजीदगी से प्रेमचन्द ने दिखाया है कि मिट्टी की निजता एवं सहजता को कैसे साम्राज्यवादी शक्तियाँ चूस रही हैं, मिट्टी और प्रकृति से मनुष्य को ये शक्तियाँ दूर करती हैं। मिट्टी वह माँ है, जिस पर सारे जीव जन्म लेते और मरते हैं। मिट्टी पर ही आजीवन जीवों का विचरण होता है। मिट्टी को मूलतः तीन भागों में बाँटा जा सकता है—जंगल, कृषि भूमि और पशु-पालन क्षेत्र। इस उपन्यास में कृषि भूमि और पशु-पालन क्षेत्र का नाश होता है। पशु पालन क्षेत्र का नाश भारत के सम्बन्ध में एक गम्भीर समस्या है। चूँकि भारत वर्ष में जनसंख्या का पैंतीस प्रतिशत हिस्सा पशु-पालन पर निर्भर है। यहाँ सूरदास की जो ज़मीन है वहाँ कई इलाकों की गाएँ आती हैं और चरती हैं। अब वह स्थिति नहीं रही। नतीजतन खुली हुई गोचरण भूमि से जो ऑक्सीजन प्राप्त हो जाता था, क्षुद्रतम प्राणियों, पक्षियों और पतंगों की वासभूमि के रूप में एक पारिस्थितिक सन्तुलन कायम था, उसकी धारा खंडित हो गयी है। पशु-पालन क्षेत्र के क्रमशः संकुचित होते जाने के कारण पशु अल्पस्थान पर अधिक संख्या में अधिक दिनों के लिए चरने को मजबूर हैं। तब इन इलाकों में भी भूमि-कटाव और जल संकट तीव्रतर होते जाएँगे। अन्ततः समृद्ध हरा-भरा अँचल, ऊसर और मरुभूमि में तबदील हो जाएगा।

भारत की खेती का अधिकांश भाग अब कारखानों तथा बड़े-बड़े मकानों से भर गये हैं। जो भूमि बच गयी है वहाँ किसान चावल गेहूँ की खेती करना नहीं चाहता है। जो मुनाफा देता है वह उपजाता है, चाहे वह कितना हानिकारक क्यों न हो। उच्च उत्पादनशील, कृत्रिम बीज, रासयनिक खाद व कीटनाशकों पर निर्भर यह कृषि व्यवस्था हमारे देश की मिट्टी का स्वाभाविक गुण नष्ट कर देती है। इससे ज़मीन अनुर्वर प्राणशून्य राख की शक्ल अख्तियार करनें लगी है। साठ के दशक के अन्त से बड़ी-बड़ी कुछ बहुराष्ट्रीय संस्थाओं ने विश्व बैंक के माफेत तीसरी दुनिया के देशों की खेती पर यह पद्धति बोझ की तरह थोप दी है। परिणामस्वरूप अब कृषि भी कारखानों में उत्पादित धातु या खनिज द्रव्य की तरह औद्योगिक उत्पादन है, जहाँ प्रकृति और पर्यावरण का निजत्व और अत्यन्त महत्वपूर्ण भूमिका पूरी तरह उपेक्षित है। कृषि का मुख्य उद्देश्य अब देशवासियों को

खाद्यान्न-आपूर्ति करना कतई नहीं है। अब यह एक ओर बीज-उर्वरक-कीटनाशक का विशाल विक्रय केन्द्र, सिंचाई के लिए बड़े बाँधों के निर्माण का बहाना और सुविधाजनक निर्यात के ज़रिए मुनाफा कमाने के उपकरण हैं।

रंगभूमि का सूरदास पूर्णतः मनुष्य और प्रकृति के चिर सहचर हैं। अर्थात् वह प्रकृति का ही है। उसका खान-पान भी प्रकृति का है—"यहाँ तक कि वह 'षड्रस' युक्त अवलेह तैयार हुआ।" इस प्राकृतिक सहजता को औद्योगीकरण के द्वारा उससे उत्पन्न मशीनों के द्वारा तहस-नहस कर दिया गया। प्रकृति के साथ एक गाँव का पूरा सपना नष्ट हो गया। उस निसर्ग सुन्दर गाँव की संस्कृति नष्ट हो गयी। शहर के रईस और महाजन हवा खाने इस गाँव में पहले आते थे। वहाँ की स्वच्छ हवा को सिगरेट के कारखाने से निकलने वाले धुएँ ने विषैला बना दिया। तात्पर्य यही कि पर्यावरण के विनाश का मुख्य कारण सत्ता सम्पन्न लोगों का लोभ ही है। किन्तु सत्ता सम्पन्नों के सुनियोजित व संगठित लोभ के कारण पर्यावरण को जो क्षति पहुँचती है, उसकी मरम्मत कर पाने की क्षमता मनुष्य में नहीं है! जितनी द्रुतगति से इस पृथ्वी के प्राकृतिक संसाधनों का क्षरण हो रहा है, उससे आगामी दो तीन दशकों के अन्दर जल, ज़मीन और हवा की हालत सचमुच आशंकाजनक हो जाएगी। धन से सबकुछ सम्भव नहीं है। प्राणी-शून्य, पेड़-पौधों से रिक्त, पक्षियों से रहित एक जलहीन पृथ्वी पर अपने प्रासादों में भी निवास असम्भव है। मनुष्य अत्यधिक उत्पादन के नशे में इस सुन्दर ग्रह का विनाश करता है। लेकिन मनुष्य को याद रखना चाहिए कि अपना अतीत व भविष्य इसी पृथ्वी में समाहित है—इसके बाहर इसका कोई अस्तित्व नहीं है। इसलिए पृथ्वी के पर्यावरण की सुरक्षा के उत्तरदायित्व से मनुष्य पलायन नहीं कर सकता।

आज हम जिस पर्यावरण संकट से जूझ रहे हैं, उसे कई सालों पहले प्रेमचन्द ने जान लिया था। साम्राज्यवादी शक्तियों के द्वारा मनुष्य को प्रकृति और मिट्टी से अलग करने का चित्र असाधारण दीर्घदृष्टि से दशकों पूर्व प्रेमचन्द ने रंगभूमि में उतारा। उनकी वह भविष्यवाणी आज बिलकुल सच स्थापित हुई है। इसलिए यह कहा जा सकता है कि 'रंगभूमि' भारत का प्रथम पारिस्थितिकी उपन्यास है।

प्रकृति की ओर वापसी

निर्मल वर्मा पहाड़ों के कथाकार हैं। प्रकृति के साथ मिलजुलकर प्रकृति के कण-कण का परिचय देने वाला कथाकार हिन्दी में निर्मल वर्मा जैसा कोई नहीं है। मानव का प्रकृति के साथ जो सम्बन्ध है या मानव की प्रकृति के प्रति जो आस्था है उसे तोड़ना मुशकिल है। आदिमानव प्रकृति के साथ था, प्रकृति का खाकर, पीकर, प्रकृति का पहनकर, प्रकृति में सोता था। समय प्रवाह में, सभ्यता के विकास में मनुष्य और प्रकृति के बीच का रिश्ता धीरे-धीरे शिथिल होने लगा, प्रकृति से मनुष्य दूर होने लगा। लेकिन तब मनुष्य का मानसिक सन्तुलन नष्ट होने लगा, विकास के नाम पर प्रकृति का नाश करने में तुले मनुष्य प्रकृति के द्वारा ही पीड़ित होने लगा। एक बात विशेष ध्यातव्य है कि मनुष्य को प्रकृति चेतावनी दे रही है कि तुम मुझसे अलग नहीं हो पाओगे, हमारे सहसम्बन्ध में है हमारा अस्तित्व, मेरा नाश, तुम्हारा ही नाश है।

मनुष्य अपनी व्यस्तता के बीच में भी प्रकृति की गोद में शरण लेता है। कुछ समय उसके साथ मिलकर शान्ति महसूस करने के लिए या कुछ समय तक अपने को भूलकर प्रकृति के साथ खेलने के लिए या उसकी गोद में शिशु बनकर सहज कौतूहल के साथ उसके निरीक्षण करने के लिए हमेशा मनुष्य चाहता है। प्रकृति तथा मनुष्य के साथ जो चिर पुरातन सम्बन्ध है इसे अच्छी तरह पहचानने वाले लेखक हैं निर्मल वर्मा। उनकी अधिकांश कहानियों का स्थल पहाड़ है, उन पहाड़ों की प्रकृति का इतना दृश्य सौन्दर्य यदि पन्त जी ने अपनी कविता का विषय बनाया तो निर्मल ने अपने सम्पूर्ण साहित्य का विषय ही बनाया। उनकी कहानी 'परिन्दे' हो 'जलती झाड़ी' हो या नगर केन्द्रित उपन्यास 'वे दिन' हो जो भी हो प्रकृति तथा वहाँ के मनोरम दृश्यों को चित्रनुमा पेश करने की उनकी ताकत सदा प्रशंसनीय है।

प्रकृति में स्थल की सृष्टि करने वाले निर्मल वर्मा स्थान और समय के सम्बन्धों के प्रति सचेत हैं। मनुष्य द्वारा निर्मित समय को वे बेबुनियाद मानते हैं। कारण आज का समय हमारे जीवन को नियन्त्रित करता है। मनुष्य एक कठपुतला बनकर इसके अनुसार नाचता है। काल और स्थान के सम्बन्ध को मानते हुए भी

पूर्णतः इसे परस्परपूरक मानने के लिए वे तैयार नहीं हैं– "Space does not live in pure time, where we are now. But the obects of space...trees house, weather, stay, even the colour of the earth... do have time, because they are supported by memory, which is a temporal fact." समय एक घटक है वह सचमुच हमें प्रकृति से दूर ले जाता है और वह समय हमें प्रकृति (थल) की ओर वापस भी ले आता है।

'अंतिम अरण्य' में बुढ़ापे के व्यक्तिमन का विश्लेषण बहुत संजीदगी के साथ निर्मलजी ने किया है। बूढ़े की स्मृतियाँ बन्धु जनों के सामीप्य का आग्रह, मृत्यु सम्बन्धी कई सोच-विचार ये सब वृद्धमन की विह्वलता के परिणाम हैं। कभी हमें ऐसा लगता है कि यह क्या भोगा हुआ यथार्थ है, या उसे निकटता से उन्होंने देखा है। जो भी हो जो सहजता वृद्ध मन के विश्लेषण में उपन्यासकार ने प्रकट की वह लहूलुहान यथार्थ ही है। हिन्दी उपन्यास में 'गिलिगडु', 'शेष कादम्बरी', 'समयसरगम' जैसे उपन्यास यद्यपि वृद्धजनों की कथा है तो भी मनोवैज्ञानिक ढंग से इस कथा को रोचक एवं सत्य का एहसास देने में अन्तिम अरण्य की भूमिका एकदम सराहनीय है। सूक्ष्म दार्शनिक धरातल पर अंकित इस उपन्यास में मृत्यु तथा जिन्दगी सम्बन्धी अस्तित्ववादी तथा भारतीय दर्शन का मिश्रित रूप दर्शनीय है। निर्मल वर्मा ने शुरू से लेकर अस्तित्ववाद को आधार बनाकर साहित्यिक प्रणयन किया, विशेषकर कथा साहित्य का। लेकिन उनकी चिन्तनपरक रचनाओं में भारतीय धरातल एवं भारतीय विचारों का सुन्दर पुट द्रष्टव्य है। यहाँ 'अन्तिम अरण्य' में अलगाव और अकेलेपन के चित्रण में हम अस्तित्ववाद का आरोप, आरोप के लिए कर सकते हैं। कारण बुढ़ापे का सहज स्वाभाविक जो अकेलापन है, यह किसी दर्शन या वाद को आधार बनाने के लिए नहीं है। हमारे समाज की सबसे बड़ी भयानक समस्या बन गयी है वृद्धों की समस्या। इसकी सूक्ष्म सच्चाई की अभिव्यक्ति निर्मल वर्मा ने अपने उपन्यास 'अन्तिम अरण्य' में की है।

भारतीय परम्परा में जीवन के अन्त में लोग गृहस्थाश्रम समाप्त कर वानप्रस्थ तथा **जीवन** की समाप्ति के लिए वन चले जाते हें। वहाँ मनुष्य प्रकृति के साथ मिलकर तपस्या साधना में डूबकर जीवन समाप्त करता है। पंचभूतों से निर्मित मानव शरीर अन्त में उसी में ही विलीन हो जाता है या दूसरे शब्दों में प्रकृति में ही विलीन हो जाता है। प्रकृति के साथ मानव के इस आकर्षण और सम्बन्धों से मिथकों का जन्म हुआ और उन मिथकों के प्रति मानव का बड़ा आकर्षण भी है। इसलिए इस सैबर युग में भी इन काल्पनिक कथाओं के प्रति हम मोह दिखाते हैं, कारण वे हमारे ही अवयव हैं, हमारे ही अंश हैं। निर्मल वर्मा ने 'अन्तिम अरण्य' शीर्षक हमारे मिथकों से चुन लिया, कारण हिन्दू विश्वास में 'अन्तिम अरण्य' मृत्यु का प्रतीक है। उपन्यास में निरंजन बाबू उपन्यास के नायक से कह रहा है–"यहाँ

सब लोग अपनी जिन्दगी के अन्तिम सिरे पर आते हैं—तुम शुरू में ही आये गये।" (पृ. 42) उनके इन शब्दों से 'अन्तिम अरण्य' का जो मिथकीय अर्थ है वह जाहिर है। इस उपन्यास के अधिकाँश पात्र बूढ़े हैं, वे दूसरों से अलग हैं, अपने जीवन के अन्तिम क्षण इस पहाड़ी अरण्य में गुजार रहे हैं। वे परस्पर मिलते हैं लेकिन एक दूसरे के लिए वे अन्धे की लकड़ी हैं। मेहरा साहब, अन्ना, निरंजन बाबू, डॉ. सिंह सब इसी मृत्यु की प्रतीक्षा में या वृद्धावस्था में जिन्दगी गुज़ारने के लिए इस अरण्य में अपना-अपना मार्ग चुन लेते हैं। यहाँ से उनका मोचन मृत्यु के साथ ही सम्भव है।

मेहरा साहब की दूसरी पत्नी दीवा की मृत्यु कैंसर से ही हुई। प्रथम पत्नी को छोड़कर उन्होंने दीवा को स्वीकार किया। दीवा उनके लिए प्रिय थी और प्रथम पत्नी की बेटी तिया का पालन पोषण सचमुच दिवा ने किया था। वह डॉक्टर बनकर दूर अस्पताल में काम कर रही है। तिया अपनी इस छोटी उम्र में इस अरण्य में अपनी जिन्दगी गुजारना नहीं चाहती है। उसके लिए खुला कर्मक्षेत्र है। युवावस्था कर्म करने का समय है। दीवा के रोग ने पहले ही मेहरा साहब को अकेला कर दिया। लेकिन दीवा का विज्ञापन अखबार में देखकर मेहरा साहब को साथ देने के लिए नायक इस अरण्य में आ जाता है। दीवा ने ही उसकी नियुक्ति की है। उनके आने के तुरन्त बाद दीवा मर जाती है। इस अरण्य में उसके आने के बाद की पहली मृत्यु थी वह। इस मृत्यु ने उन सबको गहरे दुख में डुबो दिया। दीवा के चले जाने के बाद मेहरा साहब बिलकुल अस्वस्थ दिखाई पड़े।

अन्ना दूसरे विश्वयुद्ध के दौरान यहाँ जर्मनी से आकर फँस गयीं। इस पहाड़ को उसने भी सब कुछ मान लिया, या अपना घर समझा। दीवा के साथ उसकी अच्छी दोस्ती थी। अब जर्मनी उसकी स्मृति में भी नहीं है। निरंजन साहब कॉलेज में दर्शन के अध्यापक हैं। लेकिन नौकरी छोड़कर इस पहाड़ में वह सेब का एस्टेट चलाता है। उन्हें भी इस पहाड़ी इलाके के प्रति विशेष लगाव है। बीच-बीच में वे शहर जाते हैं तो भी वापस आते हैं। शहर के चहल-पहल से क्या उन्हें इस ओर खींचता है, पता नहीं। डॉ. सिंह उस पहाड़ की तराई में क्लिनिक चलाते हैं। वे इस दुनिया के आदमी हैं लेकिन उसके साथ नहीं, अपनी दुनिया अपने साथ लेकर चलते हैं। इस पहाड़ी प्रदेश की आत्मा उसके रग-रग में मिल गयी। जहाँ आदमी रहता है वह वहाँ का बन जाता है। निरंजन साहब के शब्दों को देखिए—"यहाँ आते ही मुझे जयपुर की ज़िन्दगी बिलकुल पराई जैसी जान पड़ती है जैसे उसे कोई दूसरा आदमी जी रहा था। और जब मैं वहाँ जाता हूँ, तो कुछ दिनों बाद यह सोचना भी अजीब लगता है कि यहाँ भी कोई सेबों का बागीचा है, कोई ऐसी जगह है जहाँ तुम और अन्नाजी और डॉक्टर सिंह और मेहरा साहब रहते हैं...." (पृ. 77)। इस उपन्यास का नायक भी वहाँ आकर इस अरण्य का ही हिस्सा बन

चुका है। अपने घर और प्रदेश का रिश्ता वह भूल जाता है। इतने वर्षों में वह एक बार भी घर जाना नहीं चाहता है।

जीना क्या है, और उसके साथ समय क्या है, इसकी परिभाषा निर्मल वर्मा, देते हैं कि "बीतता कुछ भी नहीं है। सब कुछ वैसा ही है, जैसा कुछ साल पहले लगता था जब मिसेज मेहरा इस धरती पर मौजूद थीं, अन्नाजी इतनी बूढ़ी नहीं हुई थीं, मैं किसी दूसरे शहर में जीवन बिता रहा था। एक ऐसा प्रदेश जहाँ सब कुछ पहले से ही हो चुका है लेकिन अभी हमारे ऊपर से नहीं गुजरा है। हम जीते नहीं, उसकी कॉपी करते हैं, जो कहीं पहले से ही किया जा चुका है... जैसे मैं मेहरा साहब के जीवन का उल्था अपनी कॉपी में करता था। फिर समय? वह क्या कुछ भी नहीं है? नहीं, वह है, वह सिर्फ एक जगह खड़ा रहता है—वह याद की जगह है—जैसे यह लॉन, यह धूप कॉटेज की छत पर डोलते हुए देवदार के पेड़... समय वहाँ-वहाँ है, जहाँ-जहाँ हम बीते हैं।" (पृ. 134-135) इस उपन्यास में रिश्तों की जो परिभाषा दी गयी है वह अन्यत्र नहीं है, बाप-बेटी, पति-पत्नी, मालिक-नौकर, सेवापरायणता सब अपने विशेष अर्थ को द्योतित करता है।

बुढ़ापे का खूब परिचय दिया गया है। "बहुत बार सुना था कि बुढ़ापे में लोग बच्चे से हो जाते हैं किन्तु उस शहर के बीच सड़क पर मेहरा साहब से बात करते हुए जान पड़ा कि बचपन और बुढ़ापे से परे भी एक स्टेशन होता है—जहाँ मनुष्य उम्र का खूँटा छुड़ाकर सब स्टेज एक साथ पार करता जाता है, आगे-पीछे की दिशाओं का कोई बोध नहीं रहता... कोई भी कदम कहीं भी पड़ सकता है। पता नहीं चलता किस क्षण वह किस आयु की शिला पर खड़े होकर अपनी दुनिया को देख रहे थे।" (*पृ. 26-27*)। मृत्यु सम्बन्धी विचारों का सूक्ष्म विश्लेषण मेहरा साहब के ज़रिए निर्मलजी ने पेश किया है। मृत्यु के कुछ दिन पूर्व मनुष्य पुरानी स्मृतियों का भंडा फोड़ता है। जैसे "उन्हें याद आया—वह नहीं, जो मुरलीधर बताता था, बल्कि वह जिसे वह अर्सा पहले भूल चुके थे—इन दिनों मेहरा साहब के साथ अकसर ऐसा ही होता था... मुद्दत पहले गुज़री घटनाएँ ऐसे याद आती थीं, जैसे अभी कल हुई हों—और जो 'कल' हुआ था, लगता है, वह कभी हुआ ही नहीं। जिन्दगी आगे बढ़ती हुई जो खाली जगह छोड़ती जाती थी, उसमें गुज़री हुई घटनाएँ अपना घर बनाती जाती थीं—क्या एक उम्र के बाद आदमी जीता एक तरफ़ है और जागता दूसरी तरफ?" (पृ. 173) अन्तिम क्षणों में किसी से मिलना भी चाहता नहीं है, क्योंकि उनके बड़े शब्द समझने में वे असमर्थ बन जाते हैं। सुबोध नष्ट हो जाता है। अपने लोगों के सामीप्य के लिए वह तरसता है। मेहरा साहब अपनी बेटी से मिलने के लिए दूर उसके पास तक जाने के लिए भी तैयार हो जाता है। उसके मन और आँखें सदा उसकी तलाश में थे। कालकवलित अपनी पत्नी की यादें सदा साथ हैं। सदा उनके साथ रहने वाला नायक पात्र उनके लिए अन्य ही है।

मृत्यु के उपरान्त भारतीय परम्परा के अनुसार मेहरा साहब की अन्त्येष्टि हुई। बेटी ने सारा कार्य सँभाला। पुत्र नहीं हैं तो भी चिर सहचर नायक ने हड्डियाँ एवं भस्म कलश गंगा की धारा में बहाये। पंचभूतों से निर्मित शरीर पंचभूतों के साथ विलीन हो जाता है। पहले हवा जाकर आकाश में विलीन हो जाती है तो बाद में अग्नि, जल और मिट्टी में समा जाने वाला मानव शरीर प्रकृति से कैसे दूर हो जाएगा। जिस प्रकार उस पहाड़ी प्रदेश से कर्मोन्मुख लोग कुछ समय के लिए तिया के समान दूर हो जाते हैं, वैसे ही जीवन की गति में कभी-कभी प्रकृति से दूर-दूर चले जाने को हम प्रेरित हो जाते हैं। लेकिन यह सदा के लिए सम्भव नहीं है, उस ओर वापस आकर उसके साथ जीने में जो आनन्द निरंजन बाबू, अन्नाजी, डॉ. सिंह आदि अनुभव कर रहे हैं वह हमारा जो प्राकृत रूप है, इसका निदर्शन है। इसलिए प्रकृति से निर्मित मिथकों के सहारे से प्रकृति के साथ मानवीय जो सम्बन्ध है वह निर्मल वर्मा ने बहुत सूक्ष्मता के साथ इस उपन्यास में उकेरा है। जीवन की जो सूक्ष्म सच्चाई है वह उपन्यासकार ने अच्छी तरह पहचान लिया है और उसके निकट पाठकों को ले जाने में उनकी सरल प्रवाहमय भाषा बहुत सहायक सिद्ध होती है।

उपन्यास के नायक के माध्यम से कथा की प्रस्तुति होती है। उस अरण्य के साथ उसकी जो तल्लीनता और मेहरा साहब के निधन के साथ वहाँ से उसकी जो वापसी इसे सूचित करती है कि जीवन की असलियत का पता उसे प्राप्त हुआ है, उसकी उस उम्र के लिए काबिल जगह नहीं है वह अरण्य, उसे और आगे जाना है, जो अरण्य में फँस जाता है, वहाँ से दूर जाना चाहता नहीं है, लेकिन नायक के जीवन में अब काम करने का वक्त है, अरण्य की ओर जाने का समय नहीं है। सूक्ष्म चिन्तनों से भरापूरा यह उपन्यास निर्मल वर्मा के चिन्तनों के अतल को नापने में सहायक है।

कठगुलाब का इकोफेमिनिज़्म

अनादि काल से प्रकृति और मनुष्य का सहसम्बन्ध निर्विवाद रहा है। लेकिन औद्योगिक क्रान्ति से पूँजीवादी वर्ग ने प्रकृति को लूटते हुए अपना उत्पादन बढ़ाना शुरू कर दिया। तब से प्रकृति और मनुष्य के बीच का सम्बन्ध शिथिल होने लगा और पारिस्थितिक विनाश मनुष्य के विनाश का हेतु बन गया। 1963 में प्रकाशित रेचल करसन के 'साईलेंट स्प्रिंग' नामक ग्रन्थ ने पाश्चात्य दुनिया में पारिस्थितिकी सम्बन्धी चर्चाओं की शुरुआत की थी। 1978 में 'इको-क्रिटिसिज़्म' शब्द का प्रयोग सबसे पहले विलियम रूकर्ट ने किया। 1990 में इको-क्रिटिसिज़म एक आलोचनात्मक पद्धति के रूप में अमेरिका में उभर आया। इसकी कई शाखाओं में मुख्य शाखा है इको-फेमिनिज़्म।

फ्रेंच फेमिनिस्ट फ्रान्स्वा द यूवोण ने इको-फेमिनिज़्म की संकल्पना को सबसे पहले एक दार्शनिक विचारधारा मानी। फ्रान्स्वा ने सिद्ध किया कि भूमि के नाश का कारण पुरुष है। पुरुष के आक्रमण से भूमि को बचाकर मानव की रक्षा करने में स्त्री समर्थ है। अब स्त्री और प्रकृति पर अधिकार जमाकर पुरुष दोनों का शोषण कर रहा है। इसलिए मानव की भलाई के लिए स्त्री एक शोषण मुक्त समाज की सृष्टि करेगी। उनके अनुसार यह इको-फेमिनिज़्म सभी मानवों का परिष्कार करता है। फ्रान्स्वा के शब्द देखिए–"And the planet in the feminine will flurish".

अमेरिका में इको-फेमिनिज़्म बीसवीं सदी के सातवें दशक में रूपायित हुआ। प्रकृति एवं स्त्री के ऊपर पुरुष का जो अधिकार है उसे समाप्त करने के लिए रूपायित इको-फेमिनिज़्म सैद्धान्तिक होने के साथ राजनैतिक भी है। कहा जाता है कि अंग्रेजी साहित्य में इको-फेमिनिज़्म पर केन्द्रित अध्ययन पिछली शताब्दी में ही शुरू हुआ। वर्ड्सवर्थ की बहन डोरती वर्ड्स की कृतियों का मूल्यांकन एवं पुनर्मूल्यांकन आजकल इको-फेमिनिज़म के आधार पर किया जा रहा है। अमेरिकन लेखिका मेरी ओस्टन की 1903 में प्रकाशित "The Land of Little Rain" आरम्भिक इको-फेमिनिस्ट कृति है। आनी दिल्लाई, विल्ला कातेर, उरसुला लिग्विन, लूसी तापहोन्सो आदि प्रसिद्ध इको-फेमिनिस्ट रचनाकार हैं। आजकल इस विचारधारा

के आधार पर आलोचना करने वालों में मुख्य हैं-ग्लोरिया अलसान दुवा, डोणा हारवे, पाट्रिक मर्फी आदि।

मृदुला गर्ग का उपन्यास 'कठगुलाब' को फेमिनिज़्म के परिप्रेक्ष्य में महत्वपूर्ण रचना मानकर कई प्रकार के अध्ययन हुए हैं। इस उपन्यास को नारी शोषण में सीमित करना उचित नहीं है। इसमें सम्पूर्ण मानवजाति का शोषण बड़े पैमाने पर अभिव्यक्त हुआ है। मानवजाति की रक्षा का प्रयत्न गोधड़ गाँव के निर्माण के ज़रिए उपन्यास के अन्त में हुआ है। स्त्री द्वारा प्रकृति एवं स्त्री की रक्षा तथा विकास को लक्ष्य करते हुए एक महान उद्देश्य की पूर्ति करने की उपन्यासकार की कोशिश सराहनीय है। इसलिए इसे इको-फेमिनिस्ट रचना के अन्तर्गत दर्ज किया जा सकता है। 'कठगुलाब' शीर्षक भी बंजरता का प्रतीक है। लेकिन जब भूमि की बंजरता दूर हो जाएगी तब बंजर कठगुलाब भी फूल उठेगा। नायिका स्मिता का मन गोधड़ गाँव के निर्माण तक बंजर था जिस प्रकार गोधड़ की धरती बंजर थी। उस गाँव की धरती इस उपन्यास की नायिका स्मिता, असीमा जैसे पात्रों के समान शोषण से या वास्तविक देखरेख के बिना शून्य एवं एकदम ऊसर थी। जब धरती पेड़-पौधों एवं हरीतिमा से ओतप्रोत हो जाती है तब वहाँ की गरीब अशिक्षित जनता भी विकास की ओर अग्रसर होने लगती है। इस प्रकार कठगुलाब एक फंतासी है जो स्त्री एवं धरती को ऊसरता से उर्वर बना देती है। पुरुष प्रधान इस समाज में स्त्री के द्वारा धरती को बचाने के इस प्रयत्न में स्वयं स्त्री भी बच जाती है। उसका मन लहलहाता है।

नायिका स्मिता ने अपने बचपन में जब अपने माँ-बाप थे तब कठगुलाब को फूलते देखा था। अथवा उसकी ज़िन्दगी खुशहाली से भरी हुई थी। सालों बाद कई कष्टों को झेलते सहते ऊसर मानसिकता के साथ गोधड़ गाँव तक आ गयी। वहाँ पुनः उसने कठगुलाब के फूलने का सुख अनुभव किया। मृदुलाजी लिखती हैं—"कठगुलाब की झाड़ी मन के भीतर फैलती, घनराती गयी पर बीज मुट्ठी में बन्द रहा। अतीत की स्मृति और आगत की अभिकल्पना ने आपस में गड्डमड्ड होकर एक अपूर्व फंतासी को जन्म दिया था। फंतासी की झाड़ी, बचपन की असली झाड़ी से ज़्यादा गुंफित और गुंजान थी। उसकी छाँव में पनाह पाने के लिए, भीड़ से भागना नहीं पड़ता था। गर्म-से-गर्म रोशनी और सर्द-से-सर्द अँधेरे में वह उसका आह्वान कर सकती थी। सोचने-भर की देर थी, वह झाड़ी के नीचे होती, जहाँ इष्ट एकान्त में सौहार्द साहचर्य होता।"

(कठगुलाब, पृ. 258)

संवेदनशील स्मिता के जीवन का सपना था कि कठगुलाबों से भरी झाड़ी के समान ज़िन्दगी में सदाबहार हो। बाँझ के प्रतीक कठगुलाब को न तो जीवन से नकारा जा सकता है न जीवन के मोह से। वह काष्ठ का ऐसा फूल है जो अपनी

उत्पत्ति के साथ ही अपने विनाश का कारण भी है। फिर भी उसका फूल है जो पनपता है, लहलहाता है—खिल उठता है। स्मिता ने कठगुलाब का बीज अपने पास रखा, लेकिन उसको बोने का अवसर तभी मिला जब गोधड़ गाँव में सृष्टि की भूमिका उसने निभाई।

माता-पिता के मृत्योपरान्त बड़ी बहन के साथ रहने के लिए स्मिता विवश हो जाती हैं। उसका जीजा इस विवशता का लाभ उठाता है। जीजा के द्वारा पूर्ण रूप से अपमानित और घायल स्मिता घर से बच जाती है और बाद में आत्मनिर्भर बनकर अमेरिका पहुँचती है। वहाँ अपने पति द्वारा वह छली जाती है। उसकी रूह की परछाईं का भी नाश हुआ। तब उसमें प्रतिशोध की जो आग धधकी वह अन्त में पूरे एक गाँव को बचाने लायक शक्ति बनकर प्रज्वलित हुई। उसने कई स्त्रियों की रौंदी हुई ज़िन्दगी को देखा। अमेरिका में मरियन नामक स्त्री भयानक रूप से पति के शोषण का शिकार बनती है। अपनी ज़िन्दगी के अधिकांश भाग पति की महत्वाकांक्षाओं की पूर्ति के लिए उसने बरबाद किया और अपनी समस्त आशाओं एवं अभिलाषाओं को धूली में मिला दिया। लेकिन पति से धोखा खाकर वह पराजित नहीं हुई, इसके बदले और सशक्त होकर कई कामयाबियाँ उसने हासिल कीं। वैसे ही नौकरानी नर्मदा की कहानी भी बहुत दर्दनाक और मर्मभेदी है। असीमा इस शोषण से बचने के लिए शादी नहीं करती।

इन स्त्रीपात्रों के बीच में उपन्यास का एकमात्र शीर्षधारी पुरुष विपिन खड़ा है। उसे चुपचाप समर्पण करने वाली स्त्रियाँ जहीन नज़र आती है। वह असीमा के पुरुषार्थ से प्रभावित होकर स्वयं गर्भधारण करने का इच्छुक हो उठता है। विपिन विवाह नहीं करता परन्तु स्त्रियों के सम्पर्क में है, वह असीमा से जुड़ना चाहता है, स्मिता के प्रति उसमें अनुराग पनपता है। अपने से आधी उम्र की नीरजा और उसके बीच बच्चे को जन्म देने का समझौता होता है। यह समझौता बिलकुल मशीनी औद्योगिक उत्पादन जैसा है। समकालीन सन्दर्भ में सारे सम्बन्ध यन्त्रवत बन गये हैं। वहाँ आर्द्र भावों को कोई स्थान नहीं है। यहाँ स्त्री-पुरुष के बीच के इस सहज सम्बन्ध को यन्त्रवत बना दिया गया। नीरजा बच्चा देने का उपकरण मात्र बन गयी। इसलिए विपिन और नीरजा के बीच का सम्बन्ध बिना स्नेह के ऊसर होकर नष्ट हो गया। शयनकक्ष में जो सहयोग नीरजा से चाहता था वह नष्ट हो गया। नीरजा नियम से आव्यूलेशन टैस्ट करवाती रही थी। उसके परिणामस्वरूप सृजनशील सम्भोग की सम्भावना को वह नकार रही थी, इसलिए शयनकक्ष में विपिन के योगदान की आवश्यकता नहीं पड़ी थी। विपिन इस जड़वत् एवं निर्विकार यन्त्र समान बनने वाली नीरजा से कहता है—"संयुक्त स्मृति के उन अंशों को जो प्रासंगिक नहीं रहे, हम अविकार नहीं करेंगे तो जड़ हो जाएँगे। सोचने-विचारने, निर्णय लेने लायक नहीं रहेंगे यानी मनुष्य ही नहीं रहेंगे। मनुष्य

बने रहने के लिए, संयुक्त स्मृति को सम्पूर्ण नहीं, चयन करके ग्रहण करना होता है। वरना मनुष्य और बाकी जानवरों में क्या फर्क रह जाएगा?" (पृ. 259) नीरजा को यन्त्र से वापस इन्सान बनाने का खूब प्रयत्न विपिन के माध्यम से हुआ। लेकिन विपिन ने ही उसे बच्चा देने वाला यन्त्र बनाया था। अब उसमें बच्चा देने की शक्ति नहीं है। इसलिए वह स्वयं उसे छोड़ रही है। अब नीरजा रूपी यन्त्र में बहुत शक्ति होती है। टूट-फूट, रुकावट-खराबी का सुधार किया जा सकता है। भावावेग, मानसिक उथल-पुथल, आकर्षण-विकर्षण के द्वन्द्व उसकी ऊर्जा का हनन नहीं करते। लेकिन विपिन अपने जीवन के अन्त तक गोधड़ आकर यन्त्र को मनुष्य बनाने के प्रयत्न में जुड़े रहे। अर्थात् मनुष्य के साथ रहने के लिए तैयार हो जाता है। नीरजा में यह परिवर्तन इसलिए आ गया कि गर्भवती बनने के लिए एक के बाद एक टेस्ट हो रहे हैं और यान्त्रिकता से साफ जाहिर था कि उसके साथ कुछ असुन्दर और अपमानतापूर्ण घटना घट रही है जो उसका लालित्य, रस और तिलिस्म सोख ले रही थी, जिनका नतीजा नकार में है, क्योंकि समय बीतता जा रहा था और नीरजा गर्भवती नहीं हो रही थी।

मृदुलाजी सहज प्राकृतिक प्रक्रियाएँ जो नष्ट हो रही हैं इसके प्रति चिन्तित हैं। मनुष्य को यन्त्र बनते देखने से वह भयानक पीड़ा अनुभव कर रही हैं। विपिन के शब्द सुनिए—"टेस्ट-टयूब शिशु। शुक्राणु संग्रह। मनचाहे बच्चे की पैदाइश। शुक्राणु और अंडा, दोनों दान लिए जा सकते हैं, गर्भाशय उधार। रंग-रूप, कद-काठी, यहाँ तक कि प्रबुद्धता तक का चयन करके, अपनी पसन्द का बच्चा पैदा किया जा सकता है। अजन्मे मादा बच्चे के बीजकोष का इस्तेमाल करके मनचाहे बच्चे के निर्माण पर शोध हो रहा है। तब तो, कुछ समय बाद, हम यह अधिकार भी चाहेंगे कि अगर, किसी वजह से, बच्चा हमारी अपेक्षा के अनुरूप न हो या हमारी अपेक्षाएँ ही तब तक बदल जाएँ तो हम उसका वध करके, दूसरे नमूने का बच्चा निर्मित कर लें। रचना और निर्माण के बीच सूक्ष्म अन्तर होता होता है। उस अन्तर को मिटाने से जिस भयानक प्रक्रिया का सूत्रपात होगा, उसकी कुछ झलक हमें फासिज़्म के दौरान मिल चुकी है। हिटलर के सूपर-रेस के सिद्धान्त ने दुनिया पर जो कहर ढाया, हमारा देखा-भोगा हुआ है। फिर भी, हम सुपरमैन बनाने की दुर्बुद्धि से बाज नहीं आ रहे। मनुष्य के बजाय, हम यन्त्रों को जन्म देंगे तो हमारे दुःख की सीमा नहीं रहेगी। मैं जानता हूँ। खूब भोगा है मैंने। मनुष्य को यन्त्र बनते देखने से भयानक पीड़ा और नहीं है। (पृ. 261) यहाँ आज रोबॉट्स हैं सब। कोई मानुषिक हाव-भाव एवं संवेग नहीं हैं। स्त्री-पुरुष लैंगिक सम्बन्ध की सहजता नष्ट हो गयी। काम मनुष्य की प्राथमिक आवश्यकताओं में एक है। वह मनुष्य की सबसे बड़ी शक्ति है। जब मनुष्य को इस सहज सम्बन्ध से सुख नहीं मिलेगा तो उससे अतृप्ति और अशान्ति फैल जाएगी। यह समकालीन जीवन की सबसे

बड़ी विडम्बना है। यह मनुष्य की उच्छृंखलता की वजह भी बनती है। आज मनुष्य की क्लोनिंग भी हो रही है। इस सन्दर्भ में उपन्यासकार का भय एवं आशंका अकारण नहीं है।

यहाँ उपन्यासकार ने यन्त्र बनने वाली मनुष्यता का जो प्रश्न उठाया है वह हम सबको कचोटता है और हमें सोचने के लिए मज़बूर भी करता है। लेकिन उपन्यास में खुद लेखिका इसके हल का मार्ग भी हमारे सामने पेश करती हैं। इस बड़ी भयानक समस्या का हल है गोधड़ नामक गाँव। मनुष्यता एवं सहज प्रकृति हमेशा साथ-साथ चलती है। इन दोनों के निर्माण के लिए स्मिता के नेतृत्व में जो कोशिश हुई वह मनुष्य और प्रकृति की बंजरता को दूर करती है। स्त्री ही यह कर सकती है। उपन्यास में विपिन कहता है—"मैं जानता था कि उत्कट भावानुभूति मुझे पुरुष में नहीं, स्त्री में मिलेगी, इसलिए मैं स्त्रियों का साथ ढूँढ़ा करता था।" अतः बंजरता को दूर करने वाली स्मिता की कोशिश एवं उसकी सफलता को हम इको-फेमिनिज़्म की दृष्टि से पहचान सकते हैं।

ऑक्सफॉम की सहायता से गुजरात में गोधड़ नाम के कस्बे में गरीब औरतों के लिए कुछ लघु उद्योग खोलने और स्कूल चलाने की योजना स्मिता और असीमा के नेतृत्व में शुरू हुई। वे इसपर विश्वास करती हैं कि औरत के जीवन का निर्धारण बचपन में ही हो जाता है। शिक्षा मिलने पर उसमें यह आत्मविश्वास पैदा हो सकता है, जिससे वह अपने निर्णय खुद ले सके।

गोधड़ गाँव के पहले ही गुजरात की एक स्थानीय संस्था ने बन्थाल गाँव में गरीब-गुरबा के लिए प्राइमरी स्कूल चलाने में अभूतपूर्व सफलता पाई थी। यहाँ तक कि उसमें बड़ी तादाद में बालिकाओं की भर्ती हुई। बन्थाल और उसके आसपास का इलाका सूखा-पीड़ित प्रदेश कहलाता है। प्रदेश के विकास का काम कुँवरजी ने किया। स्मिता और असीमा ने बन्थाल जाकर वहाँ के स्कूल और विकास के कार्यक्रम को अच्छी तरह समझ लिया। वहाँ से प्रेरणा प्राप्त कर स्मिता और असीमा पिछले तीन बरसों से गोधड़ गाँव में काम कर रही थीं। गोधड़ में काफी बदलाव आ गया था। असीमा के रिपोर्ट समाचार पत्रों में आते रहते हैं। गोधड़ में नारी-शक्ति, गोधड़ गाँव का कायापलट, स्कूल से पंचायत तक, एक और चिपको, नल-नाली—खुशहाली जैसे आकर्षक समाचार सर्वत्र फैलने लगे। असीमा के नेतृत्व में बालिकाओं को शिक्षा और वयस्क औरतों को काम दिलाने का बीड़ा उठाया गया था। स्मिता ने एकदम सहज-स्वाभाविक ढंग से पेड़-पौधों, प्रकृति और पर्यावरण को अपना हमसफर बना लिया था। प्रकृति और परिवेश के सामंजस्य में आस्था रखने वाला उसका स्वभाव, गाँव की आदिवासी औरतों को अपना-सा लगा था। वेशभूषा, हाव-भाव और व्यवहार में अलग होने पर भी, उनके साझे लगाव ने उन्हें ऐसे सूक्ष्म और मार्मिक तन्तु से जोड़ दिया था कि अनायास उन्हें एक-दूसरे

पर विश्वास हो गया था। इस प्रकार गोधड़ गाँव को एक नयी दृष्टि मिलने लगी।

बन्थाल में किये गये शोध-अनुसन्धान के आधार पर, स्कूल के हर पहलू को गाँव के रहन-सहन और ज़रूरतों के मुताबिक ढाला गया था। भेड़-बकरियों के चराने के समय से लेकर उनकी माँओं के सालाना जापों तक का ख्याल रखकर टाइम-टेबल बनाया गया था। लड़कियाँ पढ़ने तभी आ सकती थीं, जब अपने छोटे भाई-बहनों को साथ ला पाएँ। उसके लिए स्कूल के साथ 'क्रेश' का भी बन्दोबस्त किया था, जहाँ बच्चों के खेलने-खाने का बढ़िया इन्तज़ाम था। उसके साथ ही गाँव की औरतों की आय और आत्मविश्वास को बढ़ाने के लिए, उन्हें हैंडपम्प मैकेनिक की ट्रेनिंग देने की पेशकश भी की गयी थी। ये सब असीमा ने किया। लेकिन इन कार्यों में असीमा को पूरी सफलता नहीं मिली। स्मिता बूढ़ी औरतों की मदद से गाँव में धीरे-धीरे परिवर्तन लाने लगी।

बंजर इलाके में पेड़-पौधे उगाने के लिए वे तैयार हो गयी। पहले मर्दों से डरकर स्त्रियाँ किसी कार्य में भाग लेती नहीं थीं। लेकिन जब बूढ़ी औरतों को स्मिता ने साथ लिया तो धीरे-धीरे स्त्रियाँ पौधों को लगाने आदि में रुचि लेने लगीं। पेड़ उगाने और उन्हें बचाए रखने के लिए गाँव की औरतों की एक सहकारी संस्था बना ली गयी। नाम दिया गया कुटुम्ब। यह संघर्ष की शुरुआत थी। गाँव का तन्त्र बहुत विषम, असहिष्णु, विकट और प्रतिक्रियावादी होता है। दलित तबके को सिर उठाते कोई नहीं देख सकता। औरतें तैयार हैं, उनके मर्द बिलकुल खिलाफ होंगे। कुटुम्ब को हर तरह की ताड़ना, लांछन, अपमान, विरोध और तोड़-फोड़ सहन करनी पड़ी। पहले घर के मर्दों ने औरतों को पीटा, फिर बाहर के मर्दों ने उन्हें सहकारी ज़मीन से वंचित करने का अभियान शुरू कर दिया। पर वह आदिवासी इलाका था। औरतों को पेड़ों से उतना ही मोह था जितना अपने बच्चों से। पारम्परिक तौर पर, स्त्री-पुरुष के बीच की विषमता उतनी विकट नहीं थी, जितनी शहरी संस्कृति से प्रभावित गाँवों में। गोधड़ में पेड़ों के हरे होने के साथ लोगों को अपनी अधभूली प्राचीन परम्परागत तकनीकें याद आने लगीं।

धीरे-धीरे गाँव के पुरुष भी सहयोग देने लगे। स्मिता गाँव के लोगों की माँ बन चुकी। पेड़-पौधों से उसका लगाव और ग्रामवासियों के संघर्ष में उसका मुक्त उल्लास सभी भेदभाव को दूर करते थे। पुरुषों और औरतों को जोड़ने में स्मिता का नैसर्गिक भाव सहायक हुआ। अब गाँव बदल गया। स्मिता सबकी सहिष्णु माँ है तो असीमा स्कूलवाली मोटी बेन है। गाँव जिस प्रकार प्रगति की ओर अग्रसर होने लगा वैसे ही दोनों में आत्मविश्वास बढ़ने लगा। औरतों को मैकेनिक की ट्रेनिंग देने की योजना भी सफल होने लगी। धीरे-धीरे कुटुम्ब को अपने पर इतना विश्वास हो गया था कि उसने अपने उगाये पेड़ों के बचाव के लिए नियम बनाने शुरू कर दिए तो, उन्हें पूरा गाँव सर्वसम्मति से मानने को तैयार हो गया। पाँच

साल के लिए नये पेड़ों की टहनी-पत्ती तोड़ने और मेंड़ के भीतर मवेशी चराने का निषेध लगा दिया गया। नियम तोड़ने पर अपराधी को पाँच पेड़ों की रोपाई के लिए गड्ढे खोदने का श्रमदान करना पड़ता, यही उसका जुर्माना होता। जैसे-जैसे पेड़ों ने कद निकाला, उनके पाँव तले हरी घास दिखाई देने लगी तो गाँववालों को हर रुकावट, कठिनाई और मुसीबत से जूझने की प्रेरणा मिलने लगी।

इस कार्यक्रम में सबसे बड़ी चुनौती वन-विभाग से हुई। उन्हें पेड़ों सी बढ़ती संख्या पर खुशी नहीं थी, क्योंकि उनके हिसाब से कुटुम्ब द्वारा हरी की जाने वाली बंजर ज़मीन वन-विभाग की थी। लेकिन वन विभाग ने क्यों अभी तक एक पेड़ भी रोपा नहीं? उसको तर्क में दिलचस्पी नहीं है, न वन उगाने में उसकी आड़ में गाँव का समृद्ध तबका, अपनी परम्परागत, अभावग्रस्त श्रमिक निधि को अपनी दया पर आश्रित बनाए रखने का युगों पुराना खेल खेल रहा था। वन विभाग ने कुटुम्ब की हरी होती ज़मीन खाली करने की नोटिस दी। इसके खिलाफ औरतों-बच्चों का मोर्चा अहमदाबाद और दिल्ली गया। अन्त में यह आश्वासन मिला कि भूमि पर अधिकार वन-विभाग का रहेगा, पर उसपर पेड़ और घास रोपने और उनकी कटाई एवं वितरण करने का अधिकार कुटुम्ब का होगा। खुश होकर गाँववालों ने नये पेड़ों के झुरमुट को देवस्थान घोषित कर दिया।

अभियान का दूसरा चरण शुरू हुआ। यह योजना बारिश के पानी की बूँदबूँद बचाकर, उससे सूखे कुओं को दोबारा पानीदार बनाने और उनके चारों तरफ पेड़ उगाने की थी। हर खेत में छोटे-छोटे पोखर बनाकर पानी सँजोया गया। लम्बी-पतली नालियाँ बनाकर बारिश के पानी को दिशा दी गयी। तीन साल के भीतर नये उद्यानों में इतनी घास पैदा होने लगी कि मवेशियों के लिए चारा काटा जा सके। पहली बार जब घास कटी तो उस दिन का उत्सवी माहौल होली-दीवाली को मात दे रहा था। सबने मिलकर निर्णय लिया कि गाँव का हर परिवार, बारी-बारी से एक दिन एक आदमी या औरत को घास काटने भेज सकता था। दोबारा काटने को मना किया गया था। गँवई ढंग की इस समाजवादी वितरण-प्रणाली को लागू करने के लिए कुछ बूढ़ी औरतें आगे आयीं।

वहाँ करीब पच्चीस स्थानीय प्रजातियाँ उगाई जा चुकी थीं। कैर, बाँस, बेरी, सफ़ेद डामर, कपास, जायफल, नीम, बबूल, ढाक, कुम्हडा आदि मुख्य हैं। किस जाति का पेड़ कहाँ उगाना उपयुक्त रहेगा, वह बतलाने का काम गाँव के बूढ़े-बूढ़ियों के जिम्मे था। अपनी तरफ से स्मिता ने मिट्टी का विश्लेषण करवाकर वैज्ञानिक रूप से तर्क-सम्मत प्रजातियों की खोज भी जारी रखी थी। इस प्रकार विज्ञान और परम्परागत ज्ञान एक साथ मिलकर गोधड़ मिट्टी को उपजाऊ बना दिया। पूरे गाँववालों के लिए अब स्मिता बा बन गयी। गोधड़ में वह अभी तक कठगुलाब नहीं बो पाई लेकिन कठगुलाब की फंतासी में वह जीने लगी।

एकान्त में स्मिता कठगुलाब जी रही थी और कुटुम्ब में लहसुन उगा रही थी। आनेवाले वर्ष के लिए उन्होंने तय किया था कि लहसुन की खेती की जाए। शहर की मंडी में उसकी काफी माँग थी। चूँकि लहसुन टिकाऊ किस्म की चीज़ थी, उसे तुरत-फुरत बेचना ज़रूरी नहीं था और इसलिए वाजिब दाम मिलने की काफी सम्भावना थी। हर दृष्टि से वह गोधड़ के लिए उपयुक्त व लाभदायक पैदावार थी। स्मिता विपिन से कहती है—"गोधड़ में मैंने कठगुलाब दुबारा देखे... चालीस साल बाद। कुछ ठहरा नहीं रहता पर कुछ बदलता भी तो नहीं। मैं समझती हूँ, मिस्टर मजूमदार, बूढ़ा सिर्फ शरीर होता है। मन तो कठगुलाब की तरह है, सदाबहार। पर... कितना नष्टप्राय। सूखता नहीं, बुढ़ाता नहीं पर ज़रा हाथ लगने पर टूटकर बिखर जाने को तैयार रहता है।" (पृ. 235) इससे जाहिर होता है कि स्त्री के द्वारा धरती, स्त्री और पूरे गाँव का निर्माण कर खुद वह भी खुशी महसूस करती है। जिस प्रकार इको-फेमिनिज़्म के अनुसार स्त्री के हाथ में हैं भूमि की सूरक्षा वैसे ही कार्यरत होकर गोधड़ नामक गाँव की बंजरता दूर कर उर्वर बना देने के प्रयत्न में असीमा की मदद से स्मिता कामयाबी हासिल करती है। इसलिए यह एक सशक्त इको-फेमिनिस्ट उपन्यास है।

अन्त में विपिन खुद गोधड़ जा रहा था। एक मार्च की रात को नीरजा ने सृजनशील सम्भोग की सम्भावना को नकारा। उसने नीरजा में बढ़ती हुई उदासीनता को देखा। यहाँ सबसे रेखांकित करने योग्य बात यह है कि जब सहजता एवं स्वाभाविकता नष्ट हो जाती है वहाँ विकर्षण सम्भव हो जाता है। हमारे इस यान्त्रिक युग में इसलिए सभी सम्बन्धों में विकर्षण नज़र आता है। उपन्यासकार मार्च महीने के आकर्षण पर प्रकाश डालते हुए प्रकृति एवं ऋतुएँ हमारे मन-मस्तिष्क पर डालने वाले प्रभाव की ओर इशारा करती हैं—'मार्च महीने में प्रकृति तुम्हारी तरह तर्कातीत हो उठती है, यानी सांगोपांग स्त्री। तर्कातीत और शृंगाररत। जन्म देने को आकुल। जिद्दी और प्रचंड। भूले-बिसरे, सूखे-अधमरे पौधे भी अचानक जी जाते हैं। जीवित होने का सबूत देने के लिए, दो-चार कोंपल, पत्ती, फूल चटखा ही लेते हैं।" (पृ. 247) यह मार्च पुनर्जन्म, जागरण, त्योहार, हरीतिमा आदि की याद दिलाता है। इस महीने में नीरजा में दिखाई पड़ी यान्त्रिकता उसे कचोटती रही। मार्च में यन्त्र को मनुष्य बनाने का प्रयत्न पूर्णतः असफल हो गया। नीरजा ने जो कठगुलाब उसको दिया उसके काले, बदसूरत बीज उसकी मुट्ठी में बन्द है। विपिन गोधड़ की सहजता, ग्रामीणता एवं हरीतिमा से आकृष्ट हो गया। गोधड़ उसे उस ओर बुला रहा है। प्रकृति की गोदी में मनुष्य को जो सुख मिलेगा वह यान्त्रिकता में या शहरीय सभ्यता में उपलब्ध नहीं है।

इस उपन्यास की खासियत इसमें है कि जो नगरीय सभ्यता एवं जीवन से आत्मविश्वास खोकर वीरान हो गये वे सभी गोधड़ की प्रकृति के प्रांगण में वहाँ की

जनता के बीच में अपने जीवन को पुनः पुष्पित सा प्राप्त हुए। प्रकृति की ओर वापसी की ज़रूरत समकालीन सभ्य जनता की अशान्ति एवं बंजर मानसिकता का इलाज बनकर प्रकट है। विपिन ने कठगुलाब के बीज मुट्ठी में बन्द कर आँखें भी बन्द कर लीं—"गोधड़ जाकर ज़मीन में बीज रोपेगा और कुछ दिन बाद... बन्द आँखों से उसने देखा... बीज अंकुरित हुआ और बढ़ता चला गया। ज़रा देर में उसकी शाखाएँ आसमान को छूने लगीं। किस दैत्य के घर जा पहुँची न एक-एक टहनी पर हज़ार-हज़ार पीले फूल खिल आये। सीधे-सादे, चार पंखुड़ियों में सीमित, एकसार पीले फूल। मामूली, पर एक सुकूनदेह आभा लिए। बिला शोखी या ताप, सूरज का रंग बिखेरता आच्छादन। पत्तों का खड़साल बजाते, हवा के द्रुत और विलम्बित सुर। इतनी सरल-सहज-सादा कब हो पायी है जिन्दगी? या प्रकृति? झर-झरकर पीले फूल झड़ने लगे। आसमान तक उठी टहनियाँ सूखने लगीं। दैत्य हँस रहा था। जो जन्मा है, मरेगा ज़रूर। फूल, पत्ती, टहनी। पर क्या जड़ समेत पेड़ भी? पेड़ सूखा पर सिकुड़ा नहीं। सूखी टहनियाँ ताने आसमान को चुनौती देता रहा। वृक्ष ने खुद अपने पुष्पों का आविष्कार कर लिया। शाखाओं को घुमाया-लचकाया और गुलाब का आकार दे दिया। हर शाखा पर हज़ार-हज़ार कठगुलाब।" (पृ. 264)

विपिन ने सदाबहार स्मिता द्वारा निर्मित गोधड़ में देखा। उसने महसूस किया कि बंजरता कहीं भी नहीं है। उसने कठगुलाब की झाड़ी देखी और स्मिता का घर देखा। लेकिन इसी फंतासी के बीच में उसको जल्दी लगा—"हाथों का सहारा देकर, उसने कठगुलाब की झाड़ी को सँभालने वाले बाँस सीधे करने चाहे पर वे उसके हाथ से फिसल गये। देखते-देखते घर मकबरा बन गया। और नीरजा? उसके बीच दफन हो गयी। पर वह तो स्मिता को ढूँढ़ रहा था न? वह नहीं नीरजा। शहर की दूसरी मंजिल पर बने, ईंट-गारे के फ्लैट के तंग छज्जे से झाँक रही है। कह रही है, कहाँ बोओगे बीज? ज़मीन कहाँ है?" (पृ. 26) नीरजा यान्त्रिकता में जी रही है, उसके आकर्षण में है। वहाँ कहीं भी सुख नहीं मिलेगा। सब उम्मीद के साथ स्मिता की ओर देख रहे हैं। कारण स्मिता के पास कठगुलाब के बीज बोने के लिए ज़मीन है। उस ज़मीन में बाँझ का प्रतीक कठगुलाब भी खिलेगा। इस उपन्यास का प्रत्येक पात्र कठगुलाब है। वे अपने को खिलकर देखते हैं गोधड़ में, वहाँ की ज़मीन में। समाज-सेवा का व्रत निरर्थक जीवन को अर्थ देने के लिए काफी है। किसी का भी जीवन निरर्थक नहीं है। कोई भी बाँझ नहीं है। अपनी शक्ति खुद जीवन को अर्थ देने के लिए लगा देता है तो उसका जीवन अर्थपूर्ण बन जाता है। कोई अपना जीवन रसपूर्ण एवं अर्थपूर्ण बना देता है तो वह कभी भी बाँझ नहीं बनेगा।

विपिन ने गोधड़ में जाकर वहाँ कठगुलाब बोने का सपना देखा "सब कुछ

होगा। पेड़-पौधे लहलहाएँगे। विपिन लहसून की खेती करवाएगा। बाज़ार में लहसुन बिकेगा। गोधड़ के घर-परिवारों की आय बढ़ेगी। बच्चे स्कूल जाएँगे। औरतों को काम मिलेगा। बदहाली कम होगी। बहुत कुछ होगा। विपिन करेगा सब कुछ, बस पाएगा कुछ नहीं। बंजर ज़मीन पर कठगुलाब की झाड़ी उगेगी पर विपिन को उसके नीचे फैला बंजर ही दीखेगा। वह समझ गया था, वह गोधड का इन्तज़ार नहीं कर रहा, सिर्फ गोधड़ जा रहा है। वहाँ जो-जो करना होगा, वह करेगा। लड़ाई, संघर्ष, युद्ध, मेहनत, तैयारी, परिकल्पना, मार्गदर्शन, अनुगमन। बहुत शक्ति है उसके पास। दुःख की निस्सीम शक्ति। वह आज़ाद है। चक्रीय दुःख-सुख की शृंखला से मुक्त। समय की जो-जो माँग होगी, वह करेगा। निडर, निशंक करेगा, क्योंकि अब, कभी किसी चीज़ का इन्तजार उसे नहीं होगा।" (पृ. 265) बिलकुल गोधड़ गाँव स्मिता, असीमा और विपिन को फूलने-फलने की जगह है। उनकी फंतासी है।

ज़ाहिर है कि कठगुलाब धरती और मनुष्य की बंजरता को दूर करने वाला फंतासी है। इसके माध्यम से प्रकृति और मनुष्य दोनों फूलों जैसे हिलते-डुलते हैं। कर्मसुख है सबसे बड़ा सुख। वह कर्म प्रकृति एवं मनुष्य की प्रगति एवं विकास के लिए है तो सबसे अच्छा होगा। इस उपन्यास में प्रकृति के साथ मिलकर वहाँ की सहजता में कर्मरत होकर स्त्रियाँ उस ग्रामीण जनता की भलाई के लिए जीवन समर्पित करती हैं उससे जनता और प्रकृति परस्पर पूरक बनकर सबके आनन्द के लिए कारण बनती हैं। इस प्रकार यह उपन्यास इको-फेमिनिज़्म का सशक्त दस्तावेज बन जाता है।

समकालीन हिन्दी कहानी में प्रकृति को बचाने का मोह

समकालीन साहित्य का मुख्य स्वर प्रतिरोध का है। संतुलित जीवन को बिगाड़ने वाले जो भी शोषण और उत्पीड़न के तत्व हों उनका विरोध खुले तौर पर समकालीन साहित्य करता आ रहा है। समाज की सच्ची ज़रूरतों और सच्ची सामाजिक व्यवस्था के स्वरूप से वाकिफ है समकालीन साहित्यकार। आज विश्व की जनता के ऊपर आ गयी सबसे बड़ी विपत्ती है पर्यावरण का संकट। विकास के लिए प्रकृति के अतिदारुण दोहन-शोषण दुनिया भर हो रहे हैं। लेकिन जनसंख्या की वृद्धि जहाँ सबसे ज़्यादा हो रही है वहाँ प्रकृति का यह शोषण ज़्यादा होगा ही। इसकी वजह यह है कि जनसंख्या और प्राकृतिक सम्पदा का अनुपात सही नहीं होगा। भारत जैसे देश में इस नज़रिए से पर्यावरण संकट बहुत भयानक रूप धारण कर रहा है।

पर्यावरण संकट मुख्यतः जैववैविध्यों का संकट और सामाजिक संकट के रूप में दृश्यमान है। औद्योगीकरण के बावजूद नयी-नयी कृषियोजनाएँ एवं नये उद्योगों के आरम्भ के लिए जंगलों एवं कृषिभूमियों को तहस नहस करने से संसार के जैववैविध्य के अधिकांश भाग गायब हो गये। इसी वजह से प्राकृतिक सन्तुलन को नुकसान हुआ। अनावृष्टि, सूखा, बढ़ता भौमताप जैसे जलवायु में आये परिवर्तन जैववैविध्य के नाश और पेट्रोल, कोयला आदि के सीमातीत प्रयोग की उपज है। दूसरी ओर बड़ी-बड़ी विकास-योजनाओं से विस्थापित होने वाली समाज के निचले स्तर की जनता की आवासीय व्यवस्था, नौकरी, भूख आदि है। इस ओर प्रायः अधिकारीवर्ग ध्यान देता नहीं। इस प्रकार के पर्यावरण संकट को सुलझाने के लिए व्यक्तिगत, संगठित और सरकारी प्रयत्न राष्ट्रीय स्तर पर ही नहीं बल्कि अन्तर्राष्ट्रीय स्तर पर भी बड़े पैमाने पर चल रहे हैं। अल्पकालिक सुख के लिए आयोजित ज़्यादातर योजनाएँ आगामी पीढ़ी के सर्वनाश की वजह बनने की सम्भावनाएँ हैं। इसलिए आजकल के साहित्यकार इससे सजग हैं।

समकालीन हिन्दी कहानी में साहित्य की अन्य सशक्त विधाओं के समान पारिस्थितिक सजगता अभिव्यक्त है। मेरे ख्याल से इस विषय पर सबसे ज़्यादा मृदुला गर्ग ने विचार किया है। वे पर्यावरण सम्बन्धी विषयों को लेकर बहुत काम

कर रही हैं। इसलिए उनकी कई कहानियों में प्रकृति के जीव जन्तुओं के शोषण, प्रकृति एवं मनुष्य के बीच का सम्बन्ध, पर्यावरण संकट के मूल कारण, जनसंख्या आदि पर बहुत संजीदगी से विचार किया गया है। उस दृष्टि में उनकी कहानियों पर एक अलग आलोचनात्मक लेख इस पुस्तक में मैंने तैयार किया है। पर मेरे अध्ययन के दौरान कुछ अन्य कहानिकारों की कहानियों में भी पर्यावरण की चिन्ता जाहिर होती दिखाई दी, यह लेख उसका परिणाम है।

डॉ. नामवर सिंह ने 'छायावाद' नामक अपने आलोचनात्मक ग्रन्थ में लिखा है कि मनुष्य जिस वस्तु को जीत लेता है उसे पालतू बनाकर उससे प्रेम करने लगता है। जंगल के दहाड़ते हुए शेर से हम डरते हैं, किन्तु कठधरे में बन्द जीवशाला के शेर से हमारा मनोरंजन होता है। हम जिससे संघर्ष करते हैं उसे विजित करके उससे प्रेम भी करने लगते हैं। वैज्ञानिक युग में प्रकृति पर लोगों ने जीत हासिल कर ली, इसलिए इससे लोग प्रेम करने भी लगे। लेकिन नामवरजी ने जो कहा वह यहाँ तक ठीक है कि जिस वस्तु को संघर्ष करके अपनाता है सबसे पहले उससे प्यार करता है, उसके सौन्दर्य का आस्वादन करता है। पर बाद में धीरे-धीरे उस वस्तु पर अधिकार जमाकर उसका शोषण करना शुरू करता है। छायावादी कविता के सन्दर्भ में नामवरजी ने जो कहा वह प्रिय सुन्दर प्रकृति को लेकर है। लेकिन नयी कविता में अज्ञेय तथा अन्य कवियों ने कुछ आगे चलकर सुन्दर प्रकृति के शोषण को देखा। अज्ञेय की कविता में पेड़ को काटने की तथा उसके रुदन की आवाज़ है। इसकी वजह यह है कि छायावादी युग में वैज्ञानिक आविष्कारों से मनुष्य की ज़रूरतों के लिए थोड़ी-थोड़ी विकास योजनाएँ ही शुरू हुई थीं। प्रकृति पर उतना कठोर आघात नहीं हुआ था। प्रसादजी ने कामायनी में इसका उल्लेख भी किया था। पर समकालीन सन्दर्भ में मनुष्य की उपभोगवृत्ति इतनी बढ़ गई कि वह धरती का अन्धा धुन्ध दोहन कर रही है। इसलिए आज परिस्थिति पर युद्धनुमा स्थिति पैदा हुई है। प्रसिद्ध पर्यावरणविद् और इकोलॉजी पत्रिका के सम्पादक एडवेर्ड गोल्डस्मिथ ने कहा—"धरती पर तीसरा विश्वयुद्ध आरम्भ हो चुका है। यह युद्ध प्रकृति के खिलाफ है। आज हम वनस्पति जगत की मृत्यु देख रहे हैं। अफ्रीका तो अब मृत्यु के निकट है। लेकिन अब यही युद्ध भारत, श्रीलंका, दक्षिण एशिया और दक्षिण अमरिका में चल रहा है। यहाँ विस्तृत मैदान रेगिस्तान में बदल रहे हैं।" (सुन्दरलाल बहुगुणा-धरती की पुकार, पृ. 34)

समकालीन हिन्दी कहानी में पेड़ और जंगलों को नष्ट करने की समस्या को बहुत गम्भीरता से लिया गया है। इसके पीछे गढ़वालियों का चिपको आन्दोलन है। 'चिपको' शब्द पेड़ों को काटने के बदले उसका आलिंगन करने या उससे चिपके रहने के आदर्श से जुड़ा हुआ है। इस सन्दर्भ में श्री बी. एल गर्ग का विचार उल्लेखनीय है—'टेहरी-गढ़वाल निवासी श्री. सुन्दरलाल बहुगुणा के रूप में

वृक्षों को एक सच्चा मित्र मिल गया उन्होंने वृक्षों की सुरक्षा के लिए अपना सम्पूर्ण जीवन ही समर्पित कर दिया। वन-संरक्षण की दिशा में चिपको आन्दोलन उनका साहसी कदम है। उत्तराखंड में जमा और चल रहा चिपको आन्दोलन केवल हिमालय के पर्वतीय भाग में पेड़ों की कटाई रोकने का प्रतीकात्मक आन्दोलन नहीं है बल्कि एक प्रत्यक्ष दर्शन है, एक जीवन्त विचारधारा है और मौजूदा भोगवादी सभ्यता के खिलाफ एक खुली बगावत है।" (बी. एल. गर्ग—पर्यावरणः प्रकृति और हम- पृ. 57) ठीक ही है, सुन्दरलाल बहुगुणा का आन्दोलन एक जीवन्त विचारधारा है। यह विचारधारा भारतीय पृष्ठभूमि पर निर्मित गांधी विचारधारा ही है। यदि एक आन्दोलन ठोस विचारधारा को ग्रहण किए बिना चलता है तो वह अवश्य भटक जाएगा। पर आज पर्यावरण रक्षक के रूप में कई लोग इस क्षेत्र में प्रवेश कर इस नाम पर बहुत कमाते हैं। उनका लक्ष्य अर्थ और कीर्ति है। लेकिन सुन्दरलाल बहुगणा, मेघा पाटेकर जैसे असली प्रकृति-स्नेही गांधी जी की विचारधारा को ग्रहण किये हुए हैं। इसलिए उनके प्रत्येक आन्दोलन की सफलता सुदृढ़ परिष्कृत प्रगतिशील एवं जनकल्याण के लिए प्रवृत्त होने वाली विचारधारा की आधारशिला पर अवस्थित है।

राजेश जोशी की कहानी 'कपिल का पेड़' उपर्युक्त दृष्टि से विचारणीय कहानी है। इस कहानी में मनुष्य और प्रकृति की पारस्परिकता के बलवती रूप का बखान हुआ है। वे कितने अन्योन्याश्रित हैं। हमारी संवेदनाएँ भी इससे निर्मित हैं। पेड़ों को रोपनेवाला या बचाने वाला ही अपने और दूसरों को प्यार कर सकता है। पेड़ों का जिन्दा रहना मनुष्य के लिए बहुत ज़रूरी है। कहानी का नायक कपिल का मानना है कि प्रेम और पेड़ की स्थिति खतरे में है। क्योंकि—'मुझे तो लगता है प्रेम और पेड़ दोनों की जड़ों को कोई मुद्राराक्षस खाए जा रहा है।" (राजेश जोशी-कपिल का पेड़ पृ. 139) आज प्रेम का भाव ही लुप्त होता जा रहा है। जिस प्रकार पेड़ को कुल्हाड़ी से काटा जाता है वैसे ही प्रेम भी। दोनों मानव-जीवन के लिए अत्यन्त ज़रूरी है। इस सन्दर्भ में निर्मला पुतुल की यह पंक्ति याद आ रही है—"और उसके हाथ में मत देना मेरा हाथ/जिसके हाथों ने कभी कोई पेड़ नहीं लगाये। फसलें नहीं उगायी जिन हाथों ने। (निर्मला पुतुल—उतनी दूर मत व्याहना बाबा)

कपिला के लिए पेड़ प्रेम का प्रतीक है। पेड़ निस्वार्थ एवं निष्काम कर्म करता है। वह सभी जीवन्तुओं को छाया प्रदान करता है फल प्रदान करता है, और मन को हरितिमा प्रदान करता है। आज की सबसे बड़ी समस्या भौमताप है। इस भयानक स्थिति को रोकने में समर्थ-हथियार है पेड़। सूखा, अतिवर्षा, एवं मिट्टी के बह जाने को वह रोकता है। ऐसे पेड़ को लोग काट डाल रहें हैं। कपिल कहानी में अक्सर गुस्से में चिल्लाकर कहता है—'एक दिन सारे देश को रेगिस्तान

दबोच लेगा, पेड़ काटनेवाले जाहिलों, पेड़ के खिलाफ लड़ाई बन्द करो।" (कपिल का पेड़) मनुष्य आज बहुत स्वार्थी बन गया है। वह अन्य जीव जन्तुओं का सुख भी छीन लेता है। आचार्य रामचन्द्र शुक्ल जी की इन पंक्तियों को देखिएः–

काया की न छाया यह केवल तुम्हारी द्रुम
अंतस के मर्म का प्रकाश यह छाया है।
भरी है इसीमें वह स्वर्ग-स्वप्न-धरा अभी
जिसमें न पूरा-पूरा नर बह पाया है।
शांतिसार शीतल प्रसार यह छाया धन्य!
प्रीति-सा पसारे इसे कैसी हरी काया है।
हे नर! तू प्यारा इस तरु का स्वरूप देख,
देख फिर घोर रूप तू ने जो कमाया है।

(रामचन्द्र शुक्ल–कविता क्या है?)

राजेश जोशी अपनी कहानी में प्रेम और पेड को अलग नहीं करते। दोनों को समान स्थान देते हैं। कहानी का नायक कपिल जिस प्रकार कई लड़कियों से प्यार करना चाहता है उसी प्रकार कई पेड़ों से भी। लेकिन वह असफल हो जाता है। क्योंकि उसको लड़की का प्रतीक पेड़ नहीं मिलता। याने कि लड़की उसके लिए पेड़ है। लड़की और पेड़ समान कार्य जीवन में करते हैं। पेड़ के समान लड़की भी जीवन को सँवारती है। वह नयी सृष्टि करती है, जीवन को रमणीय बनाती है, पल्लवित एवं पोषित करती है। लेकिन आज के स्वार्थी समाज में पेड़ और लड़की दोनों का दोहन-शोषण भयानक ढंग से हो रहा है। जिस प्रकार पेड़ों को निर्मम रूप से काटा जाता है वैसे ही आजकल लड़कियों को गर्भ में मारा जा रहा है। दोनों का अस्तित्व आज खतरे में है। यदि एक लड़की रूपी पेड़ धरती पर जन्म लेता है तो वह आवश्यक संरक्षण के अभाव में सूख जाता है। इसका तात्पर्य यह है कि स्त्री और पेड़ समान रूप से इस पूँजीवादी उपभोग संस्कृति में पीड़ित हो रहे हैं। यहाँ दोनों उपभोग की चीजें बन गयीं। जहाँ उनका मान सम्मान होना चाहिए वहाँ उनका निष्करुण उपभोग होता है और उसके बाद फेंक दिया जाता है। इसका तात्पर्य यह है कि स्त्री और पेड़ को बचाने की कोशिश यहाँ नहीं हुई तो निकट भविष्य में भूमि की असामयिक मृत्यु सम्भव होगी। दोनों अपने निष्काम कर्म से सबकी छाया बनकर अपने अपने प्रेम के जरिए मानसिक आह्लाद के साथ भूमि के अस्तित्व के लिए खाद प्रदान कर इस मिट्टी को उर्वर बना रहे हैं।

'कपिल का पेड़' में स्त्री और पेड़ को समान दर्जा देकर उनके शोषण की कथा पेश की गई है। इसलिए इस कहानी में इको-फेमिनिज़्म की दृष्टि जाहिर है। पूँजीवादी पुरुष सत्तात्मक सामाजिक व्यवस्था में स्त्री और प्रकृति समान रूप से शोषित एवं उपेक्षित हैं। इसे पहचानना और इसका प्रतिरोध करना इको-फेमिनिज़्म

है। इस मायने में इस कहानी का महत्त्व बढ़ जाता है। प्रकृति और स्त्री के ऊपर पुरुष के अधिकार को समाप्त करने के इको-फेमिनिज्मस का प्रयत्न सैद्धान्तिक और राजनैतिक दोनों दृष्टियों से विचारणीय है। यह पुरुषाधिपत्य के शोषण को मात्र नहीं बल्कि परिस्थिति सम्बन्धी अन्य समस्याओं पर भी आलोचनात्मक दृष्टि रखता है।

राजेश जोशी की 'मैं हवा पानी परिन्दा कुछ नहीं' कहानी भी पर्यावरण संकट को द्योतित करती है। विकास के नाम पर जब हम जंगलों एवं नदियों का शोषण करते हैं तब जंगल के पशु-पक्षियों की भी बड़ी तादाद में हानि हो रही है। आज अनेक पशु-पक्षी वंश नाश के कगार पर हैं। पारिस्थितिक सन्तुलन को बनाये रखने में इनके योगदान को नकारा नहीं जा सकता। 'मैं हवा पानी परिन्दा कुछ नहीं' कहानी में अली एक पक्षी-वैज्ञानिक है। पक्षी-वैज्ञानिक बनने के पूर्व उसने कई पक्षियों को मारा था। अब वह पक्षी बनकर पक्षियों के जीवन का अनुभव प्राप्त करना चाहता है। जब वह खुद पक्षी बन जाता है तब उसको एहसास होता है कि मनुष्य खूँखार जानवर है जो निरीह पक्षियों को भी नहीं छोड़ता। देखिए—"सारे जंगल शिकारियों से भर गये थें। अली छिपता फिर रहा था। सारे परिन्दे में अफरी-तफरी मची हुई थी। चिड़ियों को मालूम नहीं हो रहा था कि वे कहाँ जाए क्या करें। सारे जंगल जो सुबह शाम चहचहाटों से गूँजते रहते थे अब बहुत सूने-सूने से हो गये थे।" मनुष्य इन जीव-जन्तुओं की निर्मम हत्या करता आ रहा है। वह अपनी उपभोग वृत्ति के कारण संसार के सभी जीव-जन्तुओं को अपने उपभोग का मानता है। यहाँ अली जब पक्षी बन गया तब उसे प्रत्येक पक्षी के जीवन की चुनैतियों एवं भयानक स्थितियों का सही अनुभव होता है। इस धरती में जन्म लेने वाले सभी जीव-जन्तुओं को यहाँ स्वतन्त्र जीने का अधिकार है। लेकिन मनुष्य अपने अधिकार के तहत अपने अल्पसुख के लिए अन्याय करता आ रहा है। इससे भविष्य में होने वाले भयानक खतरे के बारे में वह सोचता ही नहीं।

कहानी के शीर्षक में कहानीकार ने जिन शब्दों को प्रस्तुत किया वे हमारे जीवन की स्थिति के लिए अत्यन्त ज़रूरी चीज़ों को संकेतित करने वाले हैं। सब आज संकट में हैं। हवा एवं पानी प्रदूषित हैं। मनुष्य के लिए आवश्यक पानी नहीं। व्यक्ति-व्यक्ति, प्रान्त-प्रान्त और देश-देश के बीच में पानी के लिए लड़ाई चल रही है। और जो कुछ है उसका दुरुपयोग भी हो रहा है। शुद्ध वायु के अभाव की वजह से लोग ऑक्सीजन पार्लर में आश्रय ले रहे हैं। पक्षियों के अभाव में आवश्यक बीज वितरण एवं संकलन नहीं हो पा रहा है। मनुष्य अपनी सहज आर्द्रता खोकर यन्त्र बनता जा रहा है।

राजेश जोशी की उपर्युक्त दोनों कहानियों में प्रकृति और मनुष्य की वर्तमान स्थिति की गहराई को रेखांकित किया गया है। पर मनुष्य और प्रकृति अभिन्न है।

एक कहानी में पेड़ बनकर और दूसरी कहानी में पक्षी बनकर वे सचमुच प्रकृति से मनुष्य की अनन्यता एवं प्रकृति के प्रति उसका अनिवार्य प्रेम दोनों की उद्घोषणा कर रहे हैं। प्रकृति से और प्रकृति के जीव-जन्तुओं से प्रेम करने का तात्पर्य मनुष्य से प्रेम करना है। दोनों में कोई फर्क नहीं। एक का नाश दूसरे का नाश सिद्ध होता है। वे अन्योन्याश्रित हैं। राजेश जोशी की 'कपिल का पेड़' और 'मैं हवा पानी परिन्दा कुछ नहीं' जैसी कहानियाँ आज की माँग हैं। मूल्य संरक्षण की सख्त ज़रूरत है आज। वह प्रकृति-स्नेह से ज़रूर सम्भव होगा।

स्वयं प्रकाश की कहानी 'बली' पारिस्थितिकी की दृष्टि से उल्लेखनीय है। इस कहानी में एक लड़की की जिन्दगी के ज़रिए गाँव के पर्यावरण में आये हुए शहरीय जीवन के प्रभाव पर प्रकाश डाला गया है। दोनों के शोषण का सहज वर्णन इसमें प्राप्त है। गाँव सहज नैसर्गिक सौन्दर्य से भरापूरा है। लोग खेती से आजीवन चलाते थे। वहाँ बड़े-बड़े पेड़ होते थे। कई प्रकार के जीव-जन्तु होते थे। "हाथ-हाथ भर काले बिच्छू और चार-चार गज के ज़हरीले साँप। पोखर में कूदती-मछलियाँ और चूल्हे पर चढ़ी काली हाडी में खदबदाता भार।" (स्वयंप्रकाश-आधी सदी का सफरवाला (बली)—पृ. सं. 159) पेड़ों के कारण आकाश भी ठीक तरह से दिखाई नहीं देता था। पेड़ों की शाखाओं के लिए पक्षिगण लड़ते रहते थे। हर जगह सुगन्ध से भरा था। ऐसे सुन्दर गाँव में अचानक शहरवाले आ गये। वे टेंट लगाकर रहने लगे। वे पेड़ काटने लगे, धरती की खुदाई करने लगे, जानवरों को मारने लगे। गाँव वालों को कारखाने में काम देने का वादा देकर वहाँ बड़ी-बड़ी इमारतें और कारखाने बनाए गये। गाँव धीरे-धीरे शहर में परिवर्तित हो गया। गाँव का सांस्कृतिक वातावरण भी खत्म हो गया। गाँव का नैसर्गिक सौन्दर्य नष्ट हो गया। सुगन्ध से भरा वह गाँव आज बदबूदार बन गया। गाँव में जानवरों और पक्षियों को मारकर खाने लगे और उन्हें बेचकर पैसा भी कमाने लगे। लड़की जब शहर से गाँव वापस आयी तब गाँव के बदलते चेहरे का एहसास उसे यों होने लगे—"वही कोयल—मैना, केले-कटहल, आम-महुआ, गाँव-डवार, खेत-मैदान, पेड़-गाँछ, तालाब-झरने, नदी-पहाड़ वही ठण्डीहवा... वैसी ही मादक सुगन्ध... अचानक उसे लगा, वह अपने आपको बहला रही है। —सुगन्ध नहीं दुर्गंध... कहीं कुछ सड़ रहा है—हवा में कुछ सड़ रहा है... जैसे कहीं किसी जानवर की लाश सड़ रहा हो...। उसे लगा, उसके प्यारे देश ने उसके स्वागत में बाँहें नहीं फैलाईं। उसकी मातृभूमि ने उसे उछाह में आकर अंक में नहीं भर लिया। अब वह एक अजनबी की तरह एक भगोड़े की तरह एक द्रोही की तरह अपने ही गाँव घर में प्रवेश करेगी।" (बली, पृ. स. 188)

प्रकृति के इस परिवर्तित चेहरे के साथ लड़की के शोषण का भी यथातथ्य रूप इस कहानी में जाहिर होता है। शहर से जब लोग गाँव आये तो लड़कियाँ उनसे आकृष्ट होकर उनके घरों में काम करने जाती हैं। शहरीय मेमों की फैशनपरस्त

ज़िन्दगी और वेशभूषा आदि इन लड़कियों के लिए बहुत ही आकर्षक बन गयी हैं। वे अपने तौर तरीके सब भूल जाती हैं। कहानी का मुख्य पात्र लड़की शहरीय मेमों के साथ शहर में घर के काम करने के लिए चली जाती है। वह एक लड़के के प्रेमपाश में फँस जाती है। उसका खबर पाते ही उसके बाप को बुला लेते हैं और उसको गाँव वापस कर देते हैं। जब वह वापस आयी तो गाँव का वातावरण ही बिलकुल बदल गया था। ग्रामीण स्नेहभाव, भाईचारा, रिश्तों की सघनता सब गायब हो गये थे। उसने पहचान लिया कि माँ-बाप का प्यार भी पहले के समान नहीं है। लड़की की वेश-भूषा, रहन-सहन भी बदल गये। गोया कि ग्रामीण मूल्य आज शहरी प्रभाव से समाप्त-प्राय है। गाँव सब शहर बनने लगे। सबका चेहरा एक सा हो गया। इससे जो सांस्कृतिक संकट उत्पन्न हुआ वह भयानक ही था।

घरवालों की जबरदस्ती पर लड़की को शादी करनी पड़ी। लेकिन पति के साथ जाना वह नहीं चाहती। फिर पति उस पर जबरदस्ती करने, मारने और पीटने लगा। स्त्री-शोषण की वास्तविकता वहाँ पोल खोलकर यों प्रकट होती है–"रो-रोकर उसकी सूज गयी थीं। वह रो रही थी अपनी साइकिल के लिए... अपने कपड़ों सैंडल के लिए... अपनी टिकुली-चुटीले के लिए... ब्रा-पैंटी के लिए... साड़ी तौलिए के लिए... शैम्पु साबुन के लिए... साहब मेम के लिए अपनी खोई हुई आजादी के लिए रामेश्वर के लिए-अपने अस्तित्व के लिए... अपनी असहायता-निरुपायता के लिए... अपनी नारी जन्म के लिए।" (बली, पृ. 190) शहरीय वातावरण की अपनी खूबियाँ तो हैं। लेकिन उसके छद्म जाल और चकाचौंध में फँसकर लोग अपने मूल्यबोध एवं प्यार के निशान भी मिटा देते हैं। रिश्तों में शैथिल्य आ जाता है। जब वह घर पर काम करती थी तब घरवाले उसे पसन्द करते थे। वह अपने घर की ओर पैसा भी भेजती थी। अब वह सबकी घृणा का पात्र बन गयी। आज रिश्ते स्वार्थ केन्द्रित हो गये हैं। इस नयी व्यवस्था में पुरुष द्वारा स्त्री एवं प्रकृति को समान रूप से दुहाये जा रहा है। इस आधुनिक सभ्यता का खुलकर कहानीकार ने विरोध किया है। मनुष्य स्वार्थतावश अन्धा बन गया है। इस अन्धेपन से निकट भविष्य में सृष्टि के सारे बीज नष्ट होने की सम्भावना है। इस भयानक विपत्ति की ओर कहानीकार हमारा ध्यान आकृष्ट करते हैं। यह सचमुच उनके इको-फेमिनिस्ट दृष्टिकोण को जाहिर करता है।

स्वयं प्रकाश की कहानी 'कहाँ जाओगे बाबा' में मास्टर रामरतन का एक बहुत बड़ा सपना है उसका अपना एक घर। वे उस घर में रिटयरमेंट के बाद रहना चाहते हैं। जिस के चारों तरफ बड़े-बड़े वृक्ष हो, वहाँ का वातावरण शुद्ध हो, खुली हवा आनी चाहिए। लेकिन रिटायरमेंट के बाद जब वह घर आये तब उनके सारे सपने चूर-चूर हो गये। उनकी शान्ति, स्वच्छता सब नष्ट हो गयी। घर के चारों ओर से फैक्टरी के केमिकल की गन्ध और जम-जम के मकानों के कारण

सूर्यप्रकाश एवं हवा भी बन्द। इतना ही नहीं घर में बेटे का व्यावहारिक बनना उन्हें बिलकुल तोड़ देता है। यहाँ पिता और पुत्र के जीवन सम्बन्धी दृष्टिकोण का द्वन्द्व चलता है। अन्त में वह पिता को दूसरे घर में अकेले छोड़कर विदेश चला जाता है। बीच-बीच में पिता से वह पूछता है कि कोई असुविधा तो नहीं है क्या? पिता के जीवन की धुरी है संस्कार एवं मूल्य जबकि बेटे के लिए जीवन है अर्थ कमाना। इसलिए जीवन का सुख उसके लिए सुविधा का पर्याय है। पिता सुख और सुविधा को अलग-अलग मानते हैं। बाजार केन्द्रित अर्थतन्त्र में हम चीजों को बटोरने में आनन्द अनुभव करते हैं। असली सुख को पहचानने में हम असमर्थ हो जाते हैं। रिश्ते, जीवन मूल्य, जीवन में प्रकृति का महत्त्व आदि नष्ट होता जा रहा है। इसलिए यहाँ अन्तहीन लड़ाई शुरू हुई। स्नेह जैसा सबसे बड़ा मूल्यवान और ज़िन्दा रखने वाला आर्द्र भाव बिलकुल लुप्त हो जाता है।

'आरोहण' संजीव द्वारा रचित पहाड़ी प्रदेश की कहानी । कहानी में रूपसिंह अपना गाँव माही ग्यारह साल बाद वापस आ रहा है। वह शहर में नौकरी कर बस गया था। अपने दोस्त के साथ जब वह गाँव वापस आता है तो उसे लगा कि गाँव का सारा वातावरण बदल गया है। भाई से मिला तो एक अकेलापन महसूस हुआ। भाई की पहली पत्नी मर गयी, इसलिए दूसरा विवाह हुआ। उस पर नाराज़ होकर बेटा घर छोड़कर चला गया। भाई का बेटा ही इन लोगों को घुड़ सवारी कर यहाँ तक ले आया था। वह अपना परिचय देने को भी तैयार नहीं हुआ। उसका विचार था कि उसकी माँ का कत्ल उसके पिता ने किया।

कहानी में रूपसिंह पत्थर की विभिन्न जातियों का परिचय देता है। पत्थर की जातियों का परिचय केवल पहाड़ी लोग ही जानते हैं। चार हज़ार के तनख्वाह पर पर्वतारोहण संस्थान में काम करने वाला यह पहाड़ी अपनी भूमि से कट चुका है। पहाड़ियों के लिए पहाड़ चढ़ना नैसर्गिक कार्य है। लेकिन पहाड़ पर चढ़ने के लिए जो ट्रेनिंग दी जा रही है वह कृत्रिम है। रूपसिंह और उसका भाई नैसर्गिक ढंग से पहाड़ चढ़ सकते हैं। क्योंकि प्रत्येक पत्थर पर चढ़ने का ज्ञान उन्हें है। पत्थर की जाति पहचानकर वे बहुत सरलता एवं सहजता से यह काम करते है। लेकिन ट्रेनिंग के सहारे पहाड़ चढ़नेवाला रूपसिंह का मित्र शेखर कपूर का ज्ञान किताबी है। इसलिए उसमें सहजता नहीं है।

मनुष्य आधुनिकता के नाम पर नैसर्गिक गुणों को भूल जाता है और पहाड़ी आरोहण करने वाले पहाड़ को तोड़ते हैं और उन पर चढ़ते हैं। लेकिन स्थानीय पहाड़ी लोग किसी कृत्रिम साधन के बिना आसानी से चढ़ते-उतरते हैं। उनके लिए पहाड़ पर चढ़ना मामूली काम है। मनुष्य आधुनिक साधनों का उपयोग करके नैसर्गिक गुणों को मार रहा है। संजीव ने पहाड़ी प्रदेशों की सुन्दर प्रकृति का वर्णन यों दिया है—"सामने के पहाड़ों पर बादलों के पंख लग गये थे, जो झर-झर कट

उनके अगल-बगल उड़ रहे थे। नये घास, लताएँ और पेड़ों की कहीं फीकी, तो कहीं चटक हरियाली समेटे पहाड़ कहीं कच्चे, कहीं पक्के। नीचे कोई नदी बह रही थी शायद सूपिन।" (आरोहण– पृ. 113)

'आरोहण' कहानी में जिन्दगी के उतार-चढ़ाव को भी दर्शाया गया है। भाई-भाई के बीच के रिश्ते में कितनी रिक्तता आ गयी–"हाँ! वही! ये ठीक है कि मैंने कोई बसेरा नहीं बनाया यहाँ, उड़ गया, मगर बाबा और भूप दादा ने तो... कुहासे का होना क्या मायने रखता है इन पहाड़ों में इसे तो कोई पहाड़ी ही समझ सकता है। रिश्ते तक धुँधला जाते हैं साहब। नेह के नाते तक नज़र नहीं आते! पास में कोई अनजान खड़ा है और उसे आप देख नहीं पाते, पहचान तक नहीं पाते। (आरोहण–पृ. 114) भाई-भाई के बीच का रिश्ता इस पहाड़ी इलाके में भी बिखर गया है। उसके साथ चलने वाला भतीजा भी उसके लिए अपरिचित है। बहुत प्रतीकात्मक ढंग से जीवन में जो कृत्रिमता आ गयी, इसका खुलासा संजीव ने इस कहानी में दर्शाया है।

'कहीं दूर जब दिन ढल जाए' बटरोही की बहुत ही मर्मस्पर्शी कहानी है। प्यार जैसा मूल्य जो नष्ट हो रहा है, इसका खतरा उद्‌घाटित करती है यह कहानी। प्यार की कोई खास भाषा नहीं होती, उसके स्पर्श की भाषा बिना बोले ही सब कुछ बोलती है। कहानी में नायक अपनी बुआ से मिलने बसोली गाँव में शहर से आया है। गाँव में अपनी दुबली-पतली गँवार बुआ उसे बिलकुल अजीब सी लगती है। बुआ उसे गले से लगाती है तो उसे अजीब सा प्यार महसूस होता है। बुआ उसे 'दिगो' नाम से बुलाती है, जिसका कोई विशेष अर्थ नहीं है। लेकिन वह नाम बहुत कुछ कह देता है। उसमें बुआ के प्यार की गहराई है। वह बुआ के लिए शहर से साड़ी और मिठाइयाँ लाया था, लेकिन बुआ ने उसे देखे बिना भी अपने भतीजे को खाना परोसने और उसकी देखभाल में व्यस्त हो जाती है।

बुआ इस गाँव में अकेली रहती है। अचानक अपने भतीजे को देखकर उसे अजीब तरह की खुशी महसूस हुई। शहर में रहते-रहते हर स्पर्श उसे एक सा लगा था। पर बुआ के स्पर्श का स्नेह उसे जल्दी ही महसूस हुआ। "बुआ तो सिर्फ एक ही भाषा जानती थी–स्पर्श की भाषा जिसका मेरे भाषा कोश में कोई सन्दर्भ नहीं था। स्पर्श का अर्थ मेरे लिए संक्रमण था और इस नव आधुनिकतावादी युग में संक्रमण एक रोग का पर्याय बन चुका है।" (कहीं दूर जब दिन ढल जाए–पृ–10) यहाँ उल्लेखनीय बात यह है कि शहर में रहकर नायक इस स्नेह की भाषा से वंचित हो गया था। बुआ के बहते आँसू से उसे प्यार की आर्द्रता, दुख एवं खुशी का एहसास हुआ। बुआ से मिलने के पूर्व नायक को सारा सम्बन्ध औपचारिक मात्र लगता था। पर बुआ के संस्पर्श ने उसे औपचारिकता के परे के नामहीन सम्बन्ध की ऊष्मलता से परिचित करा दिया–"दरअसल, नगरों महानगरों में रहते

हुए इस बात को भी मैं भूल गया था कि स्पर्श का सम्बन्ध आँसुओं के साथ हो सकता है। मैं तो यही समझता था कि आँसुओं का सम्बन्ध सिर्फ स्वाद के तीखेपन के साथ होता है। औरत-मर्द, देसी-विदेशी छोटा-बड़ा हर किसी के साथ हाथ मिलाते हुए एक ही अनुभूति होती थी औपचारिकता की अनुभूति। स्पर्श या संवेदन की जगह औपचारिकता की अनुभूति के रूप में ग्रहण करना यह मेरे युग के लोगों की उपलब्धि थी। जाहिर है कि अपने सभ्य साथियों की तरह मुझे भी इस उपलब्धि पर गर्व था।" (कहीं दूर जब दिन ढल जाए–पृ. 10) सम्बन्धों का जो गहरा अनुभव है वह आजकल के लोगों के बीच में नहीं है। यहाँ बुआ का स्पर्श शब्दातीत भाषा को जाहिर करता है। शहरी सुविधाओं के सामने नैसर्गिक स्नेह स्वार्थता में परिणत हो गया। सब दिखावा मात्र रह गये।

'कहीं दूर जब दिन ढल जाए' में निस्वार्थ प्रेम जो आज नाम मात्र के लिए भी नहीं उसके अनूठे रूप को दर्शाया गया है। बुआ जब 'दिगो' नाम से पुकारती है तो उसका सारा प्यार उस नाम में अभिव्यंजित हो उठता है। उसमें कोई कलंक नहीं, स्वच्छ प्यार का प्रवाह है। आज हमारे मुँह से निकलने वाले प्रेम के नाम और शब्द अर्थहीन एवं कपट हैं। यहाँ 'दिगो' शब्द का कोई अर्थ नहीं है, लेकिन वह शब्दातीत मानवीय रिश्ते एवं भावों को सघन एवं स्पष्ट करता है। उस बुआ का सारा लाड़-प्यार बुलन्द है उस नाम में। शहर में जीकर सभी सम्बन्धों एवं व्यवहारों को औपचारिक समझने वाला नायक उस स्नेह के सामने आर्द्र बनकर नत हो जाता है। उस अर्थहीन अपूर्ण नाम में वह अर्थ एवं पूर्णता महसूस कर लेता है।

आज की बाजारू संस्कृति में इस कहानी का महत्त्व विचारणीय है। हमारे जीवन से सारी नैसर्गिकता नष्ट हो गयी। शहरी वातावरण ने मनुष्य को स्वार्थी तथा औपचारिक बना दिया। लेकिन गाँव में आज भी कहीं-कहीं उस नैसर्गिक स्नेह की आर्द्रता प्राप्त है। आधुनिक जीवन की कृत्रिमता हमारी ज़िन्दगी को ऊसर बना रही है। हमें मनुष्य से जानवर या यन्त्र में परिणित कर रही है। इसलिए प्यार का महत्त्व एवं ग्रामीण संस्कृति की खासियत पर प्रकाश डालने वाली यह कहानी हमें मानवीयता की ओर ले जाती है। शहर की एकरसता से बचाने वाली यह कहानी हमारी संस्कृति एवं मूल्यबोध की प्रतिष्ठा में बहुत सहायक है।

जानवर एवं मनुष्य के बीच के सुदृढ़ सम्बन्ध का बयान करती है रवीन्द्र कालिया की कहानी 'सुन्दरी'। देकार्थ के अनुसार जानवर विकार एवं वेदनारहित यन्त्र है। इस कथन को निरर्थक सिद्ध करते हुए आधुनिक विचारों को पुष्ट करने वाली कहानी है यह। कहानी में सुन्दरी नामक घोड़ी की मानवोचित संवेदनाओं का अच्छा खासा परिचय कहानीकार हमें देते हैं। सुन्दरी की आँखें एक दुर्घटना में खो जाने के कारण विवाह जैसे मांगलिक अवसरों पर भाग लेने से उसे मना कर दिया गया। पहले नायक ज़हीर अपने तांगे के द्वारा पैसा कमाकर बड़ी इज्जत के साथ

रहता था। एक दिन उसकी ज़िन्दगी में ऐसा वज्रपात हुआ कि उसका परिवार चूर-चूर हो गया। सुन्दरी बारात में अलंकृत होकर जा रही थी तब एक अनार उसके आगे गिरता है और बारात में भागदौड़ मच जाता है। उस दुर्घटना से उस घोड़ी की आँखें खो गयीं। घोड़ी का यह रूठना जहीर की तकदीर का रूठना था। उसकी ज़िन्दगी में पहले घोड़ी फरिश्ता बनकर उतर आयी थी। घोड़ी थोड़ी फिल्मी भी है। उसे फिल्मी गाने बहुत पसन्द है। जब वह चलने फिरने में असमर्थ थी तो भी फिलमी गाने के साथ थोड़ा सा चलती थी। जहीर के बच्चों से उसका अच्छा रिश्ता था। उनके कहने के अनुसार वह चलती थी। अच्छा वस्त्र पहनकर उनके साथ घूमने में उत्सुकता दिखाती थी। मालिक और बच्चों के प्यार तथा फिल्मी गाने के प्रति उसकी रुचि आदि के प्रभाव से वह पुरानी सुन्दरी बन जाती है।

कहानीकार ने जहीर तथा सुन्दरी के बीच के घनिष्ठ सम्बन्ध के ज़रिए जानवर की संवेदनाओं पर प्रकाश डाला है। उन दोनों के गहरे प्यार को कई वाक्यों से स्पष्ट किया जा रहा है–"उस दिन तुम्हें क्या हो गया था सुन्दरी? उस दिन तुमने उदूल हुकूमी न की होती तो मेरे हाथ हरगिज़ तुम पर यों चाबुक बरसाने की की गुस्ताखी न करते।" (रवीन्द्र कालिया–दस प्रतिनिध कहानियाँ (सुन्दरी) पृ. 108) उसने अपनी हरकत के लिए हजारों बार सुन्दरी से माफी माँगी है। जहीर ने अपने पारिवारिक झंझट के कारण उत्पन्न अपने गुस्से को सुन्दरी को मारकर निकाला। फिल्मी गाने के प्रति सुन्दरी का आकर्षण, सजने और धजने में उसकी रुचि, बच्चों एवं मालिक के प्रति उसका स्नेह आदि यह सिद्ध करता है कि जानवर भी संवेदनशील है। आज जानवरों के ऊपर अतिभयानक ढंग से अत्याचार एवं अन्याय चल रहे हैं। मनुष्य के समान उन्हें भी यहाँ जीने का अधिकार है। उन दोनों की अवस्थिति हमारे पर्यावरण को बनाए रखने के लिए अत्यन्त अपेक्षित है। इस नज़रिए से इस कहानी की हिन्दी कहानी जगत में अलग पहचान है।

इस लेख में कई कहानिकारों की कहानियों के माध्यम से आजकल की सबसे बड़ी चर्चित समस्या पर विचार किया गया है। साहित्यकार की कलम की लड़ाई कभी भी खत्म नहीं होती। वह अन्याय के विरुद्ध लड़ती रहेगी। आज हमारे पारिस्थितिक सन्तुलन पर जोखिम आ गयी है उसे पहचानकर अभिव्यक्त करने में हिन्दी के कहानीकार कामयाब हुए हैं।

चित्रा मुद्गल के कथा साहित्य की पारिस्थितिकी

भारत जैववैविध्य से सम्पन्न देश है। यहाँ तेरह हज़ार से ज़्यादा पुष्प देने वाले पौधे, पचास से ज़्यादा षड़पद, छः सौ तक के उरग एवं उभयजीव, एक हज़ार दो सौ से अधिक सस्तनियाँ है। मनुष्य भी प्रकृति का एक जानवर है। शेक्सपीयर ने किंगलियर में कहा है Poor, bareforked animal. आखेट जीवन में ही मनुष्य को अपनी जानवरीय सत्ता का बोध था। पुराने समय से लेकर कुछ जानवर मनुष्य के लिए बहुत प्रिय तथा आराधना एवं आदर के पात्र रहे हैं तो कुछ जानवर उनके शत्रु। वे उनसे डरते रहे। भाषा के विकास के साथ मनुष्य अपनी ताकतों को एक-एक करके बढ़ाने लगा। वह कभी-कभार प्रकृति के खिलाफ भी बन जाता है। आधुनिक समय के औद्योगीकरण से जो नयी संस्कृति उपजी उससे मनुष्य, एवं प्रकृति के बीच का सम्बन्ध सिर्फ शोषण में बदल गया। आज संसार भर में हर साल सौ करोड़ों से अधिक पशु-पक्षी मनुष्य के आहार के लिए मार लिए जाते हैं। इसके अलावा त्वचा, सींग, हड्डी, दाँत आदि के दिये लाखों की संख्या में वन्यजीवियों की हत्या की जा रही है। फैशन के तहत अलसेशियन, पॉरमरेनियन आदि को पालने वाले भी दूसरे जानवरों के साथ निर्ममता बरतते हैं। देकार्थ के अनुसार जानवर विकार एवं वेदनारहित यन्त्र हैं। पर यह मत निरर्थक सिद्ध हो चुका है। विज्ञान ने यह साबित किया है कि जानवरों को विकार, वेदना तथा आनन्द जैसी सारी संवेदनाएँ हैं। जो जानवरों को पालते हैं वे इस सत्य से वाकिफ भी हैं।

कला में हमेशा जानवरों एवं पक्षियों का महत्त्वपूर्ण स्थान रहा है। सबसे प्राचीन शिल्पकला के रूप में फिलस्तीन के गुफाचित्रों को माना जाता है। इनमें अधिकांश चित्र जानवरों का है। पुरानी जनतान्त्रिक कलाओं एवं पुराणों में भी जानवर बड़े पैमाने पर दिखाई देते हैं। देवताओं की कथाओं से लेकर पंचतन्त्र की कथाओं तक जानवर है मुख्य पात्र। औद्योगीकरण के समय की कला और साहित्य में भी पक्षी एवं जानवरों की उपस्थिति है। कीटिलंग से लेकर काँपकर तक के रचनाकारों की रचनाएँ इसके लिए पर्याप्त प्रमाण हैं। हिन्दी में पक्षियों एवं जानवरों पर केन्द्रित बहुत कम रचनाएँ मिलती हैं। महादेवी वर्मा का 'मेरा परिवार' जानवर

और मनुष्य के बीच के सम्बन्धों को बहुत ही सूक्ष्मता से विश्लेषित करने वाली रचना है। वर्तमान सन्दर्भ में जानवरों के साथ की हमारी संवेदन क्षमता में बहुत बड़ा अन्तर आ गया है। जानवरों के सम्बन्ध में पढ़ने के लिए फिलहाल 'इथोलॉजी' नामक एक शास्त्र शाखा विकास प्राप्त कर रही है। लेकिन महादेवी जी ने खुद अपने अनुभवों से जानवरों को देखा-समझा, पाला-पोसा और प्यार किया। उनके स्नेह और करुणा प्रकृति पर तथा प्रकृति के समस्त जीव-जन्तुओं पर चाँदनी के समान फैले हुए हैं। इस सन्दर्भ में खास तौर पर उल्लेखनीय एक कहानी है रवीन्द्र कालिया की कहानी 'सुन्दरी'। इसमें सुन्दरी नाम एक घोड़ी के माध्यम से मानवीय संवेदना को उजागर करने का कार्य किया गया है। प्रकृति में मनुष्य तथा जानवर परस्पर–पूरक हैं। इसलिए एक दूसरे के साथ के संवेदनात्मक सम्बन्ध का नज़रअन्दाज़ नहीं किया जा सकता। पारिस्थितिकी के सन्दर्भ में इस कहानी की विशेषता भी यही है।

चित्रा मुद्‌गल की दो कहानियाँ 'जिनावर' और 'जंगल' इस सन्दर्भ में विशेष विचार की माँग करने वाली है। क्योंकि आज जहाँ हम प्रकृति से तथा प्रकृति के जीव-जन्तुओं से दूर होते जा रहे हैं, वहाँ उपर्युक्त दो कहानियाँ जानवरों के साथ की गहरी संवेदना को उद्‌घाटित करने वाली है। विज्ञान और प्रौद्योगिकी के विकास के साथ हम बहुत ही आगे की ओर अग्रसर हो रहे हैं। साथ ही लोग अपनी सहज-स्वाभाविक आर्द्रता एवं संवेदनाओं से शून्य बनते जा रहे हैं। इस वास्तविकता से सजग बनाने की प्रक्रिया चित्राजी की इन दो कहानियों में विद्यमान है। मनुष्य और जानवर के बीच के गहरे रिश्ते का प्रतिपादन **है** 'जिनावर' कहानी में। यह घोड़ी सरवरी और मालिक असलम के बीच के अनकहे सम्बन्धों एवं संवेदनाओं की अप्रतिम कहानी है। रोज़ी-रोटी के लिए असलम ताँगा चलाता था, पर उसकी घोड़ी सरवरी अज्ञात रोग से ग्रस्त हो जाती है। आवश्यक इलाज की कोशिश की गयी है, पर डॉक्टरी इलाज समय पर न मिलने के कारण सरवरी की मृत्यु निश्चित हो जाती है। आठ बच्चे एवं पत्नी का बड़ा परिवार तांगे की कमाई पर ही चल रहा था। कई दिनों के बाद मजबूरन सरवरी को उसे इसी अवस्था में भी ताँगे से लगा देना पड़ता है। उसकी टाँगें काँपती थीं और आँखों से दर्द की धारा फूटती थी। उसको देखकर ऐसा लगता था कि वह बिना कुछ कहे ही सब कुछ कह देना चाहती हो। असलम को सरवरी की आँखों में मौत की छाया नज़र आने लगती है। पर वह अपने भविष्य के बारे में सोचकर सहम जाता है। वह सवारी के लिए निकल पड़ता है। सवारी को वापस छोड़ते समय उसका ताँगा फियट कार से टकरा जाती है जिससे सरवरी की एक टाँग पर चोट लग जाती है। बीमार सरवरी सड़क के बीचों-बीच छटपटाकर गिर जाती है। असलम मौका देखकर मातम मनाने की मुद्रा में गाड़ी वाली लड़की से आठ हज़ार रुपए माँगता है। न देने पर रिपोर्ट

लिखवा देता है। लड़की के परिवार वाले नहीं चाहते हैं कि वह कोर्ट कचहरी का चक्कर लगाए। इसलिए मामला दो हज़ार में निपटा लेता है। सरवरी को उसी स्थिति में छोड़कर असलम अपना ताँगा लेकर घर चला जाता है।

जानवरों के प्रति ऐसा निर्मम व्यवहार सबसे निन्दनीय है। उसको भी विकार और वेदना है। मनुष्य अपने स्वार्थ के लिए जानवरों का दुरुपयोग करता है। उनकी दर्द-पीड़ा के प्रति वह ज़रा भी सोचने के लिए तैयार नहीं होता। पर आज मनुष्य इस पर गहराई से विचार करने लगा है। पर्यावरण की सुरक्षा में जीव-जन्तुओं की सुरक्षा अत्यन्त अपेक्षित है। तब ही प्रकृति का सन्तुलन सम्भव होता है। इसलिए जानवरों के प्रति जो जघन्य अपराध हो रहा है उसको आज कानून द्वारा नियन्त्रित करने की कोशिश हो रही है। मजबूरन क्यों न हो फिर भी असलम ने सरवरी से अन्याय ही किया है। दर्द से तड़पने वाली सरवरी से उसने क्या-क्या नहीं करवाया। मगर कुछ समय के लिए ही सही वह अपना मनुष्यत्व भूल गया।

रात में असलम के घर को थर्रा देने वाली रुलाई सुनकर पूरा परिवार चौंक उठा। पत्नी के पूछने पर वह बताता है कि बीमार सरवरी को उसने जानबूझकर गाड़ी से टकरा दिया था ताकि कुछ पैसा मिल सके—“यही सोचकर कि अपनी मौत तो वह मरेगी ही आगे-पीछे किसी गाड़ी से मोड़ दूँगा तो वह मरते-मरते अपनी फीस अदा कर जाएगी, ये नोट नहीं मेरी सरवरी की बोटियाँ हैं बोटियाँ...” (चित्रा मुग्दल—आदि-अनादी पृः 52) असलम का यह आत्म-धिक्कार उसके भीतर ज़मीर जागने, प्रायश्चित करने की भावना को व्यक्त करता है। मनुष्य की कमज़ोरियाँ ही उसे न चाहते हुए भी अमानवीय वृत्तियों के लिए मज़बूर कर देती हैं। लेकिन उसके भीतर बैठा सच्चा इनसान इस तरह के अन्याय को सहन नहीं कर पाता। क्योंकि जानवर और इनसान के बीच का भावनात्मक रिश्ता बेजोड़ है। संवेदना और दुःख के स्तर पर आकर सब एक समान हो जाते हैं। इसलिए पारिस्थितिक सजगता की दृष्टि से इस कहानी का पुनर्पाठ अनिवार्य बनता है।

चित्राजी की कहानी ‘जंगल’ में भी पशु-पक्षियों के प्रति संवेदनात्मक मानसिकता जाहिर की गयी है। आजकल जानवरों के साथ जो ज़्यादतियाँ हो रही हैं उनके खिलाफ यह कहानी अपना विरोध दर्ज करती है। जंगल से और प्रकृति से काटकर पशु-पक्षियों का जो पालन-पोषण हो रहा है वह वाकई बड़ा अन्यायपूर्ण है। वह भी नहीं, कुछ इनका व्यापार भी चलाते हैं। दरअसल ‘जंगल’ कहानी बालसुलभ जिज्ञासा एवं बालमनोविज्ञान पर बल देने वाली है फिर भी जानवरों से मनुष्य का प्रेम तथा उन्हें स्वतन्त्र छोड़ने की आवश्यकता पर ज़्यादा बल दिया गया है।

प्रस्तुत कहानी में बच्चे घर में खरगोश का जोड़ा पालते हैं। पीयूष को उनसे बेहद लगाव हो जाता है। एक दिन खरगोश में से एक जिसका नाम है सोनू मर जाता है, उसके बिछोह में दूसरा खरगोश मोनू व्यथित हो जाता है। पीयूष भी

उसके गम में डूब जाता है। फिर दादी ने उन्हें समझाया कि उन्हें अपने माता-पिता से अलग कर दिया गया था, इसलिए वे दुःखी थे। पीयूष के सवाल के जवाब में दादी माँ कहती है—"दूकानदार पशु-पक्षियों को अपने जाल में फँसा ले उन्हें शहर लाकर उसे बेच दें। तुम्हीं बताओ माँ-बाप से दूर होकर बच्चे दुःखी होते हैं कि नहीं? (आदि-अनादि, पृ. 250)। इस कथन से यह साबित होता है कि जंगल में स्वतन्त्र होकर विचरण करने वाले पशु-पक्षियों को पकड़कर लोग उनके साथ बड़ा अपराध ही कर रहे हैं। इसी वजह से कुछ पशु-पक्षियों का वंशनाश भी हो रहा है। आजकल इस मामले पर गहराई से विचार किया जा रहा है। पारिस्थितिक सन्तुलन के लिए इन जानवरों की अनिवार्यता है। इसलिए कानून बनाकर इसे मना कर दिया गया है।

कहानी में पीयूष को लगता है कि वह भी अपनी माँ के बिना नहीं रह पाया था। इसलिए वह अपनी दादी से कहता है—"दादी हम मोनू को जंगल में ले जाकर छोड़ दें तो वह अपने मम्मी-पापा के पास पहुँच जाएगा। फिर तो वह मरेगा नहीं न?" (आदि-अनादि पृः 253) यहाँ कहानीकार बच्चे के द्वारा पशु-पक्षी को मनुष्य के समान दर्जा देकर उसके प्रति करुणा, दया और स्नेह आदि भाव प्रकट करती हैं। बाद में बच्चा दादी से कहता है कि वह न तोता पालना चाहता है न खरगोश। बच्चे पर पड़े दुःख को, उसकी मनःस्थिति को, उसकी जिज्ञासाओं को, दादी बड़े मनोवैज्ञानिक ढंग से शान्त करते हुए उसे उस दुःख से मुक्त करने में सहयोग देती है। बच्चों में पशु-पक्षियों के प्रति प्रेम जगाने और उन्हें स्वतन्त्र छोड़ने की ज़रूरत आदि की ओर यह कहानी हमें सचेत करती है। यद्यपि यह बच्चों की कहानी है तो भी इसमें आजकल का ज्वलन्त पारिस्थितिक मुद्दा छिपा हुआ है।

भूमंडलीकृत दुनिया में उपभोग संस्कृति ने अतिशय रूप धारण कर लिया है। लोगों की मानसिकता पूर्णतः उपभोग की है। अपनी महत्वाकांक्षा की पूर्ति के लिए या स्वार्थ के लिए दूसरों का उपभोग करना सबका लक्ष्य बन गया। इस बढ़ती बाजारू संस्कृति की चकाचौंध में हमारे सामने विकल्पों के लिए गुंजाइश है। वजह है कि अनेकों की होड़ में मनुष्य का वस्तु में तबदील होना सबसे बड़ी खतरनाक प्रक्रिया है। इस संस्कृति का सिद्धान्त है—"उपभोग करना और फेंक देना।" जब संवेदनशील मनुष्य को वस्तु समान फेंका जाता है तो उसका हृदय कितना दुखता होगा। हमारी संस्कृति को बनाये रखने में इस नवीन संस्कृति का प्रतिरोध करना ही है। स्त्री अपनी अस्मिता के लिए लड़ती है। दलित अपना जो शोषण हो रहा है उससे अवगत है। विकास के नाम पर प्रकृति का जो शोषण चल रहा है इसके खिलाफ दुर्जेय प्रकृति खुद अपने ताण्डव नृत्य से सबको तहस-नहस करती है। मानसिक एवं शारीरिक रूप से शिथिल वृद्धजनों को कूड़े के समान फेंका जाता है। ये सब इस भूमंडलीकृत दुनिया की अमानवीय वृत्तियाँ हैं।

आजीवन जिस परिवार एवं सन्तानों के लिए अपना सर्वस्व स्वाहा कर दिया गया उनकी उपेक्षा से टूट जाने वाले वृद्धों की समस्या आज भारतीय समाज की ज्वलन्त समस्या है। पुराने संयुक्त परिवार की व्यवस्था में यह इतना भयानक नहीं था। वृद्धों के प्रति आदर सम्मान था। वह परिवार का अधिकारी रहा। उनके बीच परस्पर सहयोग की भावना थी। बुजुर्ग की सेवा-शुश्रूषा घर के दूसरे सदस्य अपना कर्तव्य समझते थे। मनुष्य जीवन की विभिन्न अवस्थाओं को अपने-अपने महत्व के साथ माना जाता था। लेकिन आज वृद्धों से तात्पर्य यह है कि उसका उपयोग हो गया, उसे फेंक देना है, वह एक बोझ है। सचमुच इस अवस्था में उसे सान्त्वना देकर, मदद देकर, कई रोगों से व्यस्त उसको उत्साही बनाना उभरती पीढ़ी का धर्म होना चाहिए। इसके बदले इस अवस्था में भी उससे कोई उपयोग है तो वह किसी न किसी प्रकार छीन लेने में लोग तैयार हो जाते हैं। यदि उसके पास कोई सम्पत्ति हो तो उस पर लोगों की नज़र ज़रूर पड़ती है। उसे भी वसूल करके आसानी से उन्हें उपयोग शून्य वस्तु बना डालते हैं। इस बढ़ती ज्वलन्त समस्या को चित्रा मुद्गल ने अपने उपन्यास 'गिलिगडु' का विषय बनाया है। लेकिन इस उपन्यास में वृद्ध जसवंत सिंह जी अपने प्रतिरोध से नष्ट होने वाली हमारी संस्कृति को वापस ले आने की कोशिश करते हैं। इस कोशिश के ज़रिये चित्राजी प्रकृति की ओर हमारी वापसी को सूचित करती हैं। हमारी संस्कृति सहज और प्रकृत है। इससे दूर चले जाने से ही सारी समस्याएँ उत्पन्न होती हैं। इसलिए नयी बाजारू संस्कृति को रोकने का उपन्यासकार का प्रयत्न हमें प्रकृति की ओर ले जाता है।

उपन्यास का शीर्षक 'गिलिगडु' (चिड़ियाँ) शब्द उपन्यासकार ने प्रकृति से चुन लिया, यह शब्द बहुत प्रतीकात्मक है। मनुष्य और प्रकृति के साथ के चिर सम्बन्ध को ही यह सूचित करता है। प्रकृति को छोड़कर दूर चले जाने वाले असल में अपने जीवन में पराजित हो जाते हैं। आज विकास, प्रगति आदि का मतलब प्रकृति से कट जाना बन गया है। बच्चे हैं तो 'गिलिगडु' के समान सहज प्रकृत होना चाहिए। कात्यायनी एवं कुमुदिनी का चहकना सारे परिवार के लिए ऊर्जा है, जैसे चिड़ियों की चहचहाहट प्रकृति एवं मनुष्य के लिए ऊर्जा का स्रोत है।

उपन्यास में कात्यायनी और कुमुदिनी का एक जोड़ा है, दूसरा जोड़ा है मलय एवं निलय। पहला जोड़ा प्रकृति की सहजता के साथ जीने वाली बच्चियाँ हैं। वे अपनी ज़मीन का खेल खेलने वाली हैं, अपने लोगों के साथ, बुजुर्गों के साथ रमकर जीने वाली हैं, हमारे पर्यावरण की हैं। लेकिन दूसरा जोड़ा जो है वे यान्त्रिक बन गये हैं। उनके खेल का उपकरण कम्प्यूटर है। उनको अपने दादा जसवन्त जी से कुछ स्वीकारने एवं सीखने की ज़रूरत नहीं है। वे मानुषिक संवेदना से रहित हैं। उन्हें अपने माँ-बाप ने यन्त्रवत बनाया। जसवंत जी याद करते हैं कि दिल्ली से

बेटा-बहु बच्चों को लेकर कानपुर आ जाते हैं तो उनके लिए खिलौने लेकर आते हैं। वे बस्ती के बच्चों के साथ उन्हें खेलने न देते। समाज से दूर रखने से ये बच्चे इस साइबर युग के नमूने बन गये हैं। इस नयी पीढ़ी के बच्चे भविष्य को रूखा-सूखा बनाएँगे। पर हमें 'गिलिगडु' ही चाहिए। वे ही एक परिवार के आनन्द, सुख एवं स्नेहपूर्ण वातावरण के निदान बन सकते हैं। जैसे प्रकृति हमारे लिए एक नोस्टालजिया है वैसे ही एक नोस्टेलजिया है 'गिलिगडु'।

बाबू जसवंत जी कानपुर की यादों में इस प्रकृतस्थ ज़िन्दगी की तारीफ करते हैं। नौकरी के सिलसिले में कई शहरों में उनका तबादला हुआ लेकिन वे अपने कानपुर में ही रहना पसन्द करते थे। लोगों को कानपूर चाहे जितना गन्दा, बेतरतीब, पिछड़ा, दंगे-फसादोंवाला शहर लगे उनके लिए तो कानपुर आत्मीय सुख सुविधाओं का पर्याय ही रहा है। उन्होंने जवाहर नगर में पाँच सौ गज का प्लॉट खरीद लिया था। उसी प्रकार योजनानुसार घर बनाया। संयोग से घर के सामने नगरपालिका ने शानदार बगीचा बनवा दिया। बगीचे के बीचों-बीच एक पुराना बरगद का पेड़ है। सैकड़ों पक्षियों का शरणस्थल है वह बरगद। वे याद करते हैं—"सुबह-साँझ चारों और गूँजता उनका कलरव भीतर ऐसे सुख की सृष्टि कर जाता है कि मन के मलाल धुल-पुँछ जाते हैं" (गिलिगडु, पृ. 27)

जसवंतजी दिल्ली की बदबूदार, स्नेहशून्य, यान्त्रिक वातावरण से वापस कानपुर आना चाहते हैं। वे कर्नल स्वामी द्वारा गठित नोस्टालजिक गृहस्थी कानपुर में बसाने का निर्णय लेते हैं। दिल्ली में उनकी ज़िन्दगी सफल नहीं हुई। इसलिए हमेशा उनका ही इन्तज़ार करने वाली, मानवीयता से ओतप्रोत नौकरी सुनगुनिया, उसका बेटा और उसकी जुड़वाँ बेटी कात्यायनी और कुमुदिनी के पास वे वापस आ रहे हैं। जब वे उनके साथ रहते थे तब उनकी मौजूदगी के महत्त्व को समझने में वे असमर्थ निकले थे। अब कानपुर उसके लिए नोस्टेलजिया है।

दिल्ली का खान-पान भी जसवंतजी को अखरता था। नूडूल्स, बर्गर जैसे खाने हमारे पर्यावरण के लिए योग्य नहीं हैं। दिल्ली पूरा यान्त्रिक एवं आयातित संस्कृति का केन्द्र है। इसलिए जसवंतजी—"कानपुरवाले घर के सामने वाले बरगद को अपने घर में रोपना चाहते हैं। नहीं भूल पाते कि मुँह अँधेरे उनके उठने से पहले एक चहकती है फिर खो-खो खेलती हुई सी वह दूसरे को जगाती है—दूसरी तीसरी को, तीसरी-चौथी को, चौथा-पाँचवीं को और सैकड़ों चिड़ियाँ जो अद्भुत लय-ताल में घमासान कोरस शुरू करती है—चहचहाहट का कोरस—उनका रोम-रोम आन्दोलित हो उठता है—" (गिलिगडु, पृ. 144)। यहाँ एक साथ मिलकर परस्पर सहयोग के साथ, अकेलेपन से मुक्त होकर सहज, स्वाभाविक बनकर प्रकृति की गोदी की ओर वापस जाते हैं जसवंत सिंहजी। इस प्रतीकात्मक प्रयोग से चित्राजी यह संकेत करती हैं कि सहजता एवं स्वाभाविकता में ज़िन्दगी का माधुर्य निहित है वहीं से

उसका रस चूस ले सकता है, वहीं मानवीयता जगती है, इसलिए हमें प्रकृति की ओर लौटना अनिवार्य है। हमारी परम्परा में इसका बयान किया गया है। लेकिन जहाँ परम्परा को तोड़ना है वहाँ उसको तोड़ने से ही हम आगे बढ़ पाएँगे। इससे बहत्तर पर्यावरण का बोध हमें कहाँ प्राप्त हो जाएगा?

'गिलिगडु' के समान चित्राजी के अन्य उपन्यासों के शीर्षकों 'एक ज़मीन अपनी' और 'आवाँ' में भी हमारी मिट्टी की गन्ध महकती है। केवल शीर्षक में ही नहीं पूरे उपन्यासों में हमारी सहज एवं प्रकृत वास्तविक संस्कृति की जीवन्तता का गायन करते हुए यान्त्रिकता की ओर प्रयाण करने वाली आज की अन्धाधुन्ध संस्कृति की पराजय की गाथा भी प्रस्तुत की है चित्राजी ने। इस विज्ञापन युग की सांस्कृतिक विभीषिका से जन-मानस को सजग बनाने में सक्षम सृजनात्मकता से ओत-प्रोत चित्राजी का साहित्य अपने समय के साथ के सार्थक सरोकार का दस्तावेज़ ही है।

मृदुला गर्ग की कहानियों का पर्यावरण पाठ

I am pessimistic about the human race because it is to ingenious for its own good. Our approach to nature is to beat it into submission. We would stand a better chance of survival if we accommondated our self to this planet and viewed it appreciatively instead of skeptically and dictatorialy.

—E.B. White.

दुनिया भर के सभी जीवजन्तु पर्यावरण-संकट से जूझ रहे हैं। यह मुद्दा आज साहित्य का मुख्य विषय भी बन चुका है। इसकी वजह से साहित्य प्रतिरोध का सबसे सशक्त हथियार बन गया है। हिन्दी की समकालीन कहानी में पारिस्थितिक सजगता कई कहानीकारों ने जाहिर की है। उनमें मुख्य हैं मृदुला गर्ग, बटरोही, मधु कांकरिया, नमिता सिंह, संजीव, स्वयं प्रकाश, चित्रा मुद्गल, गीतांजलीश्री आदि। लेकिन इनमें से मृदुला गर्ग की कई कहानियों में यह सजगता भरी पड़ी है।

मृदुला गर्ग पर्यावरण के महत्त्व को अच्छी तरह समझनेवाली और उससे मिलकर काम करने वाली भी हैं। वे बहुत संवेदनशील हैं। 1984 को भोपाल गैस दुर्घटना ने उनके हृदय को इतना झकझोर दिया था कि उनका कंठ रुद्ध हो गया था। डॉक्टर के सलाह से ही पुनः वे बोलने लगीं। इसका भीषण रूप उनकी कहानी 'विनाशदूत' तथा एक भी चिड़िया नहीं चहचहाएगी; 'कालिदास का विद्रोही मेघ', उदासीनता का ज़हर' जैसे लेखों में अभिव्यक्त हुआ। उस घटना के दुष्प्रभाव का वर्णन उन्होंने यों किया—"एक सुबह आयी कि सूरज के उगने पर एक भी चिड़िया नहीं चहचहाई, ऐसा सन्नाटा घिर आया कि कान फटने लगे और फिर जब धूप निकली तो न ताल में मछलियाँ जिन्दा थीं और न पेड़ों पर फल-फूल, सब कुछ सूख चुका था। हरे पत्ते, लाल गुलाब, काले पड़ चुके थे और टहनियाँ सूखकर फिर कभी न फूलने का खौफ़नाक मंज़र पेश कर रही थीं" (चुकते नहीं सवालः एक भी चिड़िया नहीं चहचहाएगी—पृ. 121)।

वैज्ञानिक एवं प्रौद्योगिकी आविष्कारों ने मानव की सुख-सुविधा को बढ़ाया। पर मनुष्य अपने तात्कालिक सुख में इतना अन्धा हो गया कि निरन्तर उत्पन्न होने वाली अपनी हानियों के बारे में सोचता भी नहीं है। 2-12-1984 की रात

भोपाल की यूनियन कार्बाइड कारखाने से निकली ज़हरीली गैस से 3000 से ज़्यादा लोगों की मृत्यु हुई थी। इस भयानक हादसे का जिक्र लेखिका ने मेघ और कवि के वार्तालाप के माध्यम से विनाशदूत कहानी में प्रस्तुत किया है। कालिदास अपनी प्रेमिका को मेघ द्वारा सन्देश पहुँचा सके हैं, पर भोपाल दुर्घटना से मरे लोगों पर साहित्यिक प्रतिनिधियों ने चुप्पी क्यों साधी है? तीसरी दुनिया को विकसित एवं सम्पन्न देशों ने प्रयोगशाला की तरह इस्तेमाल किया है। उसका परिणाम है वह दुर्घटना। मनुष्य के हथियारों एव आविष्कारों ने इतने भयानक और जानलेवा गैस बनाये हैं कि वायु और वातावरण दूषित होते जा रहे हैं। प्रस्तुत कहानी में कवि की खिड़की से घुस आए दैत्य के सामने कवि का ठहर न पाना उसी वातावरण को द्योतित करता है। लेखिका ने अपने विचारों को प्रकट करने के लिए मेघ और कवि कालिदास को माध्यम बनाया है। काल-परिवर्तन के साथ मेघदूत, विनाशदूत बन गया। अन्त में बाल-मेघ से जो छींटें गिरीं वे आशा की किरणें हैं। शायद कभी मनुष्य अपनी गलती समझे और सही राह पकड़े। अहंकारी, अल्पज्ञ और लोभी मनुष्य बदल जाएँ—"मनुष्य के निर्देश पर नाचा जा रहा है, दिव्य शक्ति के निर्देश पर नहीं। उस अपूर्ण मनुष्य के निर्देश पर जो अपने को अपूर्ण जानते हुए भी पूर्ण मानने लगा है। अर्धसत्य पर विश्वास और अर्धज्ञान में दम्भ जिसकी प्रकृति बन चुकी है। तभी न प्रकृति के विरुद्ध युद्ध छेड़ बैठा है। प्रकृति ने नहीं चुना उसे, वह खुद उसका संरक्षक बन गया है, प्रकृति रक्षिता हो उसकी जैसे। अपने निरंकुश अहंकार से उन्मत्त वह भूल गया है कि प्रकृति तभी देती है जब नतमस्तक होकर उससे माँगा जाए, नहीं तो प्रहार कर उठती है। प्रकृति से युद्ध किया ही नहीं जा सकता क्योंकि जो प्रकृति के विरुद्ध है, अन्ततः समझ लो वह नहीं है।"[1] (चर्चित कहानियाँ—विनाशदूत-पृ. 144-145)

भोपाल गैसकांड में ज़हरीली हवा के वर्षण से साँस घुटकर लोगों की मौत हुई थी। यही बयान आधुनिक कवि कालिदास के विनाशदूत मेघ द्वारा हुआ है। इस दुरवस्था में प्रेमी अपनी प्रेमिका के प्रति चिन्तित है। लेकिन उसे दुनिया की फिक्र नहीं है। साहित्यकारों की यह गैर जिम्मेदारी मृदुला गर्ग को रास नहीं आयी। विषैली हवा की साँस लेने से खड़े-खड़े कवि की मौत हो गयी—"लो देखो, सुनो सूँघो, त्रिकालदर्शी तुम्हारे बिलकुल करीब आ पहुँचा भोपाल शहर। क्यों, अब भी महसूस नहीं कर पा रहे उस अथाह शून्य को, जो तुम्हारे चारों तरफ फैल रहा है, कितना भयानक है यह शून्य। चीखोंपुकार नहीं, शोरगुल नहीं, बस, बस बेआवाज़ खाँसी के दौरों का भूकम्प और लाशें।" (विनाशदूत-पृ. 145) परन्तु बालक मेघ (आगामी पीढ़ी) द्वारा चन्द छीटों से अन्तिम समय में भी आस बची रही।

कई तरह की गैसों की वजह से 'अल्ट्रा वाइलेट रेस' को रोकने वाली 'ओज़ोन' की परत कम होती जा रही है। उसमें छेद तो पड़ ही चुका है और आज भी यह

छेद बढ़ता ही जा रहा है। छेद का बढ़ना मानव के अस्तित्त्व पर सवालिया निशान है। ओज़ोन पर्त की पतली हो जाने पर 'अल्ट्रावाइलेट रेस' से पौधे जल जाएँगे तथा मनुष्यों में त्वचा कैंसर की सम्भावनाएँ बढ़ जाएँगी। ऐसी कई विनाशक प्रक्रियाओं की ओर हमारा ध्यान आकृष्ट करना मृदुलाजी का उद्देश्य रहा है। केरल में कासरगोड के एक गाँव में एंडोसल्फान नामक जानलेवा कीटनाशक के प्रयोग से कितने लोग कई प्रकार के रोगों से पीड़ित होकर अपंग एवं मन्दबुद्धिवाले बनकर मृत्युतुल्य जीवन बिता रहे हैं। इसका प्रयोग सभी विकसित देश ने छोड़ दिया है। लेकिन भारत अब भी इस विदेश निर्मित कीटनाशक का प्रयोग कर रहा है। भोपाल में भी कितने आज जीवित शहीद हैं वे शारीरिक एवं बौद्धिक विकलांगता के शिकार हैं। जब अदालती फैसला निकला तो मुजरिम बच गया।

पर्यावरण और उसकी सुरक्षा को लेकर लिखित मृदुला जी की एक सशक्त कहानी है 'इक्कीसवीं सदी का पेड़'। वह पेड़ इक्कीसवीं सदी तक ज़िन्दा रहने वाला पेड़ है। अपने शुरुआती दौर में वह पेड़ घना था। चिड़ियाँ उस पर घोंसला बनाया करती थीं। चिड़ियों के प्रकृति की सारी विभीषिकाओं से बचाने का कार्य पेड़ ने किया। कहानी में मृदुलाजी ने चीन से आयी चिड़ियों का फिल्मी शैली में चित्रित किया है। उनका नयी जगह एवं नस्ल के साथ समा न पाने की विडम्बना दर्शाई है। मानव का लकड़ी पर झपटना और चीनियों का फसलों को बचाने के लिए चिड़ियों को मार डालना आदि की चर्चा इस कहानी में हुई है।

इक्कीसवीं सदी तक के गवाह बुजुर्ग पेड़ का अपनी जान बचाकर आयी चिड़ियों की मौत एवं अपने बेटे जैसे जवान पेड़ का प्रदूषण के कारण मौत को देखना काफी दर्दनाक है। अन्त में वह बुजुर्ग पेड़ भी धराशायी होने वाला है। यह 21वीं सदी है और कुछ लोग पेड़ लगाओं के नारे भी लगा रहे हैं।

आबादी से बढ़ते शोर-शराबे से जो-जो हानि प्रकृति पर हो रही है उसकी तीव्रता को दर्शाने का प्रयास मृदुलाजी द्वारा हुआ है। कूड़ा तो फेंकने की चीज़ है। इसे फेंकने के लिए जगह न मिले तो वह हमारे लिए अवश्य बोझ बन जाएगा। बढ़ती आबादी ने कूड़ों का ढेर पैदा कर दिया है। लोगों की बेपरवाह आदत ने उसे और महीन एवं गम्भीर बना दिया। मृदुलाजी कहती हैं—"कूड़ा-कर्कट फैला हो तो हम सुरों में बँधी महीने आवाज़ें सुन नहीं पाते। शोर और कूड़े पेड़ों की तान और महक को खतरे में डाल देते हैं। परिन्दे-दरिन्दे फिर भी सुन-सूँघ लेते हैं, असल दिक्कत इंसानों को होती है।" (मृदुला गर्ग-दस प्रतिनिधि कहानियाँ, इक्कीसवीं सदी का पेड़ पृ. 100) समय के बदलाव के साथ दुनिया का नक्शा और इंसानी सोच बदलती रही। गलियाँ सड़कों में तबदील हुईं, सड़कें हाइवे और फ्लाई ओवर भी बनने लगे। गलियों से पहले पगडंडियाँ हुआ करती थीं। पेड़ों के बीच से पाँव-पाँव चलने लायक रास्ता बनता था। दौड़ते लोग चाहे जैसे जाते हों पेड़ों को

नज़रअन्दाज करने पर भी वापस आकर उसकी छाँव में बैठना नहीं भूलते। लेकिन आज के लोगों के पेड़ों की ज़रूरत महसूस नहीं होती। मृदुलाजी चिड़ियों के माध्यम से कहती हैं—"चिड़ियाँ कह रही थीं, शहर के बारिशों को पेड़ों की ज़रूरत नहीं रही। ठडी गाड़ियों में चलनेवालों को पेड़ों से क्या काम? फिर ये इंसानी टिड्डियाँ किस शहर से आयी हैं? इस शहर के अन्दर कितने शहर बसते हैं? नहीं, लोगों को पेड़ों की ज़रूरत तो है, पर उनसे इंसानियत नहीं रही। इस कदर बेदिली! ऐसी बेमुरव्वत मौत! इतना बेदर्द इस्तेमाल।" (इक्कीसवीं सदी का पेड़—पृ. 107)

आबादी के मामले में पहले नम्बर पर चीन है। उसने बढ़ती आबादी के पेट भरने के लिए फसलें उगानी शुरू कीं। पर चिड़ियों द्वारा फसल खा जाने की वजह से चिड़ियों को खतम करने का निर्देश हुआ। एक चिड़िया छिपती-छिपती सरहद पार कर हिन्दुस्तानी पेड़ के आश्रय में आयी। उसने अपनी दुःख भरी दास्तान सुनाई और पेड़ ने उसे भरपूर ऑक्सीजन प्रदान किया और अपनी गोदी में जगह दी। चीनी लोगों की इस हरकत का पाठकों के सामने व्यक्त करते हुए कहानीकार वहाँ के नेताओं की बेवकूफी पर व्यंग्य करती हैं। चिड़ियों के न रहने से पूरी फसल कीड़े खा जाते हैं।

आज हमारे बीच में कई लोग हैं जो पर्यावरण की रक्षा के लिए आन्दोलन चला रहे हैं। उनमें उल्लेखनीय नाम है सुन्दर लाल बहुगुणा, मेधा पाटेकर, अरुंधती राय, वंदना शिवा, सुगत कुमारी आदि। इस कहानी में भी कुछ बुद्धिजीवी लोग पेड़ के महत्व और उसकी कमी के खतरे को पहचानते हुए 'पेड़ लगाओ' का नारा लगाने लगे हैं। 21वीं सदी में भयानक खतरे की जड़ धरती के उस मुकाम तक पहुँच चुकी थी जहाँ मनुष्य को खुद अपना अस्तित्व खतरे के चौराहे पर महसूस हो रहा था। इसलिए उन्हें पेड़ लगाने का एहसास हुआ और उन्होंने पेड़ लगाने का नारा बुलन्द कर दिया।

प्रकृति और मनुष्य का आत्मीयतापूर्ण सम्बन्ध काफी गहरा है। 'करार' कहानी इसी आत्मीयता का द्योतक है। कहानी में अमरीकी महिला 'चेरी यूनिसेफ' जिसका असली देश चीन है और वह हिन्दुस्तान की पारम्परिक जलसंचय व्यवस्था पर प्रोजेक्ट पूरी करने आयी थी। पर्यावरण और पानी की खेती पर सेमिनार में भाग लेने के लिए वह जोधपुर जा रही थी। परन्तु वह जैसलमेर में ही उतरी। बोलने और करने में फरक है। इसलिए उसने सेमिनार को छोड़ दिया। चेरी गाँव में रहने का फैसला करती है जहाँ के ग्रामीण लोग पेड़ के निरन्तर कटने और धूप की लम्बी छाप से परेशान हैं। चेरी जानती है कि पेड़ चिड़ियों द्वारा उगता है। यदि पर्यावरण नहीं बचेगा तो चिड़ियाँ कहाँ जाएँगी? वह इस जंगल के दूत को बचाना चाहती है—"यहाँ दोनों बचाये जा सकते हैं, पेड़ और उनके दूत"। (संगति-विसंगति—

करार, पृ. 496)

मृदुलाजी के अनुसार यदि चाहिए तो राजस्थान जैसे राज्य को हम बचा सकते हैं। राजस्थान में वर्षा के अभाव में अकाल पड़ जाता है और लोगों को घर छोड़कर भागना पड़ता है। "जंगल में सभी पेड़ों के बीज पशु-पक्षियों की बदौलत छींटे जाते हैं और प्रकृति की कृपा से फूटते-बढ़ते, फूलते-फलते हैं। मनुष्य बीच में न आये तो सब तरफ जंगल ही जंगल हो। पर मनुष्य ऐसा जीव है, जिसे रोटी, कपड़ा मकान ही नहीं, ऐशो आराम का हर सामान चाहिए। इसलिए जंगल काटे जाते हैं, रेगिस्तान की गिरफ्त रंग लाती है, सूखा और अकाल पड़ता है।" (संगति-विसंगति—करार, पृ. 489, 490) लेकिन ऐसी अवस्था से राजस्थान की रक्षा करने का प्रण मृदुलाजी लेती हैं।

मृदुला जी ने वनस्पति कटाव का मसला बार-बार कहानियों में उठाकर जनता को आगाह करना चाहा है। क्योंकि वनों का कटना और जंगल का नाश करना आजकल आम मुद्दा बन गया है। 'तीन किलो की छोरी' में शारदाबेन की लड़की लकड़ी काटने के लिए जब वन जाती है तब मिलती नहीं है। यह इस बात का सबूत है कि जंगल निरन्तर हज़ारों की तादाद में साफ किये जा रहे हैं। जिससे गरीबों की आमदनी को नुकसान होता है। उसके फलस्वरूप उनका बेवक्त शरीर बुढ़ाता है। शारदाबेन सोचती है कि यदि पेड़ ऐसे ही कटते गये तो गरीबों का क्या हाल होगा? क्योंकि अमीर तो ऐशो-आराम की ज़िन्दगी बिताते आते हैं। शारदाबेन का अफसोस देखिए—"क्या करें मानुष! रहा कहाँ जंगल जो जलावन मिले। सब काट कूटकर तम्बाकू उगा लिया पटेलों ने। गरीब-गुरबा का क्या, लो तेंदु का पत्ता और फीलों बीड़ी। क्या मरद, क्या औरत, क्या बूढ़ा क्या बच्चा" (स्त्री मन की कहानियाँ—तीन किलो की छोरी, पृ. 29)

'बर्फ बनी बारिश' कहानी में मृदुलाजी का प्रकृति प्रेम जाहिर हैं। बिन्नी भारत में ही रहकर अपने बेटे को पालती है। पति अपने दोनों बच्चों के साथ विदेश चला जाता है। बिन्नी की तटस्थता और पिछड़ापन प्रकृति के माध्यम से प्रस्तुत है। पारिस्थितिक सजगता के इन शब्दों को सुनिए—"एक बार फिर चुनने की स्वतन्त्रता मिली है हमें। मुझे। चाँद को और अच्छी तरह देखने के लिए वह छज्जे पर आगे को टक आयी। खुली, अधखिली रोशनी में ऐसा कभी नहीं लगता। सड़क पर जगह-जगह पड़े चकत्ते, गंदले पानी से भरे गड्ढे, किनारे पर जहाँ-तहाँ गँधाते कचरे के ढेर, पलस्तर उड़ी दीवारें कुछ दिखाई नहीं दे रहा था। गीली चाँदनी में नहायी सड़क, मकानों की धूमिल रेखाएँ और दूर खड़े दो-चार पेड़ों के सायें, सब मिलकर एक कलाकृति का आकार ले रहे थे।" (संगति-विसंगति-बर्फ बनी राशि, पृ. 588)

हिन्दुस्तान के विशेषज्ञ यह विश्वास दिला रहे हैं कि हिन्दुस्तान में बंजर जैसी

कोई धरती नहीं है। लेकिन पर्यावरण विनाश के कारण जो बंजरता धरती में आ गयी इसका खुलासा है 'बंजर' नामक कहानी। इस कहानी की पात्र लेखिका 'पर्यावरणहितु संस्था' के साथ काम करती रही हैं। लेखिका जहाँ गयी थीं वहाँ ज़मीन के चार फुट नीचे पानी है। पेड़ की जड़ जमने से पहले, खारे पानी में जल जाती है। मई-जून महीने में 48-50 डिग्री तापमान होता है। फिर पानी खूब बरसता हे पर नमक से भरी धरती उसे सोख नहीं पाती। जो पेड़ लू और खारे से बच जाता है वह पानी से सड़ जाता है। मृदुलाजी ने भूमि की इस दारुण स्थिति को यों दिया—"यहाँ तो भूमि के हर टुकड़े पर, उस पर निर्भर इंसान बसे हुए हैं। कोई भी टुकड़ा अगर परती छोड़ दिया जाए तो प्रकृति खुद ब खुद उसे हारिया देगी। जो भी वनस्पति उस प्रदेश के पर्यावरण के अनुकूल होगी उस पर उग आएगी, बस काटने चरने से बची रहे। पर यहाँ तो पिछले सौ बरसों से कुछ नहीं हुआ, न किसी ने कुछ रोपा, न काटा, न चरा। प्रकृति भी मुँह फेरे खड़ी थी।" (संगति-विसंगति-बंजर-पृ- 674) मृदुलाजी के अनुसार इस बंजरता को बचाने का एकमात्र उपाय जनसंख्या को कम करना है। 'विचल' कहानी में सूखे का जिक्र किया गया है। कहानी का पात्र शोभा मौसमी फूलों के सम्बन्ध में बोलते हुए कहती है—"इस साल इधर बिलकुल बारिश नहीं हुई, इतनी गर्मी पड़ी कि मौसमी फूल आये ही नहीं। आपने पढ़ा होगा, इधर कितना सूखा पड़ रहा है।" (हरी बिन्दी-विचल, पृ. 20) आजकल पारिस्थितिक सन्तुलन के बिगाड़ने से बेवक्त बारिश और सूखा आते हैं। सूखा और प्रलय इंसान और उसकी उपभोग संस्कृति के खिलाफ प्रकृति का प्रकोप ही है।

'मेरे देश की मिट्टी, अहा' कहानी पर्यावरण और उसके प्रदूषण को व्यक्त करती है। एक गाँव के लोग वर्षा की कमी तथा खारे पानी की वजह से पत्थर ठोकने जाते थे जिससे तपेदिक की बिमारी पड़ गयी थी। परन्तु पेट भरने का यही रास्ता था। बाद में बंजर भूमि पर कारखाना लगवाया गया जहाँ जानवरों की खाल से सामान बनाया जाता था। उसकी गन्ध गाँव की आबो-हवा को दूषित कर रही थी। प्रदूषित होते वातावरण को बचाने की माँग पंचायत में हो रही है। इस कहानी में आजकल कारखानों के माध्यम से जो प्रदूषण सर्वत्र हो रहा है, इस ओर इशारा किया गया है। जानवरों के ऊपर उनके चमड़े आदि निकालने के लिए अनावश्यक हमला हो रहा है। इससे जानवरों की कई जातियाँ यहाँ से मिट रही हैं। कई प्रकार से प्रकृति एवं वातावरण के विनाश हेतु हमारा स्वास्थ्य नष्ट हो रहा है तथा आगामी पीढ़ी के सामने भूमि की हालत प्रश्न चिह्न बन रही है।

मृदुला गर्ग की 'डेफोडिल जल रहे हैं' कहानी वीना-सुधाकर और फिरोज जिना के इर्द-गिर्द-घूमती है। फिर भी यत्र-तत्र प्राकृतिक सौन्दर्य और जीवन की ऊष्मा पाने की चाहत है। वीना-सुधाकर का हनीमून गुलमर्ग में बिताना चाहती

है। आइरिस, डेफोडिल और नर्गिस के फूलों का जिक्र बहुत सुन्दर ढंग से कहानी में हुआ है। लेकिन इसी बीच में वीना को तेज बुखार हुआ। वीना को लगा कि यह बुखार डेफेडिल के फूलों को जला देता है। अन्त में इन्हीं डेफोडिल के फूलों के बीच वे खुश हो जाते हैं। क्योंकि उन्हें इन फूलों में जीवन की ऊष्मा नज़र आती है। कहानी में प्राकृतिक सुन्दरता का बयान साफ प्रकट है। कश्मीर जैसा सुन्दर स्वर्ग पूरे देश में अपनी सूझ-बूझ और सजगता से बनाने का आग्रह मृदुलाजी करती हैं। इस कहानी से यह जाहिर होता है कि मनुष्य और प्रकृति का सहसम्बन्ध मनुष्य के लिए ऊर्जा, विश्वास और जीवनशक्ति प्रदान करता है।

'कली में सत' कहानी में हमारी उपभोग संस्कृति की भयानकता के सामने हमारे सहज प्राकृतिक मूल्यों का जो हनन हो रहा है, उसका अच्छा बयान हुआ है। 'सत' जो है वह प्रकृति है, हमारी अपनी ग्रामीण संस्कृति है। अर्थ-प्रधान मल्टीनेशलन के दौर में कलियुगी और सतयुगी कथाओं का संक्रमण है। यहाँ दशरथ, कौशल्या, कैकेयी, राम, लक्ष्मण, सीता, उर्मिला और भरत तथा रावण अपने नये प्रतीकात्मक रूपों में मौजूद हैं। कहानी में राघव, सीता और लछमन को वन भेजा गया और भरत को दशरथ की मिठाई की दूकान दी गयी। वन से तात्पर्य है महमूदाबाद गाँव, जहाँ दशरथ की खांडसारी की मिलें हैं और वहाँ ऊँची जाती के खूंखार राक्षस है उनका नेता है दशानन।

राघव, लछमन और सीता जब गाँव जाते हैं तो वहाँ की स्वच्छ हवा में उनका मन रम जाता है और आम आदमी को दशानन के आतंक से मुक्त करने का संकल्प भी उनके सामने है। दूसरी ओर लछमन की पत्नी उर्मिला जो कॉलेज में अर्थशास्त्र पढ़ाती है और लछमन के साथ इसलिए नहीं जाती कि वहाँ ढंग के बाजार, रेस्तराँ, थियेटर, आर्ट गैलरी, सिनेमा हॉल कुछ भी नहीं हैं। भरत ने शहर में रह कर एम. बी. ए. की पढ़ाई की। ये दोनों मिलकर अपने राजपाट को नया रूप देते हैं। देसीराम मिठाई की दुकान मल्टीनेशनल चायस्को में परिवर्तित होती है। चायस्को के पाँव पंचवटी यानी महमूदाबाद तक भी पहुँच जाते हैं। वहाँ की सभी खांडसारी मिलें, जिनकी देख-रेख राघव और लछमन करते थे, चायस्को खरीद लेता है। खांडसारी की जगह कोला और लैमन जूस बनाने की योजना बनती है। पर्यावरण सुधार की दृष्टि से विश्वबैंक से 15 करोड़ का ऋण लेकर विश्व में निर्यात के लिए बीस-पच्चीस फूलों की किस्में उगाने की योजना भी सामने आती है। इन सारी ख़ुशहाली में तमाम राक्षस कम्पनी के कर्मचारी हो जाते हैं। ऐसी हालत में राघव, सीता और लछमन के सामने कोई विकल्प नहीं रह जाता। अन्त में वे तीनों अपनी विकल्पहीन स्थिति में जल समाधि लेते हैं।

कहानी में प्रतीकात्मक रूप से मृदुलाजी यह कहना चाहती हैं कि ग्रामीण वातावरण में प्रकृतिजन्य स्वभाव एवं वस्तुओं के साथ मिलजुलकर स्नेह एवं

मानवीय मूल्यों के साथ जीने वाले राम-लछमन, सीता जैसे लोगों के ऊपर उपभोग का जब हमला होता है तब वे असली संस्कृति के लोग विकल्पहीन बन जाते हैं। वे इन नयों के साथ फिट नहीं हो पाते। कितने किसान लोग ऐसी संस्कृति की वजह से रास्ताविहीन बनकर आत्महत्या करते हैं। सच्चे अर्थ में पर्यावरण के रक्षक राघव, लछमन एवं सीता को समाप्त कर कृत्रिम रूप से पर्यावरण रक्षिका का अभिनय करने वाली उर्मिला की जीत होती है। पर्यावरण के नाम पर धन और नाम कमाने वाले अनेक स्वार्थी व्यक्ति हमारे बीच में है। उर्मिला उसका अच्छा उदाहरण है। पंचवटी के सहज चमत्कार एवं पर्यावरण नष्ट हो गये। प्रकृति की सन्तानें थे राघव, लछमन और सीता। उनकी आत्महत्या इसलिए हुई कि प्राकृतिक सांस्कृतिक धरोहर का अवमूल्यन हो रहा है।

उर्मिला इन लोगों के नाम पर दो भव्य स्मारकों का निर्माण कर लोगों की आँखों पर धूल झोंकती हैं। वहाँ भी वह समाजसेवा एवं धर्म के नाम पर अपने व्यापार को बढ़ावा देती है। एक स्मारक भगवान राम, सीता और लक्ष्मण के नाम पर तो दूसरा समाजसेवी राघव, सीता और लछमन के नाम पर। दोनों में हरितिमा से घिरे उपासना स्थल थे, रेस्तरां, पैप्सी फाउंटेन, बच्चों के लिए क्रीड़ास्थल, स्थानीय हस्तकला विक्रय केन्द्र, नारी शिक्षा केन्द्र जिनमें हस्तकलाओं के प्रशिक्षण के साथ जूड़ो का प्रशिक्षण भी दिया जाता था जिससे फिर किसी सीता का अपहरण न हो। दोनों स्मारकों के बीच एक शिलालेख पर लिखा था—"मनुष्य ईश्वर का रूप है। राघव, सीता, लछमन वे विभूतियाँ थीं, जिन्होंने शहर छोड़कर गाँव में बसने का निर्णय लेकर, पंचवटी के प्राचीन सत को, कालिकाल में दुबारा स्थापित किया। वह सत जो स्वयं भगवान राम ने, त्रेता युग में, यहाँ प्रतिष्ठित किया था।" (कलि में सत) सबसे उल्लेखनीय बात यह है कि सत के नाम पर निर्मित इन स्मारकों का उद्घाटन करने वाला जो उनकी मृत्यु का कारण बन गया वही दशानन है। दरअसल हमारी असली संस्कृति के विनाशक लोग ही असली संस्कृति को बनाये रखने का दिखावा कर मुनाफा कमा रहे हैं। गाँधी जी के नाम पर, राम के नाम पर और ऐसे कई नाम हैं जिनपर ये जी रहे हैं।

उर्मिला बहुत चतुर है। वह समय की नब्ज पहचानती है—""पर्यावरण में तो किसी मल्टीनेशनल को रुचाया जा सकता है। आज की सूपर बिकाऊ चीज़ है।" (कली में सत) समकालीन सन्दर्भ में इस पर्यावरण को बेचकर पर्यावरण का शोषण किया जा रहा है। 'पेड़ लगाओं' जैसे नारे को लेकर कई आन्दोलन आज ज़ोरों पर हैं, उनमें कितने सच्चे हैं या झूठे हैं, पहचानना मुश्किल हैं। मृदुलाजी की 'इक्कीसवीं सदी का पेड़' नामक कहानी में भी इस झूठे नारे की ओर इशारा किया गया है। सहज मूल्यों एवं पर्यावरणों को नुकसान पहुँचाते हुए जो औद्योगिक उन्नति एवं विकास यहाँ हो रहा है इससे हमें जागरूक होना है। जिस कृत्रिम

संस्कार का निर्माण हो रहा है वहाँ राम, सीता और लछमन जैसे नैसर्गिक जीवन बिताने वालों को कोई स्थान नहीं होगा। वे लड़ते-लड़ते विकल्पहीन बनकर अपने को समाप्त करेंगे। ऐसे लोगों का अन्त एक जीवन शैली का अन्त नहीं है; इसके दूरगामी प्रभाव हमारे जीवन के हर पड़ावों पर पड़ते रहेंगे। यह हमारी चेतना को अपनी गिरफ्त में लेकर भीतर-भीतर तक खोखला कर देता है। हमारी सोचने-समझने की ताकत पूर्णतः अशक्त होकर एक निर्धारित रास्ते पर बढ़ने लगती है। यह स्थिति हमें संवेदनशून्य बना देती है। प्रकृति पर हमारे हमले का कारण यह संवेदनाशून्य मानसिकता है। आज की उपभोग संस्कृति मानसिक एवं शारीरिक रूप से कमज़ोर व्यक्तिवों का निर्माण कर रही हैं। यह आगामी पीढ़ियों के लिए बहुत ही खतरनाक सिद्ध होगा। ऐसी दूरदर्शिता से सम्पन्न हैं मृदुलाजी की कहानियाँ जिन पर चर्चाएँ अनिवार्य इसलिए हैं कि वे बहुआयामी हैं।

मेरा परिवार : एक पुनःपाठ

जानवर का मनुष्य के साथ जो सम्बन्ध है उसे सूक्ष्मतः साबित करने वाली रचना है महादेवी वर्मा का रेखाचित्र मेरा परिवार। यह रचना पारिस्थिति के सन्दर्भ में अपनी महत्त्वपूर्ण भूमिका निभाती है। हिन्दी में पक्षी एवं जानवरों पर केन्द्रित बहुत कम रचनाएँ हुई हैं। इस दृष्टि से इस रचना का महत्त्व बढ़ता है। इस रचना के उच्छ्वास में इलाचन्द्र जोशी ने लिखा है—"वास्तविकता तो यह है कि महादेवी जी ने कुछ विशिष्ट मानवेतर प्राणियों के प्रति अपनी जिस सहज सौहार्द और एकान्त आत्मीयता की अभिव्यंजना का जो अपूर्व कला-कौशल अपने इन चित्रों में व्यक्त किया है, वह केवल उनकी अपनी ही कला की विशिष्टता की दृष्टि से नहीं, वरन संसार-साहित्य की इस कोटी की कला के समूचे क्षेत्र में भी बेमिसाल और बेजोड़ हैं। ये कृतियाँ मानवीय अवज्ञता, संवेदना और कलात्मक प्रतिभा के अपूर्व निदर्शन की दृष्टि से शाब्दिक अर्थ में अपूर्व और अद्भुत कलात्मक चमत्कार के नमूने हैं।" (मेरा परिवार, उच्छावास, इलाचन्द्र जोशी, पृ-6)। इसमें पशु-पक्षियों की संवेदनाएँ, मनुष्य तथा अन्य प्राणियों के बीच उनका सह सम्बन्ध एवं परस्पर आशय विनिमय के तरीकों को बहुत चित्रात्मक, कलात्मक एवं संजीदगी के साथ अंकित किया गया है।

समकालीन संस्कृति में पशुपक्षियों के शोषण के विभिन्न रूप प्रकट हैं। 'मेरा परिवार' में जो शोषण अंकित है इस पर विचार करने के साथ महादेवी वर्मा के माध्यम से कैसे इसका प्रतिरोध हुआ यह विचारणीय है। प्रथम रेखा नीलकंठ नामक मोर की है। इसमें नखासकोने का चित्रण प्राप्त है। प्रयाग जैसे शान्त और सांस्कृतिक आश्रम-नगर में यह एक विचित्र स्थान है। यहाँ अनेक संस्थाएँ, दुकानें सब कुछ हैं। मत्स्य के क्रय-विक्रय केन्द्र हैं, तेल-फूलेल की दुकानें-भी, मानो दुर्गंध-सुगन्ध में समसरता स्थापित एक स्थान। महादेवी इस स्थान से इसलिए आकृष्ट हैं कि वह स्थान उनके प्रिय जीवजाल खरगोश, कबूतर, मोर, चकोर आदि का कारागार है। अस्पताल के सामने की पटरी पर कई छोटे-छोटे घर और बरामदे हैं, जिनमें ये जीव-जन्तु तथा इनके कठिन हृदय जेलर दोनों निवास करते हैं। छोटे-बड़े अनेक पिंजरे बरामदे में और बाहर रखे रहते हैं, जिनमें दो खरगोश के

रहने के स्थान में पच्चीस और चार चिड़ियों के रहने के स्थान में पचास भरी रहती है। इन छोटे जीवों को हँसने-रोने की भिन्न ध्वनियाँ मिली हैं। अतः इनका महा कलरव महा-क्रन्दन भी हो तो आश्चर्य नहीं। इन जीवों के कष्टनिवारण का कोई उपाय न सूझ पाने पर भी महादेवी अपने-आपको उस ओर जाने से नहीं रोक पाती। किसी पिंजड़े में पानी न देखकर उसमें पानी रखवा देती हैं। कुछ चिड़ियों को खरीदकर उड़ा देती हैं। जिनके पंख काट दिये गये हैं, उन्हें ले आती हैं। वहाँ से दो मोर को उन्होंने खरीद लिया। नहीं तो इन्हें मारने के लिए देने की तैयारी हो रही थी। संकीर्ण पिंजड़ें में बन्दकर ये मोर शावक गोल क्रम में कसे-जड़े चित्र जैसे जग रहे थे।

महादेवी ने इन्हें अपने पढ़ने-लिखने के कमरे में छोड़ा। इस प्रकार बहुत स्वतन्त्रता देकर वे प्रत्येक का पालन करती हैं।

वैसे ही उसके 'सोना हिरनी' नामक रेखाचित्र में हिरणों की हत्या कर अपनाने वाले शिकारियों की कठोर भर्त्सना की गयी है। बेचारी सोना मनुष्य की निष्ठुर मनोरंजनप्रियता के कारण अपने अरण्य-परिवेश और स्वजाति से दूर मानव-समाज में आ पड़ी थी। प्रशान्त वनस्थली में जब आलस भाव में रोमन्थन करता हुआ मृग समूह शिकारियों की आहट से चौंककर भागा, तब सोना की माँ सद्यः प्रसूता होने के कारण भागने में असमर्थ रही। सद्यः जात मृगशिशु तो भाग नहीं सकता था, अतः मृगी माँ ने अपनी सन्तान को अपने शरीर की ओट में सुरक्षित रखने के प्रयास में प्राण दिया। दया के कारण या कौतुक प्रियता के कारण शिकारी मृत हिरनी के साथ उसके झनी और ठंडे स्तनों से चिपटे हुए शावक को जीवित उठा लाए। उनमें से किसी के परिवार की सदल गृहिणी और बच्चों ने उसे दूध पिला-पिलाकर दो-चार दिन जीवित रखा। महादेवी वर्मा लिखती हैं—"सुस्मित वस्तु के समान ही किसी बालिका को मेरा स्मरण हो आया और वह अनाथ शावक को मुमूर्षु अवस्था में मेरे पास ले आयी। शावक अवांछित तो था ही उसके बचने की आशा भी धूमिल थी, परन्तु मैंने उसे स्वीकार कर लिया। स्निग्ध सुनहले रंग के कारण सब उसे सोना कहने लगे। दूध-पिलाने की शीशी, ग्लूकोज, बकरी का दूध आदि सब कुछ एकत्र करके उसे पालने का कठिन अनुष्ठान आरम्भ हुआ।" (मेरा परिवार, पृ. 48)

इस रेखाचित्र में अन्यत्र मनुष्य द्वारा जानवरों और पक्षियों की जो हत्या हो रही है इस पर प्रकाश डाला गया है। हरीतिमा में लहराते हुए मैदान पर छलाँग भरते हिरणों का गतिशील सौन्दर्य बेजोड़ हैं। लेकिन जीवन के इस चल सौन्दर्य के प्रति शिकारी का कोई आकर्षण नहीं है। शिकारी जीवन की ऐसी सुन्दर ऊर्जा को निष्क्रिय और जड़ बनाने के कार्य को मनोरंजन कहता है। "आकाश में रंग-बिरंगे फूलों की घटाओं के सामने उड़ते हुए और वीणा, वंशी, मुरज, जलतरंग आदि का

वृन्दावन (आर्केस्ट्रा) बजाते हुए पक्षी कितने सुन्दर जान पड़ते हैं। मनुष्य ने बन्दूक उठाई, निशाना साधा और कई गाते-उड़ते पक्षी धरती पर ढेले के समान आ गिरे। किसी की लाल-पीली चोंचवाली गर्दन टूट गयी है, किसी के पीले सुन्दर पंजे टेढ़े हो गये हैं और किसी के इन्द्रधनुषी पंख बिखर गये हैं। क्षत-विक्षत रक्तस्नात उन मृत-अर्धमृत लघुगानों में न अब संगीत है, न सौन्दर्य, परन्तु तब भी मारने वाला अपनी सफलता पर नाच उठता है।" (पृ. 47) इस प्रकार पशु जगत और पक्षी जगत में मनुष्य की जो निष्ठुर घ्वंसलीला चल रही है इस पर गहरा दुःख महादेवी वर्मा प्रकट करती हैं।

जानवरों के शोषण में मनुष्य द्वारा कुत्ते का जो शोषण हुआ इस पर महादेवी संकेत करती हैं 'नीलू' नामक रेखा में। दुकान से सामान ले आने के लिए नीलू की माँ लूसी का जो दुरुपयोग हुआ यह बहुत मर्मभेदी घटना है। बर्फीले मार्ग को पार कर दुकान तक पहुँचने वाली लूसी के गले से दुकानदार कपड़ा खोलकर रुपया, सूची आदि लेने के उपरान्त सामान की गठरी उसके गले या पीठ से बाँध देता और लूसी सारे बोझ के साथ बर्फीली मार्ग पार करती हुई सकुशल लौट आती। कभी-कभी उसे कई बार आना-जाना पड़ता है। चार-पाँच दिन के बच्चों को छोड़कर लूसी दुकान तक आने-जाने लगी थी। एक दिन सन्ध्या के झुटपुटे में वह लकड़बग्घे का आहार बन गया। इस प्रकार जानवरों का शोषण कई प्रकार से हो रहा है। महादेवी के अनुसार—"पशु को मनुष्य से यातना ही नहीं, निर्मम मृत्यु तक प्राप्त होती है, परन्तु उसकी आँखों के विश्वास का स्थान न विस्मय ले पाता है, न आतंक।" (पृ. 70, गौरा गाय)

जानवरों के ऊपर होने वाले अन्याय एवं अत्याचार को रेखाचित्रकार कई रेखाओं में व्यक्त करती है। जानवरों के प्रति स्नेह, दया आदि प्रकट कर स्वतन्त्र जीवन बिताने की अनुमति महादेवी वर्मा देती हैं। इन जानवरों के परिवार में गाय, कुत्ता, मोर, बिल्ली, खरगोश, गिलहरिया, घोड़ा, यहाँ तक नेवला भी अंग बना है। इनके बीच का सह सम्बन्ध एवं संवेदनाएँ स्पृहणीय हैं। जब महादेवी वर्मा शहर के स्कूल जाने लगीं तो नेवला भी उनके साथ जाता है। क्लास में बैठना उचित न समझकर शाम तक पास की झाड़ियों में बैठता है। गौरा-गाय जब रोग से पीड़ित हो जाती है तब पशु चिकित्सक को बुलाया जाता है। "अन्त में एक दिन ब्रह्म मुहुर्त में चार बजे जब मैं गौरा को देखने गयी, तब जैसे ही उसने अपना मुख सदा के समान मेरे कन्धे पर रखा, वैसे ही वह एकदम पत्थर जैसा भारी हो गया और मेरी बाँह पर से सरककर धरती पर आ रहा। (पृ. 75, गौरा गाय) महादेवी तथा जानवरों के बीच इतना निकट सम्बन्ध था कि वह अन्यत्र देखने को नहीं मिलता। जब नीलकंठ मोर मर गया तो उसे पवित्र गंगा में बहाया। सभी जानवरों को पूर्ण स्वातन्त्र्य देकर वे पालती हैं। दुरमुख खरगोश समान जानवर किसी का हितकारी

नहीं है तो भी उसे पूरा संरक्षण एवं स्नेह देकर पाला जाता है। स्नेह देने वालों के प्रति जानवर एवं पक्षी भी संवेदना प्रकट करेंगे।

जानवरों को पालने पर वह पशु न रहकर ऐसा स्नेही संगी बन जाता है, जो मनुष्य के एकान्त शून्य को तो भर देता है परन्तु खीझ उत्पन्न करने वाली जिज्ञासा से उसे बोझिल नहीं बनाता–"साहित्य ही नहीं लोकगीतों की मर्मस्पर्शिता में भी मृगों का विशेष योगदान रहता है। पशु मनुष्य के निश्छल स्नेह से परिचित रहते हैं। उसकी ऊँची-नीची सामाजिक स्थितियों से यह सत्य मुझे सोना से अनायास प्राप्त हो गया।" (पृ. 51, सोना हरिणी) मनुष्य से ज्यादा महादेवी ने जानवरों से स्नेह किया। वे जानवर उसके भोजन के बर्तन से खाने के लिए भी हिचकते नहीं हैं। एक-एक जानवर मरते वक्त वे कितना दुःखी हो जाती हैं–"अपने पालित जीव-जन्तुओं के पार्थिव अवशेष में गंगा को समर्पित करती रही हूँ।... यदि दीर्घ निश्वास का शब्दों में अनुवाद हो सके, तो उसकी प्रतिध्वनि कहेगी 'आह मेरा गोपालक देश'। (पृ. 75, गौरा गाय)

जानवरों के बीच का स्नेह एवं ममता भी विचारणीय है। नीलकंठ मोर सबका रक्षक बन गया। अन्त में साँप के मुँह से छोटे खरगोश को बचाता है और मृत्यु का वरण करता है। अन्य जानवर भी उसे रक्षक समझते थे। एक ही जाति के जानवरों के साथ जिस प्रकार स्नेह है, उसी प्रकार अन्य जातियों के साथ भी है। नीलकंठ मोर महादेवी के परिवार के सारे जीवों का नेता था। जैसे गौरा गाय के साथ उसका बच्चा लालमणि जो खेल करता था उछलता-कूदता था वैसे ही अन्य कुत्ते-बिल्ली भी उसके पेट के नीचे और पैरों के बीच में खेलते थे। वे भी स्थिर खड़ी रहकर और आँखें मूँदकर मानो उनके सम्पर्क सुख की अनुभूति में खो जाते थे।

महादेवी के अनुसार कुत्ते के समान घर का और कोई अच्छा पहरेदार नहीं है–"कुत्ते भाषा नहीं जानते, ध्वनि पहचानते हैं। नीलू का ध्वनि-ज्ञान इतना विस्तृत और गहरा था कि उससे कुछ कहना भाषा जानने वाले मनुष्य से बात करने के समान हो जाता था।" (पृ. 83, नीलू कुत्ता)

जानवर एवं पक्षियों के प्रति ममता एवं करुणा तथा उसके सौन्दर्य के प्रति आकर्षण महादेवी में बचपन से प्रकट हुआ था। जब वे छोटी कक्षाओं में पढ़ रही थीं तब जब-जब वक्त मिलता था वे स्कूल के पास की प्रकृति में वृक्षों पर जाकर बैठती थीं और प्रकृति और जीवजालों का निरीक्षण करती थी। महादेवी वर्मा ने 'मेरा परिवार की आत्मिका' में कहा है–"पश्चिमी सीमा पर कॉलेज का, एक आम, अमरूद, नींबू, कटहल आदि का बगीचा था जिसे किसी काछिन ने ठेके पर ले रखा था। अनुकूल परिवेश की खोज में भटकते मन ने वहाँ कब एक विश्रान्तिका पाली, यह मुझे तब पता चला, जब उस बाग के अभाव में सब कुछ रिक्त और फीका लगने लगा।" (पृ. 15) वसन्त का सौन्दर्य आम की मंजरियों से उन्होंने

महसूस किया। उस बाक के पूरे सौन्दर्य का आस्वादन कर उन्होंने पढ़ाई की। बाग में पहुँचते ही वे पहले मुर्गी के बच्चों को गिन लेती थीं। फिर एक-एक को हाथ में उठाकर उसे चोंच से लेकर पंजों तक रूमाल से पोंछ देती थी और तब काकुन कोई और दाना उनके आगे बिखरने के उपरान्त ही वह आम की डाली पर समासीन होती थी। एक दिन पाँचवाँ कुम्कु शाव नहीं दिखाई दिया। उस बच्चे को किसी के खा लेने के पहले ही उसने बचाया। महादेवी वर्मा का बचपन से लेकर प्रकृति तथा प्रकृति के जीवजालों के साथ अच्छा सम्बन्ध था। जो आज के लोगों में विरले ही दिखाई देता है। मनुष्य तथा जीवजालों के साथ इस प्रकार की घनिष्ठता पारिस्थितिक सन्दर्भ में सबसे उल्लेखनीय भी है। आज जानवरों के साथ हमारी संवेदन क्षमता नष्ट हो रही है। जानवरों के सम्बन्ध में पढ़ने का शास्त्र 'इथोलॉजी' विकास प्राप्त कर रहा है। लेकिन महादेवी जी ने खुद अपने अनुभव से जानवरों को पढ़ा, पाला, पोसा और प्यार किया। उनके स्नेह और करुणा प्रकृति और प्रकृति की समस्त जीवजातों की ओर चाँदनी के समान फैला।

विकसित देश के महानगरों में आज मनुष्य को घरेलू जानवर नहीं चाहिए। उनके लिए कृत्रिम जानवर और यान्त्रिक जानवर प्रिय है। मनुष्य को पक्षी, पशु और प्रकृति की हरीतिमा तक इलैक्ट्रानिक स्क्रीन में दिखाई पड़ने वाला विज्ञापन चित्र मात्र है। वैसा ही है यन्त्रचालित सैबर जानवर भी। इस सन्दर्भ में महादेवी का प्रकृति प्रेम और जानवरों के प्रति करुणा और ममता हमें प्रकृति की ओर बुला लेते हैं। जानवरों को स्वच्छ खुले वातावरण में विचरण करने की आवश्यकता वे महसूस करती हैं। लेकिन जानवरों को बचाने के लक्ष्य में ज्यादातर उन्होंने अपने घर पर इनको पाला। आज झूठे प्रकृति प्रेम के नाम पर कई लोग कई प्रकार से लाभ उठाते हैं। तब महादेवी जैसी यथार्थ प्रकृति प्रेमी एवं मनुष्य प्रेमी का स्मरण करना अत्यन्त आवश्यक है।

रामचरितमानस में पर्यावरण

मानव और प्रकृति का घनिष्ठ सम्बन्ध है। मानव की भौतिक आवश्यकताओं की पूर्ति के साथ-साथ उसके आत्मस्थ शोक, भय, करुणा, विस्मय, प्रेम, उत्सुकता, सहानुभूति जैसी भावनाओं का स्फुरण भी प्रकृति के अद्‌भुत क्रिया-कलाप से होता है। मानव-मन की वृत्तियों के परिष्कार में भी इसकी विशेष भूमिका है। सांसारिक संघर्षों एवं असफलताओं से उद्विग्न मानव-मन प्रकृति के स्मरणीय दृश्यों से शान्ति प्राप्त करता है। आदि मानव-मन प्रकृति से मिल-जुलकर प्रकृति का हिस्सा बनकर जीवन बिता रहा था। उसकी आजीविका के लिए आवश्यक सारी चीज़ें प्रकृति देती रही थी। इसलिए आदि मानव प्रकृति के प्रत्येक अंग की पूजा करता था, वह बिलकुल प्राकृतिक था। किन्तु कालान्तर में धीरे-धीरे मानव प्रकृति से दूर होता चला गया। आधुनिक बुद्धिप्रधान सभ्यता के बीच अपनी पुरातन सरल स्वाभाविक शान्तिपूर्ण प्राकृतिक जीवन-पद्धति खो डालने से मानव की जो दुर्दशा हुई उसके विषय में शुक्लजी ने यों कहा कि "हम पेड़-पौधे और पशु-पक्षियों से सम्बन्ध तोड़कर नगरों में आ बसे पर उनके बिना रहा नहीं जाता... हमारा साथ उनसे भी छोड़ते नहीं बनता। कबूतर हमारे घर के छज्जों में सुख से सोते हैं, गौरे हमारे घर के भीतर आ बैठते हैं, बिल्ली अपना हिस्सा या तो 'म्याऊँ-म्याऊँ' करके माँगती है या चोरी से ले जाती है, कुत्ते घर की रखवाली करते हैं और वासुदेव जी कभी-कभी दीवार फोड़कर निकल पड़ते हैं।" (चिन्तामणि-भाग-1, कविता क्या है?) वस्तुतः आज के इस मशीनी युग के प्रदूषित वातावरण में आधुनिक मानव को प्रकृति के अंचल में जाने की जितनी आवश्यकता है उतनी अतीत के मानव को नहीं थी। अनियन्त्रित व तथ्य संग्रहकारिणी तर्कबुद्धि के घोर और उन्मत्त उपासक होकर मानव ने अपने हृदय का असली अंश खो दिया। अपने स्वार्थ के लिए मनुष्य प्रकृति का विनाश कर रहा है। इसे झेलते-झेलते प्रकृति का संरक्षक रूप अब बदलने लगा। फिर भी प्रकृति प्रेम की मूल रागात्मिका वृत्ति हममें अब भी सुरक्षित है। इसलिए सांसारिक प्रवचनाओं से पीड़ित शेक्सपीयर और वर्ड्सवर्थ ने प्रकृति के प्रति अपना आभार प्रकट किया था। रूसो ने सुख-शान्ति की पुनः प्राप्ति के लिए प्रकृति के अंचल में लौटने की बात कही थी। वस्तुतः मानव और प्रकृति एक-दूसरे के पूरक हैं।

समकालीन सन्दर्भ में प्रकृति हमारी चर्चाओं का मुख्य विषय बन गयी है। आज प्रकृति का विभिन्न प्रकार से प्रदूषण, विनाश एवं शोषण हो रहा है। आज मनुष्य वर्ग को बचाने के लिए हमें सबसे पहले प्रकृति को बचाना है। इसलिए प्रकृति और मनुष्य के पारस्परिक सम्बन्ध की अनिवार्यता पर विचार-विमर्श चल रहा है। इस सन्दर्भ में रामचरितमानस की पारिस्थितिक सजगता पर विचार करना समीचीन होगा।

मानव और प्रकृति के घनिष्ठ रागात्मक सम्बन्ध के कारण संस्कार-रूप में प्राप्त उसका प्रकृति-प्रेम, काव्य में भी अभिव्यक्ति पाता है। शुक्लजी के अनुसार "काव्य का क्षेत्र केवल नर-जीवन ही नहीं, समस्त चराचर का जीवन, प्रकृति की रूप-चेष्टाएँ भी हैं। नरक्षेत्र के भीतर बद्ध रहने वाली काव्यदृष्टि की उपेक्षा सम्पूर्ण जीवन-क्षेत्र और समस्त चराचर के क्षेत्र में मार्मिक तथ्यों का चयन करने वाली दृष्टि उत्तरोत्तर अधिक व्यापक और गम्भीर कही जाएगी।" भावुक कवि के लिए प्रकृति निर्जीव खाद्य पदार्थों के समान उपभोग की वस्तु नहीं रहती अपितु वह प्रकृति का निजी स्वतन्त्र अस्तित्व स्वीकार करता है। प्रकृति का रूप, गुण, वैभव गन्ध सभी कवि के आकर्षण का केन्द्र बनते हैं।

संस्कृत, प्राकृत एवं अपभ्रंश भाषाओं में रचित रामायणों में प्रकृति की महत्त्वपूर्ण भूमिका रही है। रामचरितमानस में मानव और प्रकृति के चिरन्तन सम्बन्ध पर प्रकाश डालते हुए प्रकृति के रक्षणीय रूप को ज़्यादा उजागर करने की कोशिश की गयी है। नदियों, वनों, पर्वतमालाओं एवं वन के जीव-जन्तुओं, पेड़-पौधों, जानवरों, बन्दरों, आदि की सेवा राम को कष्टकंटकों से भरे हुए रास्ते में सहायक बन गयी है। देश की प्रमुख नदियों को तुलसी किसी-न-किसी रूप में रामकथा से सम्बद्ध करते हैं। इन नदियों द्वारा मानव और मानवीय संस्कार के निर्माण में दिये गये सहयोग का अच्छा खासा चित्र रचना के आरम्भ से लेकर अन्त तक प्राप्त है। राम की जन्मभूमि अयोध्या सरयू-तट पर है। अनुजों तथा सखाओं सहित वह उसके तट पर क्रीड़ा करते हैं। वन-गमन के अवसर पर वह पहले दिन तमसा, फिर गोमती और कसई नदियों के तट पर विश्राम करते हैं। गंगा नदी का दर्शन करके, उसमें स्नान करते हैं। त्रिवेणी की वन्दना करके उसके सितासिल जल में भी पत्नी व अनुज सहित राम स्नान करते हैं। यमुना का श्यामवर्ण जल देख तीनों उसमें स्नान कर उसे कृतार्थ करते हैं। गंगा की ही पवित्र धारा मन्दाकिनी भी इस पुण्य से वंचित नहीं रहती, मन्दाकिनी के तट पर ही वे चित्रकूट में निवास करते हैं, गोदावरी के तट पर स्थित पंचवटी में वे पर्याप्त समय तक विहार करते हैं। राम-लक्ष्मण-सीता के अतिरिक्त भरत एवं अयोध्यावासी भी इन नदियों के दर्शन कर, उनमें स्नान करते हैं तथा उनकी वन्दना करते हैं। नदियों के अतिरिक्त विभिन्न तालाबों, निर्झरों, झीलों और समुद्रों से भी तुलसी ने रामकथा को जोड़ा है। शबरी से सीता का समाचार पाकर राम पम्पा सरोवर जाते हैं। लंका जाने के लिए श्रीराम अग्निवाण से समुद्र पर पुल बाँध लेते हैं और वहाँ शिवलिंग की प्रतिष्ठा

करके उसे 'रामेश्वर' तीर्थ का नाम देते हैं। आज नदियाँ सब सूख रही हैं, और जिन नदियों में पानी है प्रदूषण के कारण वह इस्तेमाल के लिए काबिल भी नहीं है। स्वास्थ्यवर्द्धक नदियाँ आज स्वास्थ्य के लिए हानिकारक बन गयी हैं।

चौदह वर्ष के वनवास के अवसर पर राम और प्रकृति का सम्बन्ध और दृढ़तर बन जाता है। रामजन्म से लेकर जैविक प्रकृति प्रतिपल राम के साथ रहती है। राम के जन्मोत्सव में केले के खम्भे बनाये जाते हैं और नगर की स्त्रियाँ फूल-पत्ते-दूब आदि थालों में भरकर भेंट करने आती हैं। राम-सीता के विवाह मंडप के निर्माण और सजावट में भी प्राकृतिक पदार्थों का योग द्रष्टव्य है। राम कथा जैसे-जैसे बढ़ती है, प्रकृति भी अपने पूर्ण ठाठ-बाट के साथ राम की सेवा में उपस्थित हो जाती है। राम के राज्याभिषेक के लिए गुरु वसिष्ठ सभी तीर्थों का जल, औषधि, मूल, फल-फूल-पत्र आदि लाने तथा फलयुक्त आम, सुपारी, केले जैसे फल वृक्ष के पौधे लगाने का आदेश देते हैं। अभिषेक के बदले वनवास मिल जाने पर वन में प्रकृति ही राम की सहायिका और मंगलाकांक्षिणी सिद्ध हो जाती है। वन में देवी-देवता, माता-पिता और पशु-पक्षी सेवकों के समान उनकी देखभाल करते हैं। पत्रों की कुटिया ही उनके लिए महल बनती है। वृक्ष-छाल के वस्त्र वे पहनते हैं। पत्तों और कुशाओं की सुन्दर साथरी पर शयन करते हैं।

सारल-सँभाल, वस्त्र-बिस्तर आदि प्रदान करने में ही नहीं, राम-लक्ष्मण और सीता के भरण-पोषण में भी यह प्रकृति उनके काम आती है। कन्द, मूल, फल, ही उनके लिए अमृतसदृश आहार है। वन में गुह राम के विश्राम के लिए सुन्दर-कोमल पत्तों की साथरी बनाकर देते हैं। कन्द-मूल-फल ही उन्हें खाने को प्रस्तुत करते हैं। तात्पर्य यह कि देश की प्रकृति में मानव जीते हैं। उनके बीच में कोई अलगाव नहीं। थक जाने पर राम सदैव बट के पेड़ के नीचे विश्राम करते हैं।

यहाँ सबसे उल्लेखनीय बात यह है कि सभी पशु-पक्षी राम के प्रेम में निमग्न अपनी सुध-बुध खो देते हैं। राम के मन में भी इनके प्रति अगाध ममत्व है। वह भी मार्ग से जाते हुए वन, पर्वत, पशु-पक्षियों को स्नेहमयी दृष्टि से देखते हैं—"देखत गिरि वन विहग मृग रामु चले मग जाहि।" (*रा. च. मा. 2, 113, पृ. 424*) इसका तात्पर्य यह है कि प्रकृति और मनुष्य परस्पर सहयोग एवं स्नेह के साथ रक्षक के रूप में पुराने ज़माने में रहते थे। लेकिन आज इसके बिलकुल उल्टा हो गया है मनुष्य। विकास के नाम पर वन को काटकर, लूटकर, पूर्णतः नाश करने वाला मनुष्य दिन-ब-दिन प्रकृति का कोपपात्र बन रहा है। भौमताप से आज दुनिया भर कितने लोग मर रहे हैं। इसकी वजह यह है कि परस्पर स्नेह एवं सहयोग से प्रकृति में जो सन्तुलन कायम था वह बिलकुल बिगड़ गया।

राम की वन-यात्रा में राम जहाँ भी जाते हैं प्रकृति हर्षोल्लास से उनका स्वागत करती है। वाल्मीकि-आश्रम, चित्रकूट, पंचवटी आदि स्थानों पर निवास करने पर भी प्रकृति के सभी तत्त्व प्रसन्नता में विभोर हो उठते हैं—"गिरि वन नदी ताल छवि

छाए। दिन-दिन प्रति अति होहिं सुहाए खब मृग वृंद आनंदित रहहीं। मधुप मधुर गुंज छवि लहहीं।" (राम. च. मा. 3, 13, 1-2, पृ. 613)

जब सीता का अपहरण हुआ या ऐसे आपदकाल में मानव की अभिन्न अंग प्रकृति सीता की सहायता करती है। उसकी आर्तवाणी सुनकर जटायु नामक गिध पक्षी बड़ी फुर्ती से चोंच और पंजों से रावण के घोड़ों को क्षत-विक्षत कर, रथ को खंडित कर सीता को उससे छीन लेता है और जब तक उसके सभी पंख नहीं काटे जाते तब तक सीता को रावण के हाथों जाने नहीं देता।

राम सीता की खोज में निकलते हैं तो प्रकृति उन्हें पूर्ण सहयोग देती है। सुग्रीव से मित्रता कर राम के प्रवर्पण पर्वत पर निवास करने से वहाँ की समग्र प्रकृति सर्वप्रकारेण अपनी प्रसन्नता व्यक्त करती है। सीता का पता पा लेने पर राम जब रावण पर चढ़ाई करते हैं तो भी देश की प्रकृति के विभिन्न जड़-चेतन तत्त्व ही राम को सहयोग देते हैं। रीछ-वानरों की सेना पर्वतों और वृक्षों को अस्त्र-शस्त्र रूप में धारण किये इच्छानुसार कोई आकाश-मार्ग से तथा कोई पृथ्वी पर चले जा रहे हैं—

नख आयुध-गिरी पादपधारी। चले गगन माह इच्छाचारी।
केहरि नाद भलु कपि करहीं। डगमगाहि दिग्गज चिक्करहीं॥

रामचरितमानस 5, 34-35, पृ. 176

थलचर, नभचर जीव-जन्तु ही नहीं समुद्र पर सेतु बाँध लिए जाने पर जलचरों के समूह भी जल के ऊपर निकल आते हैं। मेघनाद की शक्ति लगने पर लक्ष्मण की मूर्च्छा निवारण करने वाली औषधि संजीवनी बूटी है। इस प्रकार भ्रांतृविरह में विलाप करते राम को प्रकृति ही ढाढस बँधाती है। रण-विजय के पश्चात् सीताजी को वापस लाने का आदेश राम से पाकर रीछ और वानर अपना असीमोल्लास अभिव्यक्त करते हैं। रावण के देश में भी हनुमान ने अशोकवृक्ष की छाया में बैठी हुई सीताजी को देखा। रामकथा को देश की प्रकृति से अभिन्न सिद्ध करने के लिए ही चौदह वर्ष के उपरान्त अयोध्या लौटते हुए राम एक-एक स्थान, नदी, वन आदि का नाम ले-लेकर सीता को प्रेमपूर्वक उनका पुनःपरिचय देते हुए अयोध्या पहुँचते हैं। रामराज्य में प्रकृति के सभी तत्त्व राम के प्रति अपनी अनुकूलता प्रदर्शित करते हैं। तुलसी का कथन है कि रामराज्य में पृथ्वी कामधेनु रूप तथा वृक्ष कल्पतरु के समान हो गये तो पत्थर मणि तथा लाल आदि रूपों में परिणत हो गये। रामराज्य में प्रजा को सभी प्रकार से सुखी एवं समृद्ध बनाने के लिए वृक्ष सदा फूलते-फलते हैं, हाथी-सिंह एक साथ रहते हैं—

'फूलहिं परहिं सदा तरु कानन। रहहिं एक संग गण पंचानन'

(रा. च. मा. 7, 22, 1, पृ. 893)

देश की प्रकृति राम की सेवा में इतना निरत है कि लताएँ और वृक्ष माँगने मात्र से ही मधु टपका देते हैं, गउएँ मनचाहा दूध देती हैं, धरती सदा सस्यश्यामला रहती है। इस प्रकार राम के जन्मोत्सव से लेकर राम-राज्य वर्णन तक तुलसी ने

किसी-न-किसी रूप में रामकथा को प्रकृति के साथ अवश्य सम्बद्ध दिखाया है।

इसके अतिरिक्त विभिन्न प्रसंगों के द्वारा तुलसी ने यह भी दिखलाना चाहा है कि देश की प्रकृति राम के साथ ही नहीं अन्य पात्रों की सेवा में भी निरत रहती है। अर्थात् प्रकृति सदा मनुष्य का साथ देती है, मनुष्य का मार्ग तथा जीवन सरल एवं सुगम बना देती है। राम-प्रेम में भरत की विह्वल दशा देखकर पृथ्वी कोमल हो गयी, मार्ग मंगलमय बन गया, बादल भरत की छाया करने लगे और सुखद-सुन्दर हवा बहने लगी। राम का सारा परिवार और अयोध्या के नागरिक तमसा, सई, गोमती आदि नदियों में स्नान और विश्राम करते हैं, तीर्थराज प्रयोग के दर्शन कर यमुना-जल भी पवित्र होते हैं, सारा समाज रामपदांकित कामदगिरि पर्वत और वन को देखने जाता है जहाँ झरनों से अमृत-तुल्य जल झरता है और तीनों प्रकार के तापों को हरने वाली त्रिविध पवन बहती है।

रामभक्त हनुमान जब सीता की खोज में निकलते हैं तो जटायु भाई सम्पाती नामक गीध उन्हें सीता का अशोकवाटिका में ध्यान निमग्न होकर बैठने का पता देता है। प्रकृति के अंग पशु-पक्षियों को राम के दर्शन कर देने मात्र से ही तुलसी को सन्तोष नहीं था। अतः रामकथा को प्रत्येक पक्षी के श्रवणों में भरने के लिए ही सम्भवतः उन्होंने विभिन्न वक्ताओं और श्रोताओं में पक्षियों को भी स्थान दिया है। काक रूप में काकभुशुंडि जितनी सुन्दरता से राम-कथा का प्रचार पक्षियों में कर सके, रामकथा के प्रति रुचि जागृत कर सके, उतना किसी अन्य मानव पात्र द्वारा सम्भव नहीं होता। ऐसा करने से रामकथा का प्रकृति के साथ सीधा सम्बन्ध स्थापित करने में भी कवि को खुशी हुई होगी। एक स्थान पर राम का रूप भी प्रकृति के विभिन्न अंग-प्रत्यंगों के द्वारा वर्णित किया गया है। पाताल विश्वरूप भगवान राम का चरण है, ब्रह्मलोक सिर, सूर्य नेत्र, बादलों के समूह घने काले बाल, अठारह प्रकार की असंख्य वनस्पतियाँ रोमवली, पर्वत शरीर की अस्थियाँ, नदियाँ नसों का जाल और समुद्र पेट है।

तुलसी ने देखा कि 'कलि को कलुष मन मलिन किए महत्' तथा कलियुग के लोग 'कपट कलेवर कलिमल भांडे' एवं 'किंकर कंचन कोह काम के' हो गये हैं तो उनके मन की कलुषता और विकारग्रस्तता को मछली की जल के प्रति आसक्ति के समान है। मानव की विकृति मानसिकता ही सभी विकृतियों की जड़ है। तुलसी का कथन है कि मनुष्य का मन रूपी हाथी दावानल में जलता रहता है और दावानल दग्ध हाथी को जैसे सरोवर-जल में जाने से शान्ति मिलती है उसी प्रकार रामचरित रूपी मानसरोवर में डुबकी लगाने से, उसका श्रवण-मनन करने से, मानव की विकृतियाँ दूर होकर उसे सुखोपलब्धि हो सकती हैं। यह आज पर्यावरण और प्रकृति संरक्षण की सान्त्वना के अभाव में तड़प रहे हैं, इसलिए रामचरितमानस हमें प्रकृति के साथ मिलकर प्रकृति के पोषक एवं संरक्षक बनकर प्रकृति की गोद में सुख पाने का सन्देश देता है। यह इस कृति की आज की प्रासंगिकता को और पुष्ट करता है।

मलयालम उपन्यास में पर्यावरण चिन्तन

मलयालम साहित्य में 1980 से लेकर पारिस्थितिक चिन्तन की जड़ें जमने लगीं। सबसे पहले कविता में यह प्रवृत्ति प्रकट हुई। सैलेंट वैली आन्दोलन, 'ग्रीनपीस' आन्दोलन, पर्यावरण के संरक्षण को लेकर सम्पूर्ण दुनिया में उत्पन्न जागरण जैसे अनेक कार्यक्रमों से रचनाकार आकृष्ट हुए। नष्ट होने वाली ग्रामीणता के प्रति उत्पन्न आग्रह से जन्य पारिस्थितिक चिन्तन आज वर्तमान व्यवस्था के सामने प्रश्नचिह्न डालने में समर्थ निकला। साहित्य के क्षेत्र में इस चिन्तन ने काफी हलचल उत्पन्न की। उपन्यास के विशाल कैनवास पर रचनाकार अन्य विधाओं की अपेक्षा काफी गहराई से पर्यावरण संकट जैसे आजकल के इस ज्वलन्त विषय को सफलतापूर्वक अभिव्यक्ति दे सके हैं। मलयालम उपन्यास साहित्य इस चिन्तन से काफी समृद्ध है।

मलयालम में आनन्द, ओ. वी. विजयन, सी. राधाकृष्णन जैसे प्रमुख रचनाकारों के उपन्यासों में पारिस्थितिक चिन्तन के कई पहलुओं पर सतर्कता के साथ विचार किया गया है। इस चिन्तन के ज़रिए असल में मनुष्य की अस्मिता को पहचानने तथा उसकी पूर्णता को हासिल करने का प्रयास है। मिट्टी और मनुष्य के शोषण के प्रतिरोध, समानता एवं समभावना की अभिवांछा तथा सामाजिक नीति के लिए की जाने वाली लड़ाई के रूप में इस चिन्तन को देखा जाना चाहिए। अफ्रीका के आधुनिक रचनाकार की सृष्टियों एवं गार्सिया मार्क्वेज जैसे महान रचनाकारों की रचनाओं में भी अन्तर्धारा के रूप में यह चिन्तन ही मौजूद है। सभी प्रकार के शोषण का केन्द्र है विकसित देश। उनके कूडेदान हैं आजकल आफ्रीका जैसे अविकसित देश। चिनुवा अचेम्बे ने No longer At Is' नामक रचना में उद्घोषित किया कि देखना है तो हमारे देश के स्त्री, बच्चे और पुरुषों की ज़िन्दगी को देखो, जो देश अपने लोगों की ज़िन्दगी पर गर्व करते हैं, उनसे हमारे देश को किसी प्रकार की खुशी नहीं मिलेगी। न्गुगि वागति ध्योंगो ने अपने देशों के स्वत्व को पुनः हासिल करने के सन्दर्भ में कहा कि अमेरिका के साम्राज्यवाद और दशाब्दों के दबाव ने उनके देश में जो निर्ममता एवं कठोरता पैदा की उसको पराजित करने के लिए उनकी ग्रामीण भाषाएँ बन्दूकों से ज़्यादा शक्तिसम्पन्न हैं। वामपंथी

रचनाकारों में प्रमुख वान्तियोंगो ने जोर देकर कहा कि वे कभी भी अंग्रेज़ी में एक शब्द भी नहीं लिखेंगे। अविकसित होने पर भी हम अपनी मातृभाषा में ही सृजनात्मक कार्य करेंगे। उपर्युक्त सारे विचारों में प्रकृति तथा मनुष्य के ऊपर होने वाले शोषणों के खिलाफ रचनाकारों का सक्रिय आक्रोश है। विकास, प्रगति, संस्कृति आदि के सन्दर्भ में अफ्रीकी रचनाकारों के विचारों से मिलकर चलने वाले हैं मलयालम के ये रचनाकार।

पारिस्थितिक चिन्तन पर संजीदगी और गम्भीरता से विचार मंथन करने वाले भारत के सबसे सशक्त साहित्यकार का स्थान मलयालम के रचनाकार आनन्द को दिया जा सकता है। उनके उपन्यास 'अभयार्थिकल' (शरणार्थी) और 'मरुभूमिकल उन्डाकुन्नतु' (रेगिस्तान बनने के पीछे) पारिस्थितिक के सन्दर्भ में विशेष रूप से विचारणीय हैं। इस दृष्टि से भारतीय सन्दर्भ में एक उल्लेखनीय मलयालम रचनाकार हैं आनन्द।

'शरणार्थी' में आनन्द ने दिखाया कि मानव का इतिहास शरणार्थियों का निरन्तर प्रवाह है। तीस-चालीस हजार वर्षों के पहले सप्तसिन्धु के किनारे ईंटों पर निर्मित नगरियों के निर्माण के लिए दिन-रात अनेक ग्रामीण लोगों ने परिश्रम किया था। फिर शताब्दियों बाद एक दूसरा नगर संस्कार गंगा के किनारे उदित हुआ। उनको भी खिलाने और पिलाने वाले गुलाम ग्रामीण थे। सिन्धु नदी तट के गुलामों ने अपना सारा श्रमफल मालिकों को समर्पित किया तो गंगातट के दास शेष पूँजी के लिए झगड़ा करते रहे। मालिकों के अर्थशास्त्र में झगड़ा, नियम, दंड, भंडार एवं हिसाब-किताब ही थे। गुलामों के प्रतिरोध के अभाव में पहला नगर संस्कार तथा उत्पादन सम्बन्धों के द्वन्द्व में पड़कर दूसरा संस्कार भी जीर्णशीर्ण हो गया। शरणार्थियों का प्रवाह ज़ारी रहा। पश्चिम से आये व्यापारियों ने तीसरे नगर संस्कार की बुनियाद डाली। अधिकार के ध्वजचिह्न के समान धुएँ की नालियाँ भी उठीं। यन्त्रों का गर्जन सुनाई पड़ा। यह गर्जन सुनकर कृषक, हस्तकलाकार आदि नगर की तरफ भाग आए। कारखानों की छाया में झोंपडियाँ एवं कस्बे फंगस के समान उग गये। सिन्धु तट एवं गंगातट में वेदों एवं पुराणों की मन्त्रशक्ति के सहारे नगर संस्कारों का जन्म हुआ तो नया संस्कार उसकी कूटनीति एवं शक्ति के बल पर हुआ। पश्चिम से आये लोगों के प्रयत्न एवं नैसर्गिक क्षमता से नया संस्कार बहुत मजबूत हो गया। खेती का नाश हुआ। हस्तकलाएँ धन्धे में परिणत हो गयीं। जो लोग नगर में आ गए वे सब यन्त्र के हिस्से बन गये। पुराने सिद्धान्तों एवं दर्शनों के स्थान पर 'विकास' का गाना गुनगुनाने लगे।

तीसरा नगर संस्कार उसकी जययात्रा ज़ारी कर रहा है। वह विकास का ढिंढोरा पीट रहा है। शरणार्थियों की संख्या बढ़ रही है। अरब समुद्र से लेकर बंगाल घाटी तक निर्मम नगरयाँ उग रही हैं। उन सभी नगरों में माफिया संघों की

संख्या भी बढ़ती रही है। सर्वत्र चोरी-डकैत, मारकांड आदि के काले धुएँ निकल रहे हैं। सब कहीं विकास का उत्सव है। हरित स्वर्ग रेगिस्तान में बदल रहा है। व्यक्ति की आत्मा नष्ट हो रही है। जनपद एवं समूह भी मिट रहे हैं। चेहरे विहीन लोग डाकुओं की आराधना कर रहे हैं। उनकी कहानियों का गायन करते हैं। उन्हें राजा एवं पुरोहितों के रेश्मी कपड़े पहनाते हैं। पर गंगा निरन्तर बहती रहती है। उसके किनारे शरणार्थी आते-जाते हैं। आईडियोलॉजी एवं सिद्धान्तों के लिए कोई स्थान नहीं है। गंगा के रास्ते को भी बदलने की इच्छा है कुछ लोगों के मन में। कुछ लोग नयी गंगा लाने के पक्ष में हैं। हमें तो मृत लोगों को मोक्ष देने वाली गंगा नहीं, ज़िन्दा रहने वालों को मृत्यु से मुक्त करने वाली गंगा ही नहीं, हमें जन्म लेने वालों को नयी जिन्दगी देने वाली गंगा चाहिए। उस गंगा को लाने के लिए एक भगीरथ नहीं बल्कि हज़ारों भगीरथ चाहिए। उसके लिए प्रयत्न करने वालों को उसके प्रवाह में खुद को बली देनी चाहिए। तब क्यों हम इसके लिए प्रयत्न करें। पर इस तपस्या के लिए तैयार नहीं हो तो हम सबको खुद जलकर मरना पड़ेगा। इस नियति को खुद स्वीकार करने से बेहतर है आगामी पीढ़ी के लिए कठिन तपस्या कर गंगा की गति में बदलाव लाना। पर मुक्ति के लिए जो-जो प्रयत्न मनुष्य करते हैं वे जंजीर बन जाते हैं। पर आनन्द यह याद दिलाना भी चाहते हैं कि मनुष्य को अपने बन्धन के बारे में सोचकर निराश होने की ज़रूरत नहीं क्योंकि निराशा में भी मनुष्य की ज़िन्दगी व्यर्थ नहीं होती।

'शरणार्थी' उपन्यास की अगली कड़ी के रूप में है 'रेगिस्तान बनने के पीछे' शीर्षक उपन्यास। इसमें उपभोग संस्कृति, यान्त्रिकवृत्ति और आईडियोलॉजी के ह्रास से उत्पन्न वातावरण और मानव मन के रेगिस्तान बन जाने की त्रासदी पर बहुत ही गम्भीरता से प्रकाश डाला गया है। ठोस इतिहास बोध ही इस रचनाकार की शक्ति एवं ऊर्जा है। इतिहास के पन्नों में प्रकट होने वाले सारे सिद्धान्तों, प्रवृत्तियों, आईडियोलॉजियों की वे कटू भाषा में आलोचना करते हैं। वे हृदय से नहीं बुद्धि से संवाद करते हैं। तटस्थता के साथ व्यक्तिमन एवं सामूहिक मन को देखते हैं। मनुष्य की भविष्य सम्बन्धी कुछ सूचनाएँ देते हैं। विवेक के ज़रिए सही रास्ते को चुनना हमारा दायित्व है। उनके उपन्यासों में नये पारिस्थितिक चिन्तन के सांस्कृतिक, राजनैतिक एवं नैतिक पहलू भरे पड़े हैं।

पारिस्थितिक चिन्तन को आध्यात्मिकता से जोड़ने वाली चिन्तन पद्धति बहुत प्राचीन है। राजनीतिक, सामाजिक, आर्थिक, धार्मिक, वैज्ञानिक एवं प्रौद्योगिक विद्याओं को इसी दृष्टि से अनेक विद्वान देखते हैं। बुद्ध से लेकर रूसो, तोरो, गांधी, शूमाकर, काप्रे, फूकोवोको तक के चिन्तकों ने इसी नज़रिए को अपनाया था। भारत में इस चिन्तन पद्धति की सहस्राब्दियों पुरानी सांस्कृतिक परम्परा है। बौद्ध जैन धर्म प्राकृतिक जीवन का समर्थन करते हैं और उसके महत्व को

स्वीकारते हैं। बुद्ध के चिन्तन का आधार करुणा है। महायान बौद्धधर्म के प्रामाणिक ग्रन्थ 'अवतंशक सूत्र' में विश्व की समस्त वस्तुओं के पारस्परिक सम्बन्ध पर प्रकाश डाला गया है। हिन्दू धर्म के अधिकांश आचार एवं प्रथाएँ प्रकृतिजन्य ही हैं। अहिंसा एवं सर्वात्मवाद का समन्वय करने वाले भारतीय प्रकृतिबोध का सामाजिक प्रभाव गांधी जी के अहिंसावाद से अभिव्यंजित हुआ है।

उपनिषदकाल से इक्कीसवीं शताब्दी के आरम्भ तक के भारतीय चिन्तनों में प्रतिबिम्बित प्रकृतिबोध पाश्चात्य प्रिमिटीविज़्म के साथ कई दिशाओं में समानता रखता है। कृत्रिमता के स्थान पर सहजता को स्वीकार करना है प्रिमिटीविज़्म। इस आधुनिक यन्त्र युग में पाश्चात्य एवं भारतीय चिन्तकों ने पहचान लिया कि प्रकृत या सहज विचारों एवं भावों को अपनाने की सख्त ज़रूरत है। आज इस पारिस्थितिक चिन्तन के आध्यात्म, अर्थशास्त्र, स्त्रीवाद, राजनीति, प्रौद्योगिक विद्या आदि के साथ जो सम्बन्ध है वह कई चिन्तकों ने स्वीकार किया। काप्रे ने इस पर गहराई से विचार किया। अब इस यन्त्र युग के अन्त में एक पारिस्थितिक नवोत्थान के सामने हम खड़े हैं। स्कोलोमोव्यस्की के अनुसार पारिस्थिति जब प्रकृति के साथ मिलती है तब सम्पूर्ण प्रकृति का शुद्धीकरण होता है। यह पारिस्थितिक आध्यात्मिकता की अवस्था है। जिस मनुष्य मन का शुद्धीकरण होता है वहाँ समस्त चराचरों का ऐक्य सम्भव हो जाएगा।

जिमा नॉरमॉन के 'Spiritual Ecology' नामक ग्रन्थ में वैज्ञानिक ढंग से पारिस्थितिवाद का विश्लेषण किया गया है। नॉरमान का महत्त्वपूर्ण चिन्तन है कि आध्यात्मिक पारिस्थितिवाद में धर्म एवं ईश्वर का स्थान नहीं है। उसमें शुद्ध प्रकृति का सामीप्य मात्र है। इसलिए उन्होंने बौद्ध जैन धर्म के आशयों एवं विचारों को मान्यता दी।

मलयालम उपन्यास में ओ. वी. विजयन ने सामाजिक एवं साहित्यिक चिन्तनों के आधार रूप में इको स्पिरिच्वलिज्म को देख लिया। पाश्चात्य या भारतीय हरितचिन्तनों के आध्यात्मिक सौन्दर्यशास्त्र का यथावत् प्रयोग ओ. वी. विजयन ने नहीं किया। लेकिन मलयालम में इस दृष्टि को उन्होंने अपने ढंग से 'खसाकिन्टे इतिहासम' से लेकर अपने उपन्यासों में और अन्य साहित्यिक रचनाओं में भी रूपायित करने की कोशिश की।

ओ. वी. विजयन ने अपनी पुस्तक 'कुरिप्पुकल' (टिप्पणियाँ) में भोपाल एवं चेर्नोबिल दुर्घटनाओं को याद दिलाने वाले अणुआयुध, रासायुध, कीटनाशक, यन्त्रीकृत समाज में उत्पन्न होने वाला पारिस्थितिक असन्तुलन उसके जरिए पाताल होने वाला स्ट्रोटोस्फियर, उससे आने वाले ओजोन तरंग, उससे घटित होने वाला जीवनाश आदि के सम्बन्ध में लिखा। 'वर्गसमर, स्वत्वं' नामक ग्रन्थ के कुछ लेखों में मनुष्य और प्रकृति की अवस्थिति में हुए असन्तुलन को जाहिर किया गया है।

विजयन के उपन्यास 'खसाक के इतिहास' में प्रकृतिबोध कई तत्त्वों में व्याप्त है। एस्ट्रोफिजिक्स में उच्चशिक्षा को छोड़कर खसाक के एक अध्यापक स्कूल में नौकरी के लिए रवि नामक पात्र आ जाता है। नगर से ग्राम की ओर आने वाला रवि एक प्रकृतिवादी भी है। यह पापबोध से बच जाना मात्र नहीं बल्कि यह 'परिव्राजक' का विनीतपथ' है। उपन्यास के हर पात्र का व्यक्तित्व मिथकीय है। प्रेत, ईश्वर, यक्षी और गंधर्व की पहरेदारी में खसाक है। वहाँ के लोग पाप और पुण्य से पूर्ण अपने जन्म पर गहरा दुःख महसूस करते हैं। वे इस प्रपंच रहस्य से अज्ञ हैं और दैवानुभव से सम्भीत हैं। खसाक के वातावरण में पीपल के पत्ते पर पड़ी हवा में, सालवृक्ष की हवा के संगीत में, नदी के शुद्ध जल में कॉफी के पौधे की सान्ध्यतीव्रता आदि में प्राकृतिक दर्शन का बोध विद्यमान है। देखिए–"यह दादी-नानियों की कहानियों, कल्पकवृक्ष, पुजारी की ईश्वरानुभूतियों में जम गयी पालकाड की प्रकृति का जैवबोध है। समृद्ध एवं प्राकृतिक दर्शन।" (खसाकिन्टे इतिहासम्–ओ. वी. विजयन, पृ. 77)

'धर्मपुराण' में विजयनजी ने जाहिर किया कि इतिहास गन्दगियों का ढेर है, वह गन्दगी संस्कार के अर्धसत्य और सत्य का निर्माण है। उसके द्वारा युद्ध और क्रान्तियों के दर्शनों के खिलाफ आध्यात्मिकता एवं प्राचीन संस्कृति के प्रतिनिधि सिद्धार्थ ने धर्मयुद्ध चलाया। उपन्यास में पराशरन, देवव्रतन जैसे पात्रों से लेकर गुरु, पीपल, जाह्नवी आदि की प्रतीकात्मक उपस्थिति तक एक साथ मिथकीय, प्राकृतिक एवं आध्यात्मिक है। एक जानवर के लिए खुद अपनी जिन्दगी तक त्यागने को सिद्धार्थ तैयार हुए। वह हमारे इतिहास की पहली घटना होगी। सिद्धार्थ को स्मृतियों एवं श्रुतियों ने आकृष्ट नहीं किया। लेकिन पेड़ों की शाखाओं पर समाधिस्थ–'बुद्धियों' (पक्षियों के घोंसले), हवा की सूक्ष्मप्रज्ञाओं, छोटी बकरियों की आवाज़ों ने अद्भुत ज्ञान की ओर पहुँचाया। गौतम ने सिद्ध कर दिया कि प्रकृतिबोध से ही आध्यात्मिकता का साक्षात्कार होता है। पराशरन ने पहचान लिया कि हथियारों से प्राप्त जीत आह्लादकारक नहीं है। मृगसृष्टि के अंतहीन दुःख में जो सिद्धार्थ पीपल बन गया उसकी छाया में वह पराशरन कराहता है। धर्मपुराण में विजयनजी यह सवाल करते हैं कि सुरति, गर्भ, जन्म एवं चिता के महत्त्व को छोड़कर मनुष्य अर्थ-संचय एवं देश के शासन क्यों चलाता है? यह धर्मपुराण का आशयकेन्द्र है।

उपर्युक्त सवाल विजयनजी के 'गुरुसागरम' उपन्यास से लेकर प्रायः सभी रचनाओं में गूँजता है। महानगरों एवं युद्धभूमियों में कुञ्ञुण्णी ने ज़िन्दगी का ऊपरी आवरण मात्र देखा। इसे पहचानकर अपने अभी तक की ज़िन्दगी को व्यर्थ मानकर तूतनदी के किनारे के परिवार में वापस आ जाता है। वहाँ वृद्ध कटहल के पेड़, आम के पेड़ और इमली के पेड़ की छाया में सब कुछ स्वच्छ एवं शुद्ध हो जाते हैं।

निर्मलानन्द का आश्रम, तूतनदि, नदी की मछली, परिवार की प्राचीनता, लाल मिट्टी की पगडंण्डियाँ, पीपल का पेड़, उसके नीचे दीपाराधना के लिए पहुँच जाने वाली पितृपरम्पराएँ आदि कुञ्ञुण्णी को स्नेह देते हैं। विजयनजी ने कहीं लिखा है कि पिछले पच्चीस वर्षों के दिल्लीवास के बावजूद वे नगर में जम जाने में असमर्थ निकले, जबकि ग्राम मेरा आकर्षण है। गुरु सागरम इस नज़रिए से परिस्थितिबोध का एक नया रास्ता खोलता है।

विजयनजी का 'मघुरं मगायति' मिथक एवं शास्त्रबिम्बों के अपूर्वसंगम की कथा है। आणवशिशिर ने भूमि का नाश किया। इस आणवशिशिर के बाद भूमि दो अर्धगोलों में विभक्त हो गयी। यहाँ एक गोल में पेड़, पक्षी एवं जानवर के साथ सात्विक जीवन चलता है तो दूसरे गोल में आणवशिशिर के बाद भी महायन्त्रों के सहारे से अहंकार के साथ जीवन चलता है। अन्त में सात्विक जीवन के सामने यन्त्र का अहं हार जाता है। इस उपन्यास में विजयनजी पारिस्थितिक प्रदूषण, प्राकृतिक शोषण, अन्धी उपभोग संस्कृति एवं ओसोन के नाश से भविष्य में होने वाली विपत्तियों की चेतावनी देते हैं। ओ. वी. विजयन ने कहा कि 'माइथोलॉजी और इकोलॉजी दोनों को मिलाकर निर्मित एक लघु कहानी है मधुरम गायति। पथभ्रष्ट विज्ञान की विरुद्धताओं को कृष्ण का वेणुनाद पुनः जोड़ने वाला एक फेबिल मात्र है।" (ओ. वी. विजयन-सर्गसमीक्षा, पृ—205) नदी, पहाड़, हवा और कृष्ण के साथ इस उपन्यास में 'पीपल का पेड़' को जो असाधारण स्थान मिला है वह उपन्यासकार के हरित अध्यत्मदर्शन का सबसे श्रेष्ठ सूचक है। बुद्ध के बोधिवृक्ष से प्राप्त ज्ञानोदय की सूचना से लेकर शूमाकर के वृक्षसिद्धान्त का पारिस्थितिक चिन्तन तक इस उपन्यास में व्याप्त है। खसाकिन्टे इतिहासम, धर्मपुराणम, गुरु सागरम और मधुरम गायति में व्याप्त विजयनजी के प्राकृतिक आध्यात्म बोध को प्रतिबिम्बत करता है 'पीपल का पेड़'।

विजयनजी 'प्रवाचकन्टे वषी' (पैगम्बर का रास्ता) में भी नगर से ग्राम की ओर वापस आने वाले नायकपात्र के ज़रिए प्रकृतिबोध को आध्यात्मिकता से जोड़ते हैं। खसाक का झरना, गुरुसागर की तूतनदी, धर्मपुराण की जाह्नवी और मधुर मगायति की यमुना आदि ने मिलकर 'प्रेवाचकन्टे वषी' में महासंगम की सृष्टि की। उपन्यास के नायक नारायण ने इतिहास, राजनीति, देश और शासन के पथभ्रष्ट मार्ग को पंचनदी के प्रदेश में देखा। आर्यावर्त के दुखी नदी तटों से निलातट के द्रविडस्वत्व में नायक वापस आया। नारायण ने पहचान लिया कि 'पूँजी' से 'विष्णुसहस्रनाम' की ओर वापसी के समान है नगर की भौतिकता से ग्रामी की एकान्तता की ओर का यह आगमन।

विजयनजी के उपन्यास 'तलमुरकल' (पीढ़ियाँ) में भी प्रकृतिबोध का आध्यात्म अभिव्यंजित है। चामियारप्पन, वेलप्पन और चन्द्रन के बीच के पत्रव्यवहार में

आधुनिक वैज्ञानिक संस्कृति की दुर्बलताएँ अनावृत होती हैं। पोन्मुडि कुटुम्ब के शाप एवं जीर्णता की पुनःप्रतिष्ठा पीढ़ियों की असाधारण स्नेह परम्परा एवं जीव-जन्तुओं के बीच में चन्द्रन ने की। चन्द्रन के मन में शिलामुखों, वृद्ध पौधों-पेड़ों, सूँडों से अनुग्रह लेकर चले गये हाथियों एवं पीढ़ियों के स्नेह से आर्द्र उस वनभूमि में प्रवेश पाने का अदम्य आग्रह था। वह वन प्रदेश कंचिकोड एवं मधुकरा के बीच का हे। खसाक से लेकर जिस पालक्काड की प्रकृति उनके उपन्यासों में पर्दा खोलती है उसका एक नया बोध इस उपन्यास में भी मौजूद है।

विजयनजी के उपन्यास में कहीं-कहीं मार्क्सवाद के कुछ चिन्तनों पर नकारात्मक दृष्टि जाहिर हुआ है। लेकिन इनसे परे होकर पारिस्थितिक सौन्दर्यशास्त्र के साथ कुछ धार्मिक दर्शन, नियतिबोध, हिन्दू धर्म के आशय प्रकट हुए हैं। ये उनके पारिस्थितिबोध को एक हद तक इतिहास विरुद्ध एवं अवैज्ञानिक बना देते हैं। फिर भी मलयालम साहित्य में पारिस्थितिक सौन्दर्य शास्त्र के लिए एक नया आयाम प्रदान करने में ओ. वी. विजयन का योगदान चिरस्मरणीय रहेगा।

पारिस्थितिक समस्याओं को खुले ढंग से सी. राधाकृष्णन के 'मुंपे परक्कुन्न पक्षिकल (आगे उड़ने वाले पक्षी) में अनावरण हुआ है। उपन्यास का नायक अर्जुन आदिवासियों को उनके शोषण से मुक्त करने और उन्हें परिष्कृत करने के लिए खून की नदी बहाने वाले कुछ युवकों में एक है। वह पहचान लेता है कि सबसे पहले अपने को मनुष्य बना लेना है। अर्जुन समझता है कि ग्रामीणों को उनके नैसर्गिक वातावरण एवं जीवन शैली से अलग कर कुछ सूखे सिद्धान्तों एवं यान्त्रिक रीतियों को सिखा देना प्रगति नहीं है। वह इस सत्य से भी अवगत हो जाता है कि तीव्र नक्सलवादी विचार किसी समस्या का हल नहीं है। उसके गुरुतुल्य प्रोफसर से उसे इस यथार्थ की पहचान हुई। प्रोफेसर वर्ग पर आधारित विभाजन के खिलाफ हैं। वे पुरुष और स्त्री में मनुष्य का विभाजन करते हैं। प्रोफेसर ने एक नयी आईडियोलॉजी का उपदेश अर्जुन को दिया। अतिभौतिकता के लोगों की संख्या इस संसार में बहुत कम है। लेकिन उनके द्वारा नियन्त्रित है यह संसार। ये लोग प्रकृति का बलात्कार करते हैं, पर्यावरण को प्रदूषित करते हैं और स्वेच्छाचारी बनकर बहुमत का दमन करते हैं। प्रकृति से मिलकर जीने वाले ही ऐसे लोगों को हरा सकते हैं। प्रकृति से अभिन्न होकर मनुष्य जीवन बिता रहा था। लेकिन आज वही मनुष्य प्रकृति के अस्तित्व के प्रति चिन्तित है। इसकी वजह यह है कि मनुष्य की भूमि तथा प्रपंच के समस्त चराचरों सम्बन्धी मिथ्या धारणा है। मूर्ख मनुष्य का विश्वास है कि समस्त चराचर उनके उपभोग के लिए हैं। अब तक के सारे युद्धों का कारण यह अतिभौतिकता है यहाँ कितने लोग भूखे हैं। लेकिन उपभोग के खिलौने बनाने की संस्कृति यहाँ कायम है। अभी तक की आईडियोलॉजी या धर्मवाद मौजूदी व्यवस्था को दूर करने में समर्थ नहीं है। इसलिए

मनुष्य और प्रकृति की अवस्थिति पर केन्द्रित एक आइडियोलॉजी की सख्त जरूरत है।

पी. सुरेन्द्रन का 'जैवम' उपन्यास पारिस्थितिक सौन्दर्यशास्त्र की दृष्टि से बहुत महान रचना है। इस उपन्यास में 'वैग' नामक गाँव कड़ी धूप में सूख जाता है। वहाँ यात्रियों को विश्राम लेने के लिए रास्ते पर कोई छायादार पेड़ नहीं। रास्तों की दोनों तरफ नुकीले पत्थर दिखाई देते हैं। कृषिभूमि में अब पत्थर ही पत्थर उपजते हैं। पहले यहाँ पेड़-पौधों की हरीतिमा की खुशबू से युक्त शीतल हवा थी। आज उसके स्थान पर लू से उड़ने वाली मिट्टी के धूलों से निर्मित महल है। गाँव के सालवृक्षों पर भी पीलापन पड़ गया। कहीं भी वर्षा का लक्षण नहीं है। गाय पालन के लिए प्रसिद्ध था वैगा गाँव। लेकिन आज वहाँ गाय की जगह कोठ रोग बधित कुत्ते भटक रहे हैं।

एक ज़माने में समृद्ध पानीदार वेगानदी के किनारे की हरीतिमा से भरापूरा गाँव था वैगा। आज वैगा में अग्निगोल जल रहे हैं। यह ग्राम समकालीन भारत का हिस्सा है। वैगा नदी आज रेत की छोटी सी धारा मात्र है। नदी के साथ यहाँ के नैसर्गिक जीवन का तरीका भी गायब हो गया। आज कोठरोगियों का गाँव नाम से कुख्यात है वैगा। इस का मतलब है कि मन को ग्रसित कोठरोग आज भूमि एवं शरीर में भी फैल रहा है।

वैगा में सब से मूल्यवान चीज़ पानी है। वहाँ के लोग रोज़ पानी के लिए झगड़ा करते हैं। यह इसकी चेतावनी देता है कि आगामी सारा युद्ध पानी के लिए होगा। ग्रामीण प्रकृति के जलस्रोतों से नगरवासी उद्योग, बिजली तथा अन्य ज़रूरतों के लिए पानी छीन लेते हैं, जो सचमुच ग्रामीणों के आँसू हैं। यह उपन्यास हमें पर्यावरण संकट पर सोचने विचारने के लिए मजबूर करता है।

वैगा पहले ज़मीन्दारों एवं दलितों के बीच के संघर्ष के लिए प्रसिद्ध था। लेकिन अतिग्रीष्म में जो वैगा जल गया वहाँ उच्च एवं निम्न वर्ग समान रूप से अभावग्रस्त एवं पीड़ित हो गये। इसलिए सुरेन्द्रनजी लिखते हैं–"प्रकृति का अपना नियम है। वैज्ञानिकों का अहं इसको नाप नहीं सकता। अमीर एवं गरीबों को समान रूप से दंड देते हुए सभी आइडियोलॉजी को हराने में प्रलय या सूखा समर्थ बन जाता है। धूप से वैगा में यह हुआ।" कड़ी धूप में वर्ग, वर्ण का भेदभाव मिट जाता है। प्रकृति के सामने सब चराचर समान हैं। लेकिन पारिस्थितिक सौन्दर्यशास्त्र को हिन्दुत्ववादियों के हथियार बनाने के प्रयत्न की सुरेन्द्रनजी ने अपने एक साक्षात्कार के सन्दर्भ में कड़ी आलोचना की। उनके अनुसार प्रकृति संरक्षण के आन्दोलनों को जनता के अस्तित्त्व के लिए लड़ना चाहिए। मार्क्सवाद को अवश्य पर्यावरण और मनुष्य के बीच के रिश्ते सम्बन्धी अर्थपूर्ण एवं स्पष्ट विचार था। उपन्यास की सबसे बड़ी विशेषता है। 'हरा हरा' मन्त्र जो सूखे में भी हमेशा

गुंजायमान रहा।

वनों की सांस्कृतिक पूँजी को द्योतित करते हैं के. जे. बेबी का 'मावेलीमान्ट्रम' और नारायन का 'कोच्चरेत्ती'। संगठित धर्माधिपत्य और उपनिवेशीकरण के पूर्व का स्वतन्त्र एवं वन का अन्दरुनी गाँव है मावेलीमान्ट्रम। यह केरलीय मिथक के आदर्श राजा महाबली का प्रतीकात्मक गाँव है। पषश्शीराजा की वीरभूमि है। यहाँ के कुरिच्च्यर आदिवासियों ने पषश्शीराजा के साथ मिलकर युद्ध किया। यह उपन्यास वयनाड के प्रान्तों में प्रचलित जनश्रुतियों के आधार पर निर्मित है। इसकी रचना स्मृतियों, गीतों, कहानियों एवं मिथकों पर केन्द्रित है। यह देश-राष्ट्रों की राजधानियों में नहीं बल्कि स्थानीयता, वंशीयता, ग्रामीणता एवं वन में स्वत्व को देखता है। इस उपन्यास की कई कहानियाँ एवं गाने आदिवासी पाठकों द्वारा संचित किये गये हैं। इसलिए यह उपन्यास असल में संस्कृति ने जिन अधिवास स्थानों को मिटा दिया था उन्हें ढूँढ निकालता है।

वटक्कन पाट्टुकल और कुरिच्चप्पाट्टुकल में चित्रित पाश्चात्यों द्वारा स्त्रियों के बलात्कार की कथाएँ इस उपन्यास में भी हैं। वर्गातीत स्त्री एकता का बोध इस उपन्यास की खासियत है। मावेलीमान्ट्रम आदिवासियों के स्वप्नलोक की ओर हमें ले जाता है। हाशियेकृत इन लोगों के सपनों के ज़रिए स्वप्नभंग हुए केन्द्र के लोगों को जागरण की ओर ले जाता है। यह उपन्यास हमें बता देता है कि इस मावेलीमन्ट्रम में खड़े होने पर आप भी सपना देख सकते हैं।

आदिवासी जीवन पर केन्द्रित और एक उपन्यास है "कोच्चरेत्ती"। मावेलीमान्ट्रम में उपनिवेश की शिकार बनी जनता की कथा है तो कोच्चरेत्ती' मलयरयन्मार (एक आदिवासी वर्ग) के गोत्रजीवन से आधुनिकता की ओर परिवर्तित होने की कथा पेश करता है। आदिवासी शोषण और उनके आधुनिकीकरण के विभिन्न पहलू इसमें अनावृत हैं। पहाड़ पारकर आये कालीमिर्च का व्यापारी कुरुविला, परीत, कुंजहम्मद आदि आदिवासी लोगों को व्यापार में धोखा देता है। वे धन उधार में देने वाले कुंजा अमीर और ऋणी हस्सन के छल के पात्र बन जाते हैं। कपड़े का व्यापारी करीम रावुत्तर का लक्ष्य भी इससे भिन्न नहीं है। 'चेट्टी' नामक पप्पन पिल्ले उनसे धन छीन लेते हैं। मन्दिर के अधिकारी कुंजुण्णिप्पिल्लै अनावश्यक कर वसूल करता है। उनकी काली मिर्च पर आक्रमण करता है। पुलिस थाने में आदिवासियों को मार-पीट सहना पड़ता है। केस दायर करने से भी वे डरते हैं।

उपर्युक्त आदिवासी शोषण से उन्हें मुक्त करने की कोशिश करने वालों में कंडत्तिल कृष्णपिल्लै, वक्कील मात्तच्चन और तहसीलदार आदि थे जो उन्हें परिष्कृत कर रहे थे। गणित न जानने से आदिवासियों का बहुत बड़े पैमाने पर शोषण हो रहा है। इसलिए उन्हें गणित सिखाया जाता है। ये उन्हें आधुनिक एवं साक्षर बनाने के प्रयत्न हैं।

'मावेलीमान्ट्रम' में उपनिवेशीय और उपनिवेश्य आधुनिकता ने आदिवासी जीवन का शोषण किया तो 'कोच्चरेत्ती' में शताब्दियों के बाद भी उसी आधुनिकीकरण का दुष्फल भोगने वाला आदिवासी समाज है। दोनों उपन्यास यह दिखाते हैं कि आधुनिकता एक राजनैतिक प्रक्रिया भी है। इस बीच में वह आधुनिकता आदिवासियों की विद्यमानता एवं वासस्थान बनाने का स्थान भी छीन लेती है। आर्यों का साम्राज्यवाद एवं बाद के उपनिवेशवाद में दलितों को अपना सांस्कृतिक स्थान एवं इतिहास नष्ट हो गये। उसे जब दलित वापस हासिल कर लेंगे तब मलयालम साहित्य से सामन्तवाद एवं आधुनिकता के कई भूत चले जाएँगे।

मलयालम की स्त्री उपन्यासकार सारा जोसफ के 'आलाहयुटे पेण्मक्कल' (आलाहा की बेटियाँ) 'कोक्कांचिरा' गाँव की कहानी कहता है। वह त्रिशूर के आसपास का एक छोटा सा प्रदेश है। एक ज़माने में वह शवों एवं नगर के मालिन्यों को छोड़ने का प्रदेश था। भंगियों के आगमन के साथ वह प्रदेश आवास स्थान बन जाता है। उनके पीछे कसाई लोग शराब बनाने वाले एवं रिक्शा खींचने वालों जैसे अनेक लोग वहाँ बस जाते हैं जिससे वह प्रदेश नगरों से कई प्रकार से जुड़ जाता है। उसके पिछवाडे में है आनि और उसका परिवार। उसके घर के आँगन में सेम की बेली छाई हुई है जो फूलता फलता रहता है। उसकी हरीतिमा एवं शीतलता आनी के लिए सुरक्षा का माहौल है।

आनी को सबसे प्रिय अपनी दादी ही है। वही है इस उपन्यास का सबसे मुख्य पात्र। पर सेम की बेल के समान उसका दुःख फैला हुआ है। उसमें कई रंगों के फूल खिले हुए हैं। उसके मुँह से निकलने वाले शब्दों में कोक्कांचिरा का पूरा इतिहास है। गिरजाघर के पादरियों को जिन नमस्कारों का पता तक नहीं वह भी दादी जानती है। उसकी माँ ने उसे ये सब सिखाया था। उसके इस संस्कार में जीवन मन्त्र है। वह सारी मुसीबतों के बीच में भी उन्मेष एवं शक्ति प्रदान करता है। आनी की जीवन दृष्टि की ऊर्जा है दादी के शब्द। यह दादी का दर्शन है।

आलाहा की प्रार्थना में इस उपन्यास का प्रकृतिदर्शन अभिव्यंजित हो उठता है। इस प्रार्थना का पाठ लिखित संस्कार में प्राप्त नहीं, वह तो कंठ-कंठ से दूसरी पीढ़ी को हस्तान्तरित करने वाली एक संस्कृति है। उसमें देश एवं मनुष्य सम्बन्धी अलग दृष्टिकोण हैं। कोक्काचिरा का शहरी संस्कार उलटफेर कर डालता है। धर्म, प्रशासन और पूँजीवाद सब मिलकर कोक्कांचिरा को वहाँ की जनता से अलग कर डालते हैं। अपने स्थान से उन्हें जड़ से उखाड़कर फेंक देता है। सड़क को चौड़ा करने के लिए पत्थर का इंजन आ जाता है। वह इंजन आनी का नाश करता है। "आनी को ऐसा लगा कि उसके पैर उस इंजन के नीचे पिसकर दुःख रहे हैं।" सेम की बेल भी अलाहा के नमस्कार के समान जीवन का संगीत है। यह एक प्रतीक है। यह प्रतीक इस अर्थ को द्योतित करता है कि धरती को चोट दिए बिना जीवन

सम्भव है। उस इंजन को जब दादी देखती है तब उसे बहुत पहले त्रिश्शूर में हुए सैनिक परेड याद आता हे। साम्राज्यवाद के विविध प्रकार के आक्रमण से जनता अपने समाज में अन्य बन जाती है। अथवा जनता की अस्मिता नष्ट हो जाती है। इतिहास साम्राज्यवाद का है। विकास एवं देश राष्ट्र से सम्बन्धित उचित धारणाओं के अभाव में हर समाज में सबको तहस-नहस करने वाले कई पत्थर के इंजन चलने लगेंगे। आलाहा के नमस्कार आज के समतल बनने वाली समकालीन भाषा के खिलाफ आन्दोलन सदृश्य है। सेम की बेल की पवित्रता उसको भी है। लेकिन जब कोक्कांचिरा व्यापार का केन्द्र बन गया तब जिन्होंने उसे वासयोग्य बनाया उन्हें वहाँ से विस्थापित कर दिया गया। तारकोल एवं धधकने वाली भट्टियाँ दिखाई पड़ने लगीं तो वहाँ से मीठे पानी का कुँआँ और पुरानी लाल मिट्टी की पगडण्डियाँ गायब होती रहीं। वहाँ अंग्रेज़ी स्कूल आ रहा है, बड़ा मकान बनवाया जा रहा है, गिरजाधर के निर्माण के लिए हर हप्ते में प्रत्येक परिवार को पाँच रुपए देने पड़ते हैं। परिवर्तन के महाप्रलय के खिलाफ किसी भी प्रकार के प्रतिरोध की सूचना के बिना उपन्यास समाप्त होता है। इस उपन्यास में नगरों के निर्माण के इतिहास का अनावरण हुआ है। वाल्टर बेंजामिन के शब्द यहाँ अक्षरशः सत्य सिद्ध होता है—"There is no document of civilization which is not at the same time a document of barbarism. And just as such a document is not free of barbarism, barbasism taints also the manner in which it was transmitted from one owner to another.

मलयालम में उपर्युक्त उपन्यास के साथ सी. आर. परमेश्वर का 'प्रकृतिनियमम' एन. पी. मुहम्मद का 'एण्णप्पाडम' (तेल का खेत) औद 'दैवत्तिन्टे कण्णु (ईश्वर की आँख) जैसे कई उपन्यासों में पारिस्थितिक सौन्दर्यशास्त्र के कई पहलुओं का अनावरण हुआ है। हाल ही में अम्बिका सुतन मांगाडु द्वारा लिखित 'एनमकजे' विशेष ध्यातव्य है। एनमकजे कासरगोड जिला का एक गाँव है वहाँ एडोसल्फान के उपयोग से बरबाद होने वाले मनुष्य जीवन को यह उपन्यास बहुत मार्मिक ढंग से चित्रनुमा उभारता है। कीटनाशकों में डी. डी. टी. के इस्तेमाल से जिस प्रकार वसन्त मौन हो गया वैसे ही एन्डोसल्फान के उपयोग से बौद्धिक एवं शारीरिक रूप से मनुष्य अपंग बन जाता है। उसके उपयोग से वहाँ उत्पन्न फसलों पर इसका बुरा असर पड़ता है। यह ही नहीं वहाँ का पानी, वायु सब इससे विषैले बन गये हैं।

संक्षेपतः यह कहा जा सकता है मलयालम उपन्यास व्यापक पैमाने पर पर्यावरण पर चिन्ता जताता आ रहा है।

मलयालम कहानी में पर्यावरण

कथा जीवन का सार है। अनादिकाल से मनुष्य कथा कहते आ रहे हैं। मनुष्य का प्रकृति के साथ अटूट सम्बन्ध है। इसलिए कथा में प्रकृति अपने सहज रूप में सदा प्रकट होती है। आधुनिक युग में औद्योगिक प्रगति से भूमि का नाश होने लगा। भूमि में मनुष्य की उपस्थिति का प्रतीक बुलडाज़र बन गया। 1980 के आस-पास आर्थिक क्षेत्र में जिस उदारीकरण एवं वैश्वीकरण की रफ्तार बढ़ने लगी उसके साथ पारिस्थिति का नाश भी अतिवेग से होने लगा। हमारे यहाँ भी प्रकृति को मनुष्य जीवन की ओर ले आने का तीव्र प्रयत्न शुरू हुआ।

केरल की भूप्रकृति, वन, समुद्र, पर्वतों, नदियों, समृद्ध वर्षा एवं आवश्यक धूप आदि से सम्पन्न है। हमारी संस्कृति की वृद्धि में प्रकृति ने बड़ा काम किया था। अब हम अपनी संस्कृति को खोने लगे, इसका तात्पर्य यह है कि आज की उपभोग संस्कृति को खोने लगे, इसका तात्पर्य यह है कि आज की उपभोग संस्कृति हमारी प्रकृति और प्रकृति-सम्पदा का नाश करती आ रही है। अब हम यहाँ कंक्रीट वनों का निर्माण कर रहे हैं। कृषिभूमि का नाश हो रहा है। वनों के नाश से यहाँ की नदियाँ सूख रही हैं और जो पानी है उसमें केवल गन्धक और अन्य रास-पदार्थ हैं। केरल अब एक बड़ा बाजार बन गया, उसका जो सहज प्राकृतिक सौन्दर्य और वैभव हैं उसकी हानि हो रही है।

मलयालम कथाओं में इस भावुकत्व का परिणाम 1969 के आसपास प्रकट हुआ। 1969 में लिखी गयी टी. पद्मनाभन की "साक्षी" नामक कहानी इसकी सूचना देती है। श्री आनन्द ने कहा कि शून्यतावाद से बचने के लिए प्रकृति और समाज को ज़िन्दगी की ओर पुनः ले आना है। इस प्रकार कथा प्रपंच और जीवन फिर से जुड़ने लगे। यह मनुष्य चेतना और साहित्य का आगे की ओर प्रयाण है। 1980 से होकर मलयालम की कविताओं एवं कथाओं में यह धारा ज़ोर पकड़ने लगी और 1990 में यह कथा की मुख्य अंतर्धारा बन गयी। सबसे ज़्यादा पारिस्थिक कथाएँ टी. पद्मनाभन, ओ. वी. विजयन, एस. वेणुगोपन नायर, सी. राधाकृष्णन, एम. टी., सेतु, सारा जोसफ, पी. वत्सला, टी. वी. कोच्चुबावा, एन. प्रभाकरन, पी. सुरेन्द्रन, अनिलकुमार, सी. वी. बालकृष्णन, अयूमनं जोन, वैशाखन

आदि ने लिखीं।

मलयालम कथाओं में प्रकृति का प्रत्येक अवयव विषय बनकर आया है। वर्षा, वन, जानवर, नदियाँ, पर्वत, कृषि इन सभी पर हमारे कथाकारों ने अपना भावुकत्व प्रकट किया है। वन की वन्य सत्ता को प्रकट करने के लिए सक्षम दो कथाएँ हैं यू. के. कुमारन की "कोडुगल्लूरिलेक्क इल्ला" (कोडुंगल्लूर की ओर नहीं) और पी. सुरेन्द्रन की वृक्षत्तेक्कुरिच्चु ओरु सदृश वाक्य (वृक्ष से सम्बद्ध एक सदृश वाक्य)। प्रथम कथा में केरलीय संस्कृति का अंग 'काव' (जहाँ सर्प आदि की प्रतिष्ठा होती, वह प्रदेश वननिबिड़ता और आराधना का स्थान भी है) और उसके चारों ओर की प्रकृति का सौन्दर्य, घनी हरीतिमा, आकाश की नीलिमा आदि का वर्णन है। यहाँ दीपों को जलाने की प्रथा नहीं है, मन्दिरों में दिखाई पड़ने वाले उत्सवों की रंगिमा नहीं है, बदले में यहाँ के ग्रामीणों का उत्सव छोटे वृक्षों को लगाना है। इस मन्दिर से सम्बन्धित मुख्य नियम यह है कि यहाँ की विस्तृत हरीतिमा से एक अंश का हरण नहीं करना है। यहाँ मन्दिर में प्रतिष्ठित देवी द्रविडों की प्रकृति-आराधना का प्रतीक है। वन और काव् भूमाता है। इस प्रकार यहाँ कुमारन ने साम्प्रदायिक बनाए बिना परिस्थितिवाद की रक्षा की है। पी. सुरेन्द्रन की कथा 'वृक्षत्तेक्कुरिच्चु ओरु सदृश वाक्य' परिस्थिति बोध का राजनैतिक परिप्रेक्ष्य है। पी. सुरेन्द्रन के समान परिस्थितिबोध को एन. पी. हाफीस मुहम्मद ने भी कथा की अंतर्धारा बनाई। उनकी 'एक' नामक कथा का नायक वन की ओर स्वांत्वना की खोज में जाता है। उनके अनुसार अरण्य ज्ञान का प्रकाश देता है, वहाँ हमारा अहं विलयित होता है, वहाँ की धूली में हम मिल जाते हैं। एम. टी. वासुदेवन नायर की 'सुकृतम', 'शिलालिखितम', 'वानप्रस्थम' जैसी आज की कहानियों में वे ग्रामीण वातावरण से प्रकृति की ओर वापस आते हैं। 'वानप्रस्थ' में वन का सामीप्य है।

पक्षी एवं जानवर मलयालम कथा में मुख्य पात्र बनकर दिखाई देते हैं। जानवरों एवं पक्षियों का वंशनाश हो रहा है। उनके प्रति मनुष्य की निष्ठुर मनोभावना पारिस्थिति का घातक रूप धारण करती है। सस्यपरागण और बीज प्रसार में मुख्य सहायक पक्षी, गाय एवं बैलों के समान कृषकों के मित्र हैं। पक्षी हमारी कथाओं में हैं, लेकिन उन पर आधारित कथाएँ मलयालम में बहुत विरले ही दिखाई देती हैं। टी. पद्मनाभन की छोटी कथा 'ओरु चेरिया कथा' (एक लघु कथा) एक गरीब बालक और उसके छोटे तोते पर केन्द्रित है। पक्षि केन्द्रित कथाओं में बाबु कुषिमट्टम का 'योहनन लुवीसिन्टे प्रावुकल' (योहन्नान लुवीस के कबूतर), एस. पी. रमेश का "किलिकलुडे राजाव" (पक्षियों का राजा), ओ. वी. विजयन की "काट्टुकोषियुडे अनुग्रहम" (वन की मुर्गी का अनुग्रह) आदि पक्षियों का महत्त्व एवं हमारे जीवन पर उनका प्रभाव आदि अनेक बातों पर प्रकाश डाला गया है। "वन्यता में है जीवन का अस्तित्व" हेन्ट्री डेविड तोरे के इस कथन को

सार्थक बनाने वाली कथायँ हैं ये कथाएँ।

मनुष्य के समान प्रकृति का एक अवयव है जानवर। इसलिए मनुष्य की हत्या के समान ही है जानवर की हत्या। जानवर हमेशा हमारे सहचारी हैं, विशेषकर कुत्ते। तकषी की कथा "वेल्लप्पोक्कत्तिल" (बाढ़ में) से लेकर एम. टी. की 'षेरलक' नामक कथा तक जानवर मुख्य पात्र हैं, उनके प्रति हमारी जो आस्था है वह भी स्पष्ट है। कुत्ते, बिल्ली, गाय, बैल, बकरी, भैंस आदि कई पात्रों पर आधारित कथाएँ लिखी गयी हैं, लेकिन आज महानगरों में ये पालतू जानवर प्रतीक मात्र हो गये। आज अप्राकृतिक पालतू जानवर, यान्त्रिक पालतू जानवर आदि का ज़माना है। तब हमारे बीच के जो जानवर हैं वे घड़िये से प्रतीत होते हैं। एम. टी. की "षेरलक" नामक कथा में षेरलक नामक बिल्ली को महानगरीय सभ्यता के अनुकूल बनाया जाता है। तब उसकी वन्यता नष्ट हो जाती है। एक रोबोट समान बन जाती है। चन्द्रमती की "लूसिफर" भी इस कोटि में आने वाली कथा है। एम. टी. की "वारिक्कुषी" (हाथी को पकड़ने के लिए बनाने वाला गढ़ा), सी. राधाकृष्णन का "मदवुम" (हाथी का मद) हाथी के प्रति मनुष्य की निष्ठुरता की कथा है तो सी. राधाकृष्णन की "इषजन्तुविन्टे दुःखम" (उरगों का दुःख) नामक कथा साँप की रक्षा पर केन्द्रित है। एस. वी. वेणुगोपन नायर की "अद्वैतभारम" (अद्वैतभार) और "किषकिंधा" में मनुष्य और बन्दर के बीच का सम्बन्ध स्पष्ट होता है।

अनादि स्नेह की आर्द्रता है जल। मनुष्य और भूमि के बीच की आर्द्रता है जल। सभी प्रकार का चैतन्य जल से अद्‌भुत है, इसलिए वह भी चेतन है। जीवन का उद्‌भव भी जल से है, वह जल वर्षा, नदी, समुद्र, झरना, झील, कुए, तालाब आदि कई रूपों में प्रपंच में प्रकट है, इसलिए वह चैतन्य वस्तु कथा का भी चैतन्य है। एन. एस. माधवन की "बियाट्रीस" नामक कथा में प्राणदायी जल सृष्टि के लिए प्रेरक बन जाता है। उपभोग संस्कृति एवं स्वत्व नष्ट के खिलाफ इस कथा के शिव को जल ही जगाता है। जल के नाम पर सदा विद्यमान एवं भविष्य में तीव्र होने वाले संघर्षों को कुट्टनाड के परिवेश में बी. पी. शिवकुमार ने अपनी कथा में अंकित किया है। पानी में सृष्टि और संहार दोनों शक्ति हैं। तकषी के "वेल्लप्पोक्कत्तिल" (बाढ़ में) में पानी का संहार रूप प्रकट है। टी. पद्‌मनाभन ने स्मृति की ओर ले जाने वाले तालाब का चित्रण "मनस्सिन्टे भारम" (मन का भार) कहानी में किया है। पद्‌मनाभन की अन्य कथाओं में भी प्रकृति की प्रतिछाया बनकर तालाब उभर आता है। सेतु का "पोट्टक्कुलम" (उपयोगशून्य तालाब), एम. ए. रहमान का "कुलम" (तालाब) आदि में तालाब है तो कारूर की कथा "उतुप्पान्टे किणर" (उतुप्पान का कुआ) नागरिकता और बुद्धिशून्यता के खिलाफ लिखा गया आदिकालीन पारिस्थितिक जागरण है।

वर्षा मलयालम कहानी में कई प्रकार के भावों को रूपायित करती है। वह

शोक बनकर, आनन्द बनकर, रति बनकर, मृत्यु बनकर, भीति बनकर, विरेचन बनकर, प्रत्याशा बनकर मलयालम कहानियों में प्रकट है। वर्षा की कहानियाँ सबसे ज़्यादा पद्मनाभन, नन्दनार, और वैशाखन की हैं। पद्मनाभन की कई कथाओं में वर्षा के साथ उनके सम्बन्ध को व्यक्त किया जाता है। नन्दनार की "मोयतीन" में शोक, वर्षा के द्वारा जागता है। एम. टी. के "वानप्रस्थ" में बाह्य प्रकृति की मूसलधारा वर्षा और आँधी व्यक्ति की अंदरूनी प्रकृति के ज्वारभाटे से समरसता के साथ दिखाई देती है। एम. टी. की "कर्किटकम" (आषाढ़), वी. एस. अनिलकुमार की कर्किटकम (आषाढ़) आदि में वर्षाकाल दरिद्रता का प्रतीक है।

वर्षा के समान नदी भी मलयालम कहानियों में कई भावों एवं रूपों को अभिव्यक्त करती है। नदियाँ भूमि की रक्तनाड़ियाँ हैं। एस. वी. गोपन नायर ने "निला" की धारा को "रक्तनाल" कहा। वी. पी. शिवकुमार की कहानी में नदी को रक्तनाडि कहा है। मलयालम कहानियों में नदी कहीं-कहीं प्रेमविकारों की तरंगे हैं तो कहीं-कहीं वह आदिमध्यान्त हीन काल का प्रतीक है। वह काल बनकर, ज्ञान होकर, स्त्री बनकर, देवता बनकर मलयालम कहानियों का मुख्य पात्र बन गई। लेकिन उस नदी का नाश देखकर कहानीकारों ने कई कथाओं में अपने सर्जनात्मक जीवन के प्रेरणास्रोत पर दुख प्रकट किया। एम. टी. की "करियिला मूडिय वषित्तारकल" (सूखे पत्तेभरे पथ), "ओरुनीरवाल ओरुत्तिलूडे ओषुकन्नु" (एक छोटी जल धारा किनारे होकर बहती है।) आदि नदी केन्द्रित है। एम. मुकुन्दन की "ओरु पुषयुटे ओरम्मा" (एक नदी की स्मृति) मृत्यु को वरण करने वाली नदी के सम्बन्ध में है। परिस्थितिवाद से पुनः सृष्टि की एक विज्ञान शाखा उत्पन्न हुई है। एम. टी. की कथाओं में इस पुनर्जनी की गूँज सुनाई देती है।

मलयालम कहानियों में स्त्रियों को प्रकृति के साथ जोड़कर देखने की पद्धति बीसवीं शताब्दी के अन्तिम दशकों में दृश्यमान है। प्रकृति और स्त्री दोनों शोषण के अधीन है। दोनों में कई समानताएँ हैं। ये दोनों पुरुष के लिए अन्य हैं। पुरुष अपनी अतिशक्ति से इन दोनों शक्तियों को लाँघना चाहता है। ये दोनों पुरुषों में नश्वरता और पुनःसृष्टि की नितान्त स्मृतियाँ जगाती हैं। इस प्रकार फेमिनिज़्म का और विकसित रूप इको-फेमिनिज़्म का उद्भव हुआ यह परिस्थितिवाद और फेमिनिज़म को मिलाकर उत्पन्न है। मलयालम में सारा जोसफ, वत्सला, चन्द्रमती आदि की कथाओं में इको-फेमिनिज़म के विकसित रूप का संस्पर्श है। सारा जोसफ की "प्रकाशिनियुटे मक्कल" (प्रकाशिनी की सन्तानें), "शापायनम" जैसी कथाओं में स्त्री की प्रपंचमात्रा में परिणिति सशक्त बन जाती है। उनके "निलावरियुन्नु" नामक कहानी संग्रह की "अशोक" एवं "तायुकुलम" श्रेष्ठ इको-फेमिनिस्ट दो कथाएँ हैं। इन में इतिहास के आदर्शकथापात्र राम का फेमिनिस्ट दृष्टिकोण में पुनःसृष्टि की गयी है। जब सीता अग्नि में प्रवेश करती है तब वह

स्वप्न के सदृश्य बचपन की मिथिला की हरितसमृद्धि याद करती है। सीता भूमि है। मिथिला की शैशव शुद्धि और समृद्धि की ओर वापस जाना वह चाहती है। शुष्क भूमि की पुनःसृष्टि की प्रत्याशा भी कहानी में है। शूर्पणखा की दुःस्थिति का स्त्रीपक्ष पारिस्थितिक दृष्टि से उत्पन्न आविष्कार है "तायकुलम" नामक कथा।

पी. वत्सला की कहानियों में भी इको फेमिनिस्ट दृष्टिकोण दिखाई देता है। शहर के ग्रीष्म से स्नेह की शीतलता की चाह में प्रकृति की ओर वापस आने वाली एक लड़की की कथा है "वेनलमषा" (ग्रीष्म की वर्षा)। स्त्री की उर्वरता को सफल करने में असमर्थ काली की स्वतन्त्रतादाह है–"कालियुटे स्वप्नंगल" (काली के सपने) नामक कथा की कथावस्तु। मलयालयम की सबसे श्रेष्ठ "इको-फेमिनिस्ट" कथाओं में एक है "एरण्डकल"। नदी और स्त्री को एक साथ शोषण करने वाले पुरुष का शोषक रूप है इसमें। इस कोटि में आने वाली अन्य कहानियाँ हैं–चन्द्रमती की "देवीग्राम", एम. टी. के "शिलालिखितम", "दृष्टि", वी. पी. शिवकुमार का "स्नान", ई. वी. श्रीधरन का "सब जानने वाली नदी", राजीव कुमार का "पंकायँ" (पतवार), बालकृष्णन मंगाड का "वर्षा बरसती है" आदि।

इससे एक बात स्पष्ट होती है कि आज परिस्थिति की रक्षा मनुष्य की सबसे बड़ी आवश्यकता बन गई है। कारण प्रकृति हमारी ज़िन्दगी की संचालक शक्ति है। उसका नाश हमारा नाश है। उसके खिलाफ कई समाजशास्त्री आवाज़ उठाते हैं। लेकिन प्रतिक्रियाविहीन समकालीन समाज पारिस्थितिक आपत्तियों के सम्मुख निष्क्रिय उपस्थित है। इस निष्क्रियता में परिणित करने और हमें पारिस्थितिक नाश का अवबोध देने में मलयालम कहानियाँ प्रयत्नशील दिखाई देती हैं। इसके साथ मलयालम कहानी की पारिस्थितिवाद पर आधारित नूतन धारा कहानी के विकास को भी घोषित करती है और यह मलयालम कहानी का सशक्त रूप भी है।

❖❖❖